大预警丛书

区域协同创新风险预警

王卫东　佘　廉　著

本书得到国家自然科学基金重点项目（编号：91324203）和
浙江省自然科学基金一般项目（编号：LY16G030021）资助

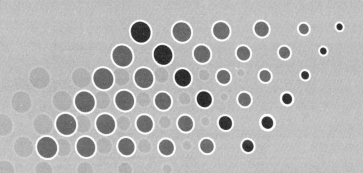

科学出版社

北　京

内 容 简 介

本书综合运用区域协同创新理论、产业集群理论、预警管理理论、风险决策方法和数理统计方法等,分析区域协同创新机制的生成与风险,创新性地提出了区域协同创新的风险机理与预警管理理论框架。将我国当前的区域协同创新区分为城市群协同创新、省级行政区域协同创新、产业技术创新战略联盟和产业集群四种典型的组织形态。结合典型案例,分别分析各组织形态风险的特征、预警管理机制和预控对策。

本书主要基于我国长三角区域的协同创新实践,将理论研究与实证分析相结合,突出对典型案例的剖析与推理,融合理论归纳与实际应用,兼顾学术性与可读性,适合从事区域创新和风险预警理论研究的专家、学者,以及从事实际管理工作的政府相关管理部门和企业的管理人员阅读参考。

图书在版编目(CIP)数据

区域协同创新风险预警/王卫东,佘廉著. —北京:科学出版社,2016

(大预警丛书)

ISBN 978-7-03-048988-3

Ⅰ. ①区⋯ Ⅱ. ①王⋯ ②佘⋯ Ⅲ. ①区域经济–国家创新系统–研究–中国 Ⅳ. ①F127

中国版本图书馆 CIP 数据核字(2016)第 1413243 号

策划编辑:樊 捷 / 责任编辑:徐 倩 马 跃 / 责任校对:王 瑞
责任印制:霍 兵 / 封面设计:蓝正设计

科学出版社 出版

北京东黄城根北街 16 号
邮政编码:100717
http://www.sciencep.com

文林印刷有限公司 印刷

科学出版社发行 各地新华书店经销

*

2016 年 6 月第 一 版 开本:720 × 1000 1/16
2016 年 6 月第一次印刷 印张:12 1/4
字数:247 000

定价:76.00 元
(如有印装质量问题,我社负责调换)

"大预警丛书" 编委会名单

主　编：佘　廉

副主编：武广齐　孟凡良

委　员：（按姓氏拼音排序）

窦良坦　郭　翔　黄　炜　李传良

娄天峰　孟凡良　佘　廉　宋德星

唐　玮　王卫东　武广齐　邢继俊

熊卫东　张　凯　张春风　郑志刚

总　序

　　公共安全问题一直是我国政府和民众关注的热点话题。屡见不鲜的自然灾害、事故灾难、公共卫生事件、公共治安事件等一再地冲击着公众的心理承受能力，引发人们的沉痛思考。在我国全力构建灾害应急体系、提高应急救援能力的建设过程中，许多人逐渐认识到不仅要思考如何快速反应、全力减轻这些事件的伤害，还要思考如何从预防的角度来防止或减免突发事件对人类生活的侵扰。显然，对突发事件进行"预警"的理念已成为人们广泛接受的一个大众化概念。

　　应当说，近年来我国在防范突发事件的直接成因问题上开展了卓有成效的工作，建立了系统的应对框架与规范的应急预案，如自然灾害的减灾防灾工作、加强安全生产管理工作、传染疾病防治工作、群体性事件化解工作等。然而，近年来突发事件的爆发频率与损害程度依然居高不下的现实，使人们开始从更深层的角度思考人类活动同这些突发事件之间的互动关联：是什么社会风险因素引发了那些导致突发事件的直接成因现象的产生？人们的视野开始在更广阔的社会活动领域中探寻与剖析。在这个背景下，有关公共安全体系的基本构架问题、安全生产中的企业风险管理问题、财政资金的筹措使用问题、党政领导干部行为控制问题、事故灾难多发领域（如交通与建筑领域）的风险传导问题等，开始成为政府界、理论界以及产业界的思考热点。人们在疑问和探讨：这些分布在微观、基层的人类风险活动是否构成了一个系统性的社会风险链？这个社会风险链是如何传导、介入或制造了各种突发事件？对这些社会微观风险行为进行预警与干预，能在多大程度上改变公共安全的状态与我们社会进步的进程？

　　这些思考已成为理论界深入研究的课题。从事公共安全与风险管理研究的探索者从不同角度进行探究：分散于社会各个领域的各种貌似不足以产生重大事件的微观风险现象与失控行为，是如何进行聚合并最终传导、演化为严重的突发事件的？不同社会领域的人群与组织应该如何控制自己身处的风险来减少整个社会的风险积聚？能否建立新的预警思维，在更加广泛和基层的社会活动中来预防和干预突发事件？

　　"大预警丛书"就是这种研究思潮中的一个研究团队的系列研究成果。

　　华中科技大学公共安全预警研究中心是"大预警丛书"的酝酿与策划之地。该研究中心自 2006 年成立后，在公共安全预警与应急管理方面开展专业研究，组建了我国高校第一个公共安全预警与应急管理博士点和硕士点，集聚了十几位多学科与多领域的专家、高级访问学者、博士后研究人员，培养了几十位博士研究生与硕士研究生。中心先后主持和组织了国家自然科学基金、国家社会科学基金及国家软科学项目等多项公共安全理论研究课题，主持国务院应急管理办公室、国家发展和改革委员会、科学技术部、国务院三峡工程建设委员会办公室、工业和信息化部等多项省部级应急管理政策研究项目，并完成中国与德国的国际合作项目，开发面对突发事件的监测预警管理专用软件系统。该中心还同中国科学院研究生院、美国北卡罗莱那州立大学等应急管理专业研究机构联合，在国内连续主办了6届"应急管理国际研讨会"，并为交通运输部、民政部、广东省、湖北省等政府部门提供应急管理培训课程，为国家行政学院"司局级领导干部应急管理培训"提供课程与案例，为澳门特别行政区公务员进行危机管理培训。正是该中心的研究成果为"大预警丛书"提供了丰富的研究思想与多样化的素材积累。

作为华中科技大学公共安全预警研究中心的主任，我承担了发起和组织"大预警丛书"的责任。这次推出的第一批著作共有5本。作为这套丛书的主编，我回顾了自己在这个领域的研究历程。自1995年到2004年，我先后主编了"走出逆境丛书""企业逆境管理丛书""企业预警管理丛书""灾害预警管理丛书"共4套25本书，它们总体上反映了我及研究团队的研究历程与主要成果，从微观层面的企业失误失败之预警管理拓展到宏观层面的行业灾害预警管理。这10年是我精力旺盛、充满热情、乐于疑难、质疑创新的阶段，4套丛书中有我执笔（包括第二作者）的书共10本；也是我集聚同志伙伴、组成研究团队、形成专业特色的过程。已出版的书目之中，有获"中国图书奖"的，有获国家部级科技进步奖的，还有其他让人回味的社会褒奖，这些社会认可使我深切体会到编辑专业丛书对集成学术研究、形成社会知识传播的时代性与快乐过程。其后数年，公共安全与应急管理方面的书籍爆炸式的成长，各种专业理论与知识给这个社会的安定生活增加了丰富的文明色彩，我也在其中吸吮、分享、欣赏。7年之后，主编这套"大预警丛书"既是对这个依然热情的理论知识领域的参入，也是我及研究团队在这个领域潜行与积累的必然结果，还是我的同行伙伴展现风采、贡献社会的平台。

我的专业研究重点领域于2005年转移到公共管理领域，即公共安全与应急管理的理论研究与预警工具开发。2006年在华中科技大学创立了全国高等学校第一个公共安全预警与应急管理专业博士点，完成了多个国家级与省部级有关公共安全与应急管理的研究课题，培养了一批公共管理学的博士、硕士及海外研究生，形成了一批研究成果；同时，我的合作伙伴已从单纯的学者型团队拓展为由公务员、行业管理者、学者构成的复合型团队，其研究思想与实践经验提炼更贴近于中国国情，他们的研究成果充满了新思想与新智慧。这套丛书将我们的研究成果进行集中展示。丛书中每本书的创作，其早期理论基础都是公共安全预警与应急管理专业方向的博士研究课题，并经过各位作者的个人职业积累与持续性的专题研究而形成了各自独特的专业理论知识。同时，我们研究中心目前正在开展的研究项目，许多都是极具探索性的课题，这些理论研究成果为"大预警丛书"的后续内容提供了连续的储备。由此，我觉得主编这套"大预警丛书"，既是对我们研究团队 7 年来研究工作成果的梳理总结与集成反映，也是我们研究团队投入当前和谐社会建设的理论研究的最佳方式。而作为主编的主要责任是搭建一个理论交流与知识传播的平台，将有关公共安全、社会风险及其预警管理的思想与方法汇集到此，同社会各界同行交流、商讨，推动这种专业研究在争论中向更大的社会价值方向发展。我愿意同我们团队、同所有读者一起完成这个工作，一起分享这个过程。

需要说明的是这套丛书的书目将以滚动方式出版，丛书的第一批书目共 5 本于今年出版，后续书目将适时推出。我和所有作者都有一个热忱的愿望：请将读完本书的疑问告诉我们，请给我们提供共同探讨的机会。若能对各位读者的工作产生积极的价值，我们将不胜荣幸。

佘 廉

2012 年 1 月

于华中科技大学

前 言

当前，经济全球化和创新国际化步伐进一步加快。国际金融危机孕育和引发新一轮科技革命，科技创新越来越成为经济社会发展的决定性力量，全球进入空前的创新密集和产业加速变革时代。同时，我国经济社会发展已经进入"新常态"，转变发展方式，调整经济结构，培育战略新兴产业，改造提升传统产业，实现城乡、区域统筹发展，改善民生，促进社会和谐，都对区域创新提出了新的更高的需求。

协同创新（synergy innovation）是区域发展的重要推动力，产业技术创新战略联盟和产业集群是区域协同创新的两种主要组织形态。协同创新是区域科技合作的最高级阶段。这时的科技合作表现为全方位的合作与交流战略联盟、产业联盟、集群创新、合作规划；区域科技与经济发展进入一体化发展阶段；区域协同创新格局基本形成，生产要素和创新要素自由流动、高效配置，共享充分。协同创新的功能主要体现在三个方面：一是聚合要素、形成合力的竞合功能；二是产业结构和技术结构的优势互补功能；三是强化组织机制功能，形成各创新主体之间的亲密合作，提高科技进步贡献率。

风险预警与预控是区域协同创新研究的新视角。区域协同创新的过程，是集聚创新资源的过程，也是相关组织联动协作的过程。因此，现有关于区域协同创新的研究成果主要着眼于如何基于市场经济规则，以企业为主体，以高校和科研为依托，充分发挥产学研在技术创新战略联盟建设中的积极性；着眼于如何充分发挥政府的组织、引导、协调、服务的功能，增强行业协会等中介机构的组织协调能力；着眼于如何在各方自愿的基础上，建立产学研长期合作的信用机制与利益协调机制，在创新投入分担、风险共担、利益共享等方面做出明确的界定，探索和完善相应的治理机制，特别是各个相关行为主体之间的冲突协调机制。而关于冲突与风险的预警与预控机制，则是目前研究的弱点，也是今后研究的新视角。

我国长三角区域协同创新具有良好的基础。长三角区域一体化是长三角科技协同创新的现实背景。自从《关于沪苏浙共同推进长三角创新体系建设协议书》签订和长三角创新体系建设联席会议制度建立以来，长三角科技资源的互联、互通与互动，推动了区域科技合作。《长三角科技合作三年行动计划（2008—2010 年）》中，将联合建设长三角"科技资源共享区"作为四大任务之一，提出"围绕重要产业基地和产业集群发展，以企业技术创新和产业技术提升需求为目标，推动区域产学研合作，结合沪苏浙各自的优势和特色，构建若干跨省市的产学研创新联盟"。目前已经成立的长三角技术创新战略联盟有长三角纺织产业协同创新联盟、长三角汽车模具技术创新联盟、长三角区域科学仪器技术创新战略联盟等。两省一市还在其辖区内启动了技术创新战略联盟的建设。另外，长三角区域内各城市的科技实力差距明显，上海、杭州、南京等城市拥有雄厚的科技资源，尤其是上海的科技实力仅次于北京，是国内的科技资源高地。长三角区域内企业之间本身存在的紧密产业联系是构建长三角区域技术创新战略联盟的产业基础。杭州湾大桥的开通为长三角创造了良好的交通便利条件。长三角区域各地政府着力推进的长三角区域创新体系为构建长三角区域产业技术创新战略联盟提供了政府层面的推动力。

另外，省级行政区域及跨行政区的协同创新风险也影响着区域协同创新效果与效率。由于过去计划经济和行政管理体制的原因，我国区域经济和科技发展中区域协同创新发展的需要与组织行为之间的冲突和风险不断加剧，特别是跨行政区域之间。由于创新组织分别归属不同的行政区，较强的行政区域意识加剧了区域创新体系中的行为主体冲突与损耗，人为隔断了创新联系，在一定程度上限制了创新要素的流动，降低了区域创新效率。主要表现在：各地区过于强调本地的创新特色，排挤来自其他地区的各种创新活动；过于强调行政边界，看不到其他地区创新对本地创新的重要意义；保护地方市场，基础设施建设以行政边界为单位，保护本地区企业而不保护其他地区企业的利益；存在科技资源闲置和高科技研究重复建设的问题；为吸引外资竞相出台经济上不合理的土地、税收等优惠政策造成市场的不公平竞争。

因此，从区域协同创新的组织形态出发，研究区域协同创新风险的预警管理问题具有重要的理论和现实意义。本书在相关研究基础上，将预警管理理论应用于区域协同创新的风险管理，初步构建区域协同创新风险预警管理的理论框架。基于长三角区域特别是浙江省区域协同创新的实证分析，分别针对城市群协同创新、省级行政区域协同创新、产业技术创新战略联盟和产业集群四种典型的组织形态，分析区域协同创新风险的预警机制和方法，提出风险预警和预控措施。目的是从这一崭新视角研究符合我国区域实际的协同创新规律，防范和化解潜在风险，提高区域协同创新的效果和效率，促进区域经济社会的可持续和协调发展。

作　者

2016 年 3 月

目　　录

区域协同创新风险的基本范畴

第一节　区域创新体系理论

在科技与经济发展中，区域扮演着一个十分重要的角色，因为在许多情况下，区域是科技与经济发展的一个重要生态环境，是发展的重要中介。区域的概念，大至几个国家形成的地域，如欧洲、东亚，小至一个省、一个县、一个村。区域一般带有其历史、文化、地理的积淀，加上其生产要素的禀赋不同，使区域的科技经济形态千差万别，这也是有些地方经济发展快、有竞争力，有些地方经济发展慢的重要原因，是构建区域创新体系的基础。区域创新体系是企业、大学、研究机构、市场中介组织和各级政府机构围绕创造、储备和转让知识、技能及新产品的协同互动、交流渗透的创新网络系统。它是国家创新体系的子系统，体现国家创新体系的层次性特征。企业、大学、研究机构、市场中介组织和政府作为创新系统的行为主体，各自在创新活动中发挥着不同的作用（凌云和王立军，2004）。

一、区域创新问题的出现

创新从空间角度来讲，既可以是全球性的，如企业运用战略联盟来开辟国外市场或探听远距离的技术信息；也可以是全国性的，如国家通过建立国家范围的合作机构、研究性大学及研究性实验室等来提高国家的竞争力；再有一种就是区域性的，也就是通过企业的地理接近和地方联系来获得创新能力。20 世纪 80 年代以来的大量研究表明，最后一种创新形式显示出了独特的重要性。随着经济逐渐向全球化发展，一些地区开始变得更具有经济意义。

在全球化环境下，技术和保护的步伐使得政策必须是弹性的和动态的。而若要在全球化经济中取得成功，其关键之一就是创造区域创新环境。区域内的研究与开发机构、生产商、供应商、合作伙伴和其他有关机构（如政府、大学、金融机构、咨询机构、法律机构等）的紧密一体化开始取代严格的劳动分工。

二、区域创新体系理论的来源

区域创新系统来源于两个主要的理论和研究体系：第一个是渐进经济学和现代区域发展理论；第二个是国家创新体系理论。国家创新体系理论强调一个国家范围的创新活动。在某种意义上，国家与地区的界限并不十分重要，如"国家空壳化"、无国界竞争的说法。强调一个国家范围的创新活动，往往忽视了次一级经济区域的特殊性，因而不能满足区域经济发展的需要。但国家创新体系方法的创始人（以 Nelson 和 Winter 为代表人物）没能成功地解释创新和技术变化之间的关系。

新古典主义经济学也难以解释现实世界中有关创新的机制和现象，如合伙关系、网络、卖方垄断、满意的选择（而非最佳决策）等，能够纠正许多新古典学派在创新研究方面的错误的渐进经济学理论，正得到越来越多学者的支持。

渐进经济学以与新古典主义经济学不同的方式来表述经济主体、企业和市场。它特别强调历史、常规、环境和机构对企业的影响。该理论认为，企业是应用不同的投入来进行生产的特色化组织，其投入之一是知识、创业者或"创造主体"用所掌握的知识来构思企业的建制，并通过发展而实现知识的增长。渐进经济学把企业看作自己拥有一定程度的资源开发能力的集合组织，企业从自己的经验学习，更关键地，它们能通过评价自身及其同行的经验的"双向反馈环"来学习。现代区域发展理论比渐进经济理论更为强调社会文化环境的重要性，这种环境不是一般的、简单的社会，而是指处于商业社会环境中的企业家的常规实践和精神。该环境促进了区域内部企业组织网络的形成。

三、区域创新体系理论的内涵

区域创新体系理论致力于解释地区经济布局及区域高技术产业、科技开发园区、创新网络和创新政策的影响。区域创新系统理论认为，区域是企业的"群"，这些区域由进行合作和遵守竞争规则的企业网络构成，并且已经形成了全球性的竞争力。区域经济发展不是潜在利益现象的简单集合，而是具有系统性的，系统整合方法是协调企业间关系的最重要的方法。创新系统是一个开放的社会系统，创新是经济参与者之间相互作用的社会结果。

一般来说，区域创新系统主要是由参与技术开发和扩散的企业、大学和研究机构组成的，并形成一个有市场中介服务组织广泛介入和政府适当参与的为创造、储备和转让知识、技能及新产品而相互作用的创新网络系统。它是国家创新体系的子系统，体现了国家创新体系的层次性特征。构成区域创新系统的基本构架的三大实体要素是：面向市场经济的科技资源；不断衍生和壮大的经营机制灵活的新型企业；新的经济政策与政府管理办法（王卫东，2009）。

四、网络成为新的创新组织形式

哈兰德博士认为，在经济全球化的时代背景下，网络正成为新的创新组织形式。他在《网络与全球化》一书中分析了传统的创新组织形式。他认为，传统的产业组织形式分为两大类：其一是等级形式，即大型企业的垂直型组织；其二是市场形式。网络是在市场及等级组织以外，也可以说是介于市场和企业内部等级组织之间的一种新的组织形式，它比市场稳定，又比等级组织灵活。认识到在等级形式和纯市场形式之外，还存在网络形式，这是产业组织理论的一次飞跃。

结网是企业发展战略和区域发展理论中的重要概念。在激烈的竞争中，企业纷纷跨越边界有选择性地与其他企业和机构结成长期的、稳定的、互惠的关系。这种网络关系，既包括正式的、书面的合同关系，又包括非正式的信息交流。最近大量的文献研究表明，任何高明的个人和某个有创造力的企业都无法单独开发重要的新产品。一个复杂的技术系统，必须通过大量企业之间长期的、无限的相互作用和相互渗透，才能建立起来。当代的技术创新是一种社会过程，需要在企业之间形成既竞争又合作的特殊文化氛围。可以这样讲，创新是孕育在一种空气之中的。

结网可能发生在不同空间的不同层面上，并形成非常复杂的相互联系的结构。因此，在创新网络中便形成了许多稳定的和不稳定的网络节点。而创新活动往往发生在网络的这些节点上。这些网络节点是创新体系的灵魂，是培育创新网络的基础。网络节点既可以是网络的一个单元，如大学和科研院所、政府或某一企业（通常比较稳定），也可以是组织单元之间通过交流而产生的具有进一步扩散的价值和作用的事物与行为，如新思想、新的研究成果等（不稳定节点）。创新资源之间的交流越频繁，则网络节点越多；其中，有效联系的节点越多，则创新能力越强。同时，网络中的节点也不是一成不变的。由于创新网络的开放性和生态特征，当某一节点无效时，则会被网络排除在外；而当需要产生某些必要的联系时，则会形成新的网络节点，产生的节点越多，创新的机会就越多，从而其创新能力也就越强。

区域创新网络既是一个开放系统，又是一个动态过程（图1-1）（王卫东，2009）。

在这个网络中，信息、技术、人员、资金及政策等资源要素流动频繁；企业、研究机构及政府等各个不同的行为主体在相互作用、相互激发中采取了良好的组合方式和运行方式，各尽所能，各得其所，取得了"整体大于局部之和"的效果。因此，企业加入区域创新网络可以达到资源和信息的互补；在研究与开发方面更是如此，网络可以增加企业的创新能力。

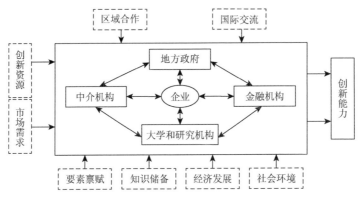

图 1-1　区域创新体系的行为组织网络模型框架

五、区域创新体系的功能

区域创新体系作为一种网络系统，其直接的目的是提高区域科技创新能力，最终的目的是增强区域竞争力，加快区域经济的发展。建设区域创新体系在提高区域科技创新能力方面的功能主要表现为以下几个方面（凌云和王立军，2004）。

（1）优化、整合区域内的科技创新资源，形成区域的科技创新合力，从而提高区域的科技创新能力。建立区域科技创新体系，就是要通过政府部门的引导和中介机构的连接作用，加强区域内企业与企业之间、企业与科研机构和高等院校之间的知识、技术流动，建立区域内的创新链条；加强区域内企业、科研机构、高等院校与区域外企业、科研机构、高等院校的联系与科技合作，利用区外的科技资源推进本区域的科技创新活动，增强区域科技创新能力。

（2）增强企业的技术创新能力，激活中小企业。区域创新体系的建设，通过促进科技创新要素之间的联系与合作，为企业建立获得技术创新能力的渠道；通过提高大中型企业的技术创新能力，增强企业的市场竞争力和发展潜力；通过推进技术市场、资金市场、人才市场等要素市场的建立和市场机制的完善，为中小企业提供新技术和各种技术服务，实现技术扩散，形成更大规模的经济增长效应。

（3）建立高新技术产业发展的科技支撑，形成区域经济的新增长点。区域创新体系的建立，推进了科技创新要素的聚集和能力的增强，以及创新机制的完善，从而为高新技术产业的发展提供了强大的科技支撑，从而有利于加快高新技术产业的发展，为区域经济培育新兴产业，培育产业意义上的区域经济新增长点。区域科技创新体系的建立，还通过加快科技园区的建设步伐，营造出区域经济的增长极。

第二节　区域协同创新理论

一、协同论

协同（synergy）的概念源自系统科学中的协同学理论（synergetics）。"synergetics"一词，来源于希腊文，意为"协调合作之学"。也就是说，通过系统主体间的协同作用，可以实现单独难以实现的"1＋1＞2"的效果。20世纪70年代以来，协同学在多学科研究基础上逐渐形成和发展成为一门新兴学科，是系统科学的重要分支理论。其创立者是原联邦德国斯图加特大学教授哈肯（H. Haken）。哈肯（1989）在《高等协同学》中说："如果一个群体的单个成员之间彼此合作，他们就能在生活条件的数量和质量的改善上，获得在离开此种方式时所无法取得的成效。"因此，协同学理论突出强调了：在复杂大系统内，各子系统的协同行为产生出超越各要素自身的单独作用，从而形成整个系统的统一作用和联合作用。

协同学理论的内容主要有以下三个方面。

第一，协同效应（synergic effect）。协同效应是指由于协同作用而产生的结果，即复杂开放系统中大量子体系相互作用而产生的整体效应或集体效应。自然体系或社会体系虽然千差万别，但都存在协同效应。协同作用是任何复杂大系统本身所固有的自组织能力，是形成体系有序结构的内部作用力。

第二，支配原理（又称作伺服原理）。这一原理指出，大量物理体系和非物理体系通过不稳定性可以自发形成空间结构、时间结构或时空结构。当这些体系接近不稳定点时，体系的动力学和突现结构通常由少数几个集体变量即所谓序参量决定，而体系其他变量的行为则由这些序参量规定。

第三，自组织原理。自组织则指体系在没有外部指令的条件下，其内部子体系之间能够按照某种规则自动形成一定的结构或功能。这一原理指出，在一定的外部能量流或物质流输入的条件下，体系会通过大量子体系之间的协同作用，在自身涨落力的推动下达到新的稳定，形成新的时间、空间或时空有序结构。体系演化的这种过程，称为自组织。

从协同学的观点来看，区域科技交流与合作不是一成不变的实体，而是一种发展过程、一种动态演化的状态。区域科技交流与合作的高级阶段是协同创新。

区域协同创新的过程就是不同区域创新要素由结合到整合再到融合的过程，通过区域内各子系统的要素聚集和相互影响等作用，实现创新活力、动力和潜力的有机合成，并最终提升区域的整体创新实力和核心竞争力。

二、协同创新的内涵

协同创新就是应用协同论的思想来研究创新的问题。创新活动发生是一个非常复杂的过程，而协同创新就是不同创新主体（国家、区域、企业、高校和科研院所）的创新要素有机配合，通过复杂的非线性相互作用产生单独要素所无法实现的整体协同效应的过程。区域协同创新是指不同区域投入各自的优势资源和能力，在企业、大学、科研院所、政府、科技服务中介机构、金融机构等科技创新相关组织的协同支持下，共同进行技术开发和科技创新的活动与行为。区域协同创新是区域之间科技合作的最高级形态（表 1-1）。

表 1-1　区域科技合作发展的三个阶段及其主要特征

区域科技合作的发展阶段	主要特征
初级阶段	科技合作以单纯要素交流为主，主要是项目合作、机构之间的人才交流等 企业或民间的自发合作为主 缺乏稳定、持续的合作交流渠道和机制 点对点式的合作
发展阶段	科技合作表现为不同领域之间的整体合作 区域内各子系统之间有组织的合作为主 区域创新体系初步形成，区域内的行政壁垒开始突破 线对线式的合作
高级阶段（协同创新阶段）	科技合作表现为全方位的合作与交流战略联盟、产业联盟、合作规划 区域科技与经济发展进入一体化发展阶段 区域协同创新格局基本形成，生产要素和创新要素自由流动、高效配置，共享充分 点、线、面相结合的立体式合作

资料来源：李健民，马学新，杨耀武，等. 长江三角洲发展报告 2008[M]. 上海：上海人民出版社，2009

三、区域协同创新的效应

区域协同创新的本质功能表现为协同效应的形成。所谓协同效应，就是指不同创新主体通过协同创新过程所取得的效益和功能。区域协同创新通常可以实现多项功能的整合，从而促进不同区域的优势互补、合作共赢。

一是目标驱动功能。通过协同创新的战略目标，在利益共享基础上形成利益共同体，共同推动区域内创新活动的开展。

二是聚合要素、形成合力的竞合功能。通过集聚区域内外的科技创新资源，构造协同创新的社会体系和运行空间，形成区域规模经济和规模集群创新效应。

三是优势互补功能。在区域分工和比较优势的基础上，通过部署协同创新的技术体系，形成布局结构合理的产业结构和技术结构。

四是强化组织机制功能。通过协同创新的精神动力和组织意识，在政府统筹规划和创新体系的市场调节的基础上，形成各创新主体之间的亲密合作，提高科技进步贡献率。

四、区域协同创新的形成机制

区域协同创新是对区域科技合作交流模式的创新和发展，也是促进跨区域创新体系建设的最佳途径，有利于实现各类科技创新资源及各行为主体在技术创新过程的各个环节协同整合，并最终优化国家创新体系的运转。

综观国内外区域协同创新的案例，由于区域有不同层次的定义，区域协同创新模式形成的机制和途径主要有以下几类。

（1）由区域自由化贸易市场和区域经济一体化发展推动形成。

（2）由龙头核心区向周边"技术低度区"辐射，通过"技术梯度转移""产业梯度扩散"逐步形成。

（3）由各地区培育本地区经济"增长极"或中心城市，通过多极点相互间的多向度扩散-连接-聚合而形成。

（4）通过政府政策干预以高密集的制度供给，包括统一关税、统一货币、统一法规体制甚至调整行政区划等手段强力整合而成。

（5）地缘因素、自然禀赋或历史文化因素长期积累而自然形成。

第三节　区域协同创新组织网络

一、区域协同创新组织网络的构成

很多学者（王缉慈，2001；蔡宁等，2006）普遍认为，区域协同创新体系的最主要特征是本地的联盟网络，即网络内行为主体间的正式合作联系，以及它们在长期交往中所产生的相对稳定的非正式交流关系。关于联盟网络对企业的作用，交易成本理论、价值链理论、企业资源理论、组织学习理论等理论进行了较多的分析和研究，普遍认为，联盟网络在技术创新、市场创新和组织创新等方面具有降低创新风险、整合创新要素、提高创新效率、促进隐性知识扩散等优势。

结合战略联盟、创新网络、非正式合作等方面的研究和界定，本书认为，联盟网络是以企业战略联盟、产业技术联盟等联盟类型为主体，包括正式和非正式的技术研发合作关系、产业链配套关系等有利于企业降低交易成本、规避研发风险、拓展产业市场的网络关系综合。联盟网络具有以下特征：①合作关系的稳定性和长期性；②合作形式的多元性和开放性；③复杂性和动态性，联盟网络是一个复杂的自适应性系统；④以组织学习为驱动力，不断提升和获得新的能力，更好地适应环境变化。

二、区域协同创新组织网络的特征

区域协同创新组织系统中主要包括核心企业、大学与科研机构、中介服务组织、专业市场、创业服务中心、技术服务平台等主体，基于联盟网络的区域协同创新组织结构主要包括以下三个方面。

（一）组织数量增加，结构趋于合理

为了建立、保持和巩固竞争优势，区域协同创新组织系统需要适应产业竞争环境、产业发展规律和经济技术发展的变化，在技术、市场和组织等方面不断创新。随着专业化分工、经纪人型组织、政府参与创新、集群创新系统等方面的深化和发展，联盟企业、供应商企业、中介服务企业、非营利组织等组织形态和类型将会不断丰富和发展，逐步形成类型丰富、数量较多、结构合理的区域协同创新组织生态群落，成为支撑技术创新、市场创新的有效组织载体。

（二）组织边界渗透，混成组织兴起

在区域协同创新组织数量增加及结构趋于合理的同时，各类经济组织主体之间的组织边界正在逐渐淡化，企业边界具有可渗透性，具体表现为非一体化合作、组织协调、非相关尺度联结三个方面，发挥组织网络化的协调效应。混成组织作为不同组织主体之间相互联结和互动合作的重要方式，随着政府机构、大学和研究机构、风险投资等更深入参与到产业经济过程中而方兴未艾，表现出朝气蓬勃的发展势头，成为知识经济区别于传统工业经济的重要特征。

（三）组织关系丰富，合作网络发达

区域协同创新系统中组织关系逐步由价值链合作关系拓展开来，逐步形成包括横向联盟合作关系、非正式合作关系、专业服务与咨询关系、社会人文关系等错综复杂的组织关系，这些组织关系会吸引和衍生经济组织、形成特有的联盟竞

争优势。合作网络包括产业价值链配套、项目合作、战略技术联盟、产业联盟和非正式联系等类型丰富和联系广泛的组织网络关系。

三、技术创新战略联盟的组织结构

（一）技术创新战略联盟的责任主体

协议各方共同约定某单位作为联盟对外承担责任的主体，代表联盟与相关政府管理部门签订科技计划项目任务书等文件；联盟对外签署的其他文件可由相关联盟成员就具体事项，共同出具授权委托书，委托某单位签署（图1-2）。

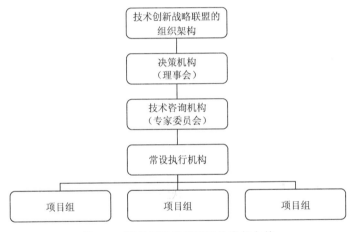

图1-2 技术创新战略联盟的责任主体

根据国外经验，技术创新战略联盟主要分为三种：技术攻关合作联盟、产业链合作联盟、技术标准合作联盟。其中，技术攻关合作联盟为最常见模式，主要目的是解决产业共性技术问题。例如，日本政府组织东芝、日本电气股份有限公司（NEC）、瑞萨和富士通四家公司成立研发合作联盟，通过三年的联合攻关，成功突破了关于集成电路制造工业的设备、工艺等30多个技术难题，造就日本半导体制造技术和设备统领全球的新局面。产业链合作联盟的目标是打造有竞争力的产业链。例如，我国为打造TD-SCDMA产业链，政府组织上、中、下游企业组建TD-SCDMA[①]产业联盟，形成了覆盖系统、终端、芯片、仪器仪表、软件、配套设备在内的完整产业链，大大缩短了TD-SCDMA的产业化周期。技术标准合作联盟的目标是制定产业技术标准。通过联盟制定竞争性技术标准，推动新技术的应用

---

① TD-SCDMA：time division-synchronous code division multiple access，即时分的同步码分多址技术。

和整个产业的发展。例如，2003 年由信息产业部牵头，组织联想、TCL、康佳、海信、长城五家厂商组建的"闪联"标准联盟，其目标即是制定并推广我国自主知识产权的 3C 融合协同标准，目前已拥有成员单位 100 多家。

（二）技术创新战略联盟的运行模式

1. 采取股份合作制企业模式

这种企业模式是最常见的联盟形式，联盟成员的关系最为紧密，具有组织效率高、执行力强的优点。参与联盟的高校、科研院所主要以自主知识产权成果形式作价入股或出资入股，企业则以资金入股为主；加入联盟的企业共同享有成果，其中，对成果进行转化后的收益的一部分将作为联盟企业的研发基金和研究人员的奖励，实现联盟企业的良性运行。

2. 采取模拟公司模式

模拟公司模式由联盟各方共同管理，在执行力上不如企业模式，但其机制灵活，联盟的退出和加入成本低，因此也在联盟内被广泛采用。模拟公司模式需设立专门的管理机构和场所，管理机构由联盟各方派专人参与，按公司规范化运行；联盟管理机构的日常开支来自联盟工作经费。为保障管理机构的公平公正，实行行政主管与财务主管相分离制度，要求行政主管和财务主管不能同属于联盟中的一方，必须分属于两方或多方，进行互相监督。

3. 专业化的经营管理有限公司模式

专业化的经营管理有限公司模式是联盟向专业化、规范化方向发展的高级形式，目前还处于探索阶段。经营管理有限责任公司需具备财务能力，能够承担经营管理风险，是一种专业化从事经营管理活动的中介管理服务组织，也是一个独立的企业。其职责是按照联合各方签订的合同对联合组织进行经营管理，在管理中严格中立地执行有关的财务制度、分配制度，并直接承担相应的经营管理风险。其收费来源于产学研联合组织的成本管理费用、销售费用。无论是哪种模式的联盟，都必须坚持开放发展机制。一是不断吸收新成员。联盟需建立灵活的退出与进入制度，企业可以根据自己的需要转换联盟。二是建立成果扩散机制。联盟对其承担的政府资助项目研发成果具有推广扩散义务。

（三）技术创新战略联盟的组织类型

技术创新战略联盟的组织类型指联盟内各主体之间的合作方式。从合作层面上，我国目前已构建的技术创新战略联盟有行业层面的，如新一代煤化工技术创新战略联盟；有区域层面的，如绍兴纺织产学研战略联盟；还有跨行业、跨区域的，如汽车轻量化技术创新战略联盟、高效节能铝电解技术创新战略联盟等。作者将从联盟中产业共性技术创新的决策者和协调者的角度，将合作创新模式分为龙头企业主导型、行业协会主导型、科研院所主导型及政府推动型四种模式来进行分析。联盟成员的角色定位如图1-3所示。

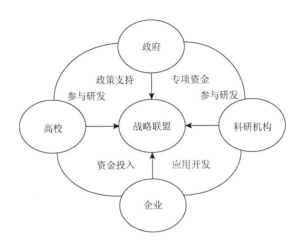

图 1-3　技术创新战略联盟成员角色定位

1. 由龙头企业主导的技术创新联盟

企业是国家创新体系的主体，也是各种创新资源的主要拥有者和创新利益的主要享有者。以企业为主导的技术创新联盟也是最主要的组织模式。在技术创新联盟中，产业内龙头企业处于联盟的盟主地位，通过提供创新资源，包括创新所必需的资金、技术人员、科研设施等创新资源，参与研究开发及进行技术推广等任务实施，获得竞争优势。我国成立的抗生素产业技术创新联盟及维生素产业技术创新联盟都是由产业内的龙头企业牵头组织而成的。其中，维生素产业技术创新联盟由制药龙头企业华北制药集团牵头，结盟了东北制药集团、石药集团、江苏江山制药有限公司等18家优势企业、科研单位和院校，以"将我国维生素打造成为技术水平国际一流，产业规模世界第一的先进产业"为目的，旨在通过技术创新与共享，解决我国维生素生产中的关键技术难题。

2. 由行业协会主导的技术创新联盟

该技术创新联盟是由号召力、吸引力和组织活动能力强的行业协会主导成立的。稀土产业技术创新联盟由内蒙古自治区稀土行业协会、内蒙古包钢稀土（集团）高科技股份有限公司为主发起组建，广泛联络国内相关院所、大学知名专家及相关企业，旨在把国内北方重点稀土企业、国内相关大学和研究院所组织起来，推进以企业为主体、市场为导向，建设产学研相结合的技术创新体系。该联盟先后得到17家稀土骨干企业、13家在稀土及新涂料研发方面具有雄厚实力的科研院所的积极响应。

3. 由科研院所主导的技术创新联盟

该技术创新联盟是由某一产业领域科研能力强，掌握先进的核心技术的科研院所、高校主导成立。高等院校和科研机构是技术创新联盟重要成员之一，以自己异质性的科技资源推动联盟运行。例如，2009 年 4 月成立的大豆产业技术联盟，是由国家大豆工程技术研究中心牵头，大豆产业的企业、中国农业大学、中国食品发酵工业研究院等 17 家单位组成的。

4. 由政府推动的技术创新联盟

政府在技术创新联盟发挥的主要作用，即确定产业的中长期发展战略目标及遴选对国家、区域经济社会发展具有重要推动作用的产业共性关键技术，协调推动联盟发展，营造良好的政策环境，通过重大科技专项，提供必要的联盟运行资金等。2007 年启动的钢铁可循环流程、新一代煤（能源）化工产业、煤炭开发利用和农业装备等四个产业技术创新战略联盟是科学技术部、教育部、财政部和国务院国有资产监督管理委员会共同参与，从国家层面上加强了顶层设计和统筹协调。

第四节　区域协同创新内在机理

一、专业化分工促进创新组织的产生与融合

亚当·斯密认为，分工是提高劳动生产率，获得报酬递增机制的重要途径。马歇尔在《经济学原理》（1890 年）中对分工经济思想的贡献主要体现在报酬递增与工业组织上，将分工的网络描述成了经济组织，并直接提出分工的"外部性"原理，将它视为区域创新组织（产业区，industrial districts）形成的主要原因。Young（1928）重新阐述了斯密关于劳动分工与市场规模的思想，第一次论证了市场规模（范围）与迂回生产、产业间分工互相作用、自我演进的机制，发展为"劳动分工动态化"。同时，由专业化分工和市场交易而形成的自由价格机制能够实现社会经济资源在既定生产技术条件下的有效配置，而且起着诱导人们试验各种可能的经济组织结构，以发现最有效率的分工结构的作用。

区域创新组织经济主体及组织系统的发展和创新与专业化分工是互相促进、相辅相成的。区域创新组织内，企业间的空间邻近性可以降低边际交易成本，从而实现企业报酬递增，鼓励更多新企业进入和诞生，进一步提高企业的分工水平。反过来，专业化分工使技术、工艺得到更好的创新和完善，分工协作形成的创新网络使技术创新思想的实现成为可能，使新产品的商业化周期缩短，从而进一步提高了企业生产力和区域创新组织竞争力。区域创新组织所在区域内，由于众多生产者或者产业之间在相互联系的基础上形成的协调合作及生产迂回度的增强，该产业乃至整个区域经济专业化程度不断加深，迂回生产链条不断延长、分解，

从而产生报酬递增的内生机制。在此过程中，会涌现和聚集产业价值链相关的核心企业、配套企业、研发组织、中介服务组织、风险投资公司等丰富多彩的产业业态和经济组织，并形成由组织之间上下游配套关系、纵向合作联盟关系、非正式合作网络、社会关系联结等相互联系作用网络的区域协同创新组织生态群落。

企业间的专业化分工和合作网络共同促进区域协同创新的经济组织创新，主要可以从以下三个方面分析。

（1）价值链分解出新的产业经济组织。一般来说，传统经济条件下，企业往往覆盖产品价值链的整个或者大多数环节，既包括研发设计、采购、生产、运输配送、市场销售、售后服务等核心价值链环节，也包括人力资源、会计、法律等辅助性工作，是"大而全""小而全"的企业模式。随着经济、技术和区域创新组织的发展，企业倾向于将非核心业务进行外包或其他形式进行剥离，价值链上各个环节向专业化和高端化分解，形成专业分工更加明确、生产效率更高的专业公司。从研发设计环节分离出独立的研发设计公司，采购和运输配送演化为第三方物流公司，人力资源环节分离独立出来猎头公司、专业咨询公司，会计环节、法律环节分离演化出会计师事务所、律师事务所，等等。

（2）产业融合形成新的产业经济组织。通过企业间、产业间的边界渗透，促进区域协同创新的网络组织结构创新，提供了集群进行内部环境调整与适应外界环境变化的弹性空间。高新技术（特别是电子信息、网络）与传统产业相融合，形成区域创新组织中新的经济组织。传统的零售和贸易企业通过引进互联网等新技术发展出了电子商务的新型经济组织，传统教育业也发展出了网络远程教育。

另外，基于软件及计算机技术的新型服务业态——软件服务业、移动通信增值服务、第三代移动通信服务；信息传输服务业、信息资源及内容服务业等不断涌现。例如，汕头输配电设备区域创新组织中的联众公司，主要业务包括：①为最终客户提供整体解决方案；②为集群中相关企业提供相关零配件、技术支持等，该企业为整个区域创新组织发展起到拉动和支撑双重作用，是产业融合和企业无边界的典型代表。

（3）产业模块化加剧产业组织专业化和集成化发展。产业模块化是产业价值链分解和融合的综合。日本经济学家青木昌彦等编著的《模块时代》将"模块化"看成产业组织机构的本质，"模块化"被认为是新经济时代的显著特点。所谓产业模块化，是将产业链中的每个工序分别按一定的模块进行调整和分割，是基于某一产品体系的流程再造。在这种产品体系中，产品功能是通过组合不同且相互独立的零部件来实现的，这些零部件之间的嵌合根据一套接口标准进行设计，从而保证零部件的标准化和可替代性。山东省威海市的打印机与扫描设备区域创新组织中，山东新北洋、山东华凌两家公司所具备的热敏打印头等技术积累和产品核心模块竞争优势，吸引了日本三菱、韩国三星等国际电子行业巨头以技术合作开发、投资建厂等形式落户威海市，形成以山东新北洋、山东三星打印机公司为产业龙头，数十家模块化零部件配套厂商聚集的具备较强竞争优势的区域创新组织。

二、经纪人作用促进集群组织的优化与交互

知识创造和技术创新过程受到由于信息不对称、外部性和搭便车问题及规模经济等因素所形成的不完善市场机制的影响，造成市场失灵现象。基于对国际区域创新组织发展和政策的研究，本书认为经纪人作用对集群组织系统创新具有重要促进作用。经纪人作用主要是指加强区域创新组织内部活动主体的增值和协作，充分发挥集群内企业、科研智力机构、中介组织、政府在地理邻近、产业关联方面的竞争优势，避免或者弥补区域创新组织系统失灵，提高区域创新组织之间的协作频度和合作效率。经纪人政策是发达国家区域创新组织政策中的重要组成部分，主要内容有以下三个方面：①公共服务机构通过搭建对话平台来支持公司之间建立联系；②增强科学界与产业界互动，提高产业专业化及适应本地化的大学-产业界间联系；③建立公共-私人合作支持集群组织在知识方面的联系。

作者在国家高新区及区域创新组织调研过程中发现，承担经纪人角色的网络组织和创新服务平台逐步在区域创新组织发展中发挥较大作用。郑州高新区围绕无机非金属材料和金属材料及制品产业、生物技术产品及制药产业、以通信设备及计算机网络和软件产品为主的电子信息产业、机电一体化设备及仪器仪表产业四大区域创新组织搭建了"一个中心、七个平台"的技术创新服务平台；东莞市虎门镇服装设计与制造区域创新组织中建立了技术创新中心、富民服装网等机构和平台，加强集群内部企业及集群内外的交流、互动与合作渠道；北京市为了促进软件和信息区域创新组织发展，成立了北京软件和信息产业促进中心，负责该产业战略研究、沟通协调、推动促进等工作，有针对性地全面促进区域创新组织创新发展；另外，文献显示，浙江省绍兴县（现为绍兴市柯桥区）针对纺织区域创新组织面临的技术水平偏低、产品结构单一、专业人才匮乏、行业信息化建设滞后等问题，成立绍兴县区域创新服务平台，大力引进创新和集成创新、研究推广产业应用技术。

三、三螺旋驱动促进混成组织的形成与渗透

"三螺旋"概念最早是由美国学者亨利·埃茨科威兹教授在20世纪80年代初期提出。"三螺旋"理论认为，在以知识和技术驱动的创新经济体中需要政府、大学和产业互动与协调，认为三者既保持独立身份，又在创新过程中相互作用、互动发展，共同推动知识的"创造、流动、增值和再创造"，实现由图1-4向图1-5的转变，促使三者螺旋式向前发展。

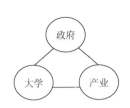
　　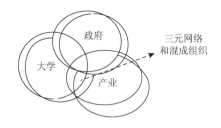

图 1-4　大学-产业-政府的传统三元结构模式　　图 1-5　大学-产业-政府的三螺旋创新模式

　　对于区域创新组织而言，大学、产业、政府均是区域创新组织的重要成员，大学作为新知识、新技术的源泉，是知识经济的生产力要素，通过技术转移办公室将知识和技术转移出大学，又通过产业联络办公室收集来自区域创新组织的问题，承担起推动区域经济社会发展的"第三使命"；企业间关系已经由单纯的市场竞争关系扩展为竞争合作关系，以及建立与大学、政府的其他合作关系；政府是大学-产业关系的基础，利用其资助的产业联合会和大学顾问委员会等混成组织，积极参与到技术研发和公共风险投资等环节，促进三螺旋创新模式形成与发展。

　　三螺旋理论对区域协同创新机制产生的促进作用主要表现在以下三个方面。

　　（1）政府成为创新活动和产业发展中的重要参与者。关于政府需要参与创新活动和经济发展的理论研究，主要集中在市场失灵、政策失灵、系统失灵，因为这三种失灵的存在，需要政府弥补市场失灵。政府作为集群组织系统的重要组成部分，应该在以下方面发挥积极作用：①促进区域创新组织主体间合作，建立和加强正式与非正式合作机制与平台，形成三螺旋驱动发展的区域创新组织创新机制；②促进区域创新组织的技术创新、市场创新、组织创新及制度创新，利用政府行政权力和公共财政政策等特有资源，直接资助、间接资助或者引导集群不断创新；③加大创新基础设施和创新软环境构建，作为公众利益代表承担起经济组织不愿承担的"公益事业"。

　　（2）三元合作网络和混成组织是联盟网络的重要组成部分。区域创新组织合作网络对创新的重要作用是学术研究较多的角度，但是，通过强调大学、产业、政府三者的三元合作网络及加强混成组织为区域创新组织提高创新能力提供了更具体并且可操作性强的抓手。通过建立大学-产业-政府联合推动委员会、联合投资、虚拟网络、实体组织、协议联盟等各种形式，混成组建各类组织，形成功能互补、优势集成的三元网络和混成组织，在国际区域创新组织和区域经济发展中取得了普遍性的显著效果。

　　（3）大学、产业、政府应当承担起渗透硬性组织边界的作用。渗透硬性组织边界，是指大学实现向"第三使命"转变、产业实现向三螺旋产业转变、政府向参与创新活动转变。随着知识创造和技术创新对现代经济社会的作用越来越强，大学已经被赋予了促进知识技术商业化应用的使命（第三使命），只有那些能够担负第三使命的大学才能真正成为三螺旋发展的驱动源；在知识经济时代，以知识为基础的公司吸纳了大学和政府要素，并建立在与这些机构范围之间关系的基础上，形成了一种新型产业组织，即三螺旋产业公司。这种三螺旋产业公司跨组织地与其他公司、大学、咨询机构、非政府组织、政府部门和实验室合作，促进了三螺旋产业区域发展。从创新发展的角度出发，政府需要有效介入到创新过程之中，突出科技创新部门的组织建设及其在区域创新组织中的重要作用，以公共财政资源为引导，制定有针对性的创新政策，提高创新绩效。

第五节　区域协同创新风险的成因机理

一、区域协同创新系统的自组织特性与风险

区域创新组织系统作为一个社会网络系统，它的系统结构及其演化规律也应该遵循一个开放社会系统的一般规律。由比利时物理化学家普利高津创立的耗散结构理论认为，一个系统如果具备四个条件，可以由混沌向有序转化形成"耗散结构"，即一是一个开放系统；二是远离平衡状态；三是系统内部各个要素之间存在非线性的相互作用；四是系统涨落导致有序（张文焕，1990）。这四个条件揭示了一个开放系统在非平衡状态下所具有的自组织演化能力。下面对照区域创新组织系统的自身特点，来分析区域创新组织是否是一个具有自组织能力的耗散结构。

（一）区域协同创新系统具有开放性

根据本章对区域创新组织网络结构及其特性的分析，可以发现区域创新组织系统是一个不断与外部社会环境进行物质、信息等能量交换的开放系统（区域创新组织的网络结构参见图 1-1）。考察区域创新组织衍生与成长的实际案例，可以发现，任何一个区域创新组织的产生都离不开良好的区域环境，包括政治、经济、文化和社会等各种环境因素，也包括适当的政府扶持政策。正是在与周边环境不断的能量交换中，积聚起来自身的竞争优势、技术优势和人才优势等，区域创新组织才得以产生并不断壮大（石忆邵，2001）。如果区域创新组织是一个封闭系统，不能与外界进行物质与能量交换，将不可能生存下去。

（二）区域协同创新系统具有不平衡性

区域创新组织的非平衡性一方面来自区域创新组织整体的竞争优势和技术优

势。区域创新组织之所以能够产生，就是因为这种产业的集聚能够产生规模效益。即比较而言，区域创新组织具有较高的劳动生产率和技术创新优势，能够创造更高的经济效益。另一方面，区域创新组织内部也处于不均衡状态。其中总有少数核心大企业在技术创新和产业发展中处于支配地位，而另一些企业处于从属地位。这时，在区域创新组织中，资源和能量的流动是单向和非均衡的。

（三）区域协同创新系统具有非线性特征

设 X_i（$i=1, 2, \cdots, m$）表示区域创新组织系统的状态变量，C_j（$j=1, 2, \cdots, n$）为控制参数，则区域创新组织系统的演化方程可一般性地表示为

$$\mathrm{d}X_i/\mathrm{d}t=f_i(X_1, X_2, \cdots, X_m, C_1, C_2, \cdots, C_n) \quad (i=1, 2, \cdots, m)$$

如果 f_i 均为线性函数，则区域创新组织系统为线性系统；如果 f_i 中至少有一个是非线性函数，则区域创新组织系统即为非线性系统（吴翔阳，2006）。从数学的角度来讲，线性系统就是指系统内部各个元素共同作用的结果等于各个元素单独作用的简单叠加。

对照上述理论分析，区域创新组织内部各个元素之间的相互作用表现为相互竞争与合作，这种作用的结果是非线性的，开始时会产生 1+1＞2 的效果。比如，追加资本或者劳动投入时，会出现效益规模递增。但是，超过一定界限时，又会出现 1+1＜2 的结果。因此可以得出结论，区域创新组织是一个非线性系统。

（四）区域协同创新系统存在涨落机制

自组织理论认为，系统由混沌状态转向有序状态是通过涨落机制实现的。涨落是系统受外部或内部因素作用出现的、偏离宏观平均状态的某种偏差，可以设想，如果系统内部没有涨落存在，那么无论在什么条件下系统也不会发生状态的改变。区域创新组织就是在一定的环境中，经过激烈的市场竞争和相互合作，打破企业和其他相关行为主体的原有生存状态，不断聚集而壮大规模，形成新的网络结构（叶金国，2003）。同时这种结构又处于不断的涨落变化过程中，如果不适应也可能在涨落中衰亡。由于区域创新组织系统内企业的生存发展能力是有差异的，由生存竞争能力强的企业主导下的区域创新组织，其衍生和发展能力也较强；由生存竞争能力弱的企业主导下的区域创新组织，其衍生和发展能力也较弱（吴翔阳，2007）。所以，涨落机制是区域创新组织不断衍生和发展的原始推动力。

综合上述分析，可以看出区域创新组织是一个具有自组织能力的耗散结构网络系统。它的衍生、成长和衰亡具有自身的客观规律。区域创新组织网

络结构风险的预控系统研究就是遵循和运用区域创新组织网络系统涨落和演化的客观规律，监测和发现区域创新组织发展过程中存在的问题和潜在风险，发出预警信息，采取预控对策，防患于未然，以利于区域创新组织的健康可持续发展。

二、区域创新组织系统的模块化内耦合与风险

（一）区域创新组织网络模块化的竞争优势

日本经济学家青木昌彦（2001）将"模块化"看成产业组织机构的本质。有学者通过对模块化组织中的信息处理机制、功能模块的协调成本和模块化的整合效率等三方面因素进行比较后，指出模块化的网络组织模式效率最高（陈继祥，2005）。在模块化的区域创新组织网络中，企业之间是建立在"双赢"的基础上的合作竞争关系，通过企业间有意识的相互合作去得到由原来的单独竞争所得不到的经营效果。企业不再仅仅着眼于修补自己"水桶"上的短木板，而是将自己水桶中最长的那一块或几块木板拿去和别人合作，共同去做一个更大的水桶，然后从新的大水桶中分得自己的一部分。即按照模块化的观点，企业可以用自己的强势部分与其他企业的强项相结合，这种基于合作构建的"新水桶"的每一块木板都可能是最长的，从而使水桶的容积达到最大。这就是所谓的"新水桶原理"。

（二）区域创新组织网络模块化内耦合的潜在风险

在区域创新组织网络系统内部存在生产模块、价值模块和知识模块的三个不同层次的耦合现象（苗建军等，2008），为达到"双赢"或"多赢"的协同效应，彼此在各自的关键成功因素——模块化的优势环节上展开合作，以取得整体收益的最大化，最终实现整个网络系统的"共赢"。区域创新组织价值模块化耦合能够较大程度提高绩效水平，优化网络的价值形成系统。这一点应该首先予以肯定。但是，协同效应的实现有赖于模块生产网络有效的自我治理，这方面也面临着来自多方面的挑战，包括设计规则的可行性、竞争策略的有效性和合理性（朱瑞博，2003）。区域创新组织网络的整体效率取决于网络核心企业是否具有全球的宽广视野，以顾客价值为中心和出发点，制定科学合理的设计规则，并通过有效合理的竞争策略来进行创新，而这些方面相比原来以企业为单位的封闭结构而言，区域创新组织需要整合的强度和协调性更高，因此潜在的风险也更大。

第六节　本 章 小 结

　　本章主要明确了区域协同创新及其风险有关的基本范畴和基本理论，主要包括区域创新体系的内涵与外延，区域协同创新的内涵、效应与形成机制，区域协同创新组织网络的构成、特征和组织结构，区域协同创新的内在机理，以及区域协同创新风险的成因机理。基本范畴的界定为研究区域协同创新的风险预警提供了概念基础和理论依据。

区域协同创新的组织形态

研究区域协同创新问题，实质上就是研究区域创新主体的表现形式及其相互关系。其中的核心问题就是区域协同创新的组织形态。通过调查和分析区域协同创新的实证案例，本书将我国当前区域协同创新的组织形态区分为城市群协同创新、省级行政区域协同创新、产业技术创新战略联盟和产业集群四种典型。下面分别阐述其基本概念和主要理论。

第一节　城市群协同创新

一、城市群协同创新的内涵

英国地理学者戈德认为，城市群是城市发展到成熟阶段的最高空间组织形式，是在地域上集中分布的若干城市和特大城市集聚而成的庞大的、多核心、多层次城市集团，是大都市区的联合体。对于城市群概念的表述，学者们并不一致，但认识在渐趋一致，即城市群是由很多城市组成的，彼此的联系越来越紧密，共同对区域发展产生影响。城市群是工业化、城市化进程中，区域空间形态的高级现象，能够产生巨大的集聚经济效益。

发展城市群可以在更大范围内实现资源的优化配置，增强辐射带动作用，同时促进城市群内部各城市的协同发展。这就是城市群的协同创新问题，其内涵就是有效地利用各个城市之间资源、产业、功能等优势和差异，做到优势互补，协调发展，最大限度地提高城市的创新能力，从而实现城市群的协调发展。城市群协同创新既是有关城市群发展的重要议题，也是区域协同创新的组织形态之一。

综合目前国内学者们的相关研究成果发现，城市群协同创新的研究呈现出深度发展的态势。研究领域从空间地理向经济管理延伸，研究范式由单方面、单角度向多层次和多视角转化，研究方法由理论研究向理论实证结合、定性定量结合丰富，逐步演变成成熟的研究体系。但城市群作为一个综合地域空间单元，其协同创新系统纷繁复杂，研究视角不可能面面俱到，在多学科的理论探索及融合上仍存在一定的不足，各学科的研究自成派系，尚未整合（刘爱君，2015）。

二、城市群协同创新的国际经验

通过研究美国东北部大西洋沿岸城市群和日本东海道太平洋沿岸城市群等世界重要城市群协同创新发展的实践经验，可以得出几点可供借鉴的国际经验（刘曙华和沈玉芳，2012）。

（一）强化城市群各类产业资源的空间配置

通过分析国外城市群协同发展实践可以发现，一般群内各城市的产业发展呈现明显的阶段性特征。经济空间组织的变迁是以产业在不同等级的城市进行重组为主要内容的，产业结构及地域分工的调整与优化成为城市协同发展的重要环节。因此，应该合理配置城市群中的各类产业资源和基础设施，建立合理有效的产业空间组织系统，从而对整个城市群产生强大的辐射力和吸引力，提高城市群的产业创新力和竞争力。例如，美国的东北部城市群以纽约为核心，制造业、交通业和城市带融为一体，在共同市场的驱动下，各种产业资源在区域中合理配置与流动，城市的联网效应逐渐形成，核心城市、中心城市和周边城市形成一个不分彼此的整体，增强了整个城市群发展的稳定性和协同性。

（二）突出各个城市产业发展的特色和优势

每个城市都应该注重将自身的优势资源发挥出来，而不是盲目参与竞争。城市之间的竞争应该是市场经济条件下合理的竞争与合作关系，这种竞争与合作对增强产业群的竞争优势是十分必要的。因此，各城市应该通过充分的论证，充分发挥自身的优势，培育特色产业，从而促进整个城市群的产业合理分工和协调发展，避免恶性竞争。日本东海道都市圈内各城市的产业分工明确，特色明显。核心城市东京发挥着政治、行政、金融、信息、科教文化的中枢职能。神奈川地区和千叶地区是东京都市圈中工业和物流产业集聚地。

（三）推进城市群整体的协调互动发展

城市间的协同还表现为城镇结构比较合理，城市体系呈规则等级结构，并且城市定位很明确，注重塑造城市特色；各个城市的产业空间布局和城市空间布局有机结合在一起，城市群的耦合度较强。东京大都市圈的发展主要在于其内部城市在产业和职能合理分工基础上所形成的集聚优势，东京大都市圈从而成为重要的综合性大工业集群带及世界经济、金融、贸易中心。其中，以京都、大阪、神户为中心的京阪神城市圈形成了以消费品生产为中心的大工业地带；以名古屋为中心的名古屋城市圈以生产纤维、陶器等传统工业为主，逐渐发展为重化工业区，是日本目前最大的重化工业基地。由此可知，大都市圈内部发展的协同性十分明显，空间联系的高度一体化促进了经济发展上的协同，并推动着区域经济的一体化。

（四）建立健全适合城市群发展实际的管理制度

通过分析可知，虽然国外城市群内城市间的经济联系十分紧密，但并未形成统一的、具有实体性质的管理机构，城市间的协调和跨区域管理大多是通过一些专业性管理机构进行，区域协作具有相当的多样化和非正式特点。这种管理制度与市场机制的作用得到充分发挥有关。而目前我国对城市群的发展注重以规划为主，建立相关的行政管理机构。鉴于此，我们在管理制度上的安排要注意符合市场经济的要求，更要适合本地区的实际，尤其要注重充分发挥市场的作用。

三、城市群协同创新的内在机制

城市群协同创新的内在机制应该是一个包括主体机制、动力机制、运行机制和保障机制四部分的完整有机体，各个部分之间相互联系、相互作用，共同推动区域合作健康有序进行（龚胜生等，2014）。

（一）主体机制

主体机制是城市群协同创新主体的类型、角色定位等涉及主体问题的总称，一般包括政府、企业和非政府组织三大类：①政府。城市群协同创新的第一主体，是城市合作的倡导者、组织者、经营者和规则制定者，对城市合作具有决定性影响。政府推动城市合作是实现城市共同利益最大化的基础和保障。②企业。实现城市群协同创新目标的核心，是经济效益的主要实现者。城市之间的企业联合协作构成了城市合作的主要内容。企业参与城市合作的能动性是决定城市合作成败的关键。城市产业升级、要素流动、资源配置与组合、基础设施的建设等，都是在市场环境下由企业完成的，而且企业生产对生态、经济发展、城市群合作机制建设都至关重要。③非政府组织。影响城市群协同创新的重要力量，是连接政府与企业的桥梁和纽带，在加强行业自律、协调利益关系、维护竞争秩序、促进信息共享、开展专业培训、提供咨询服务等方面，都具有独特的、不容替代和忽视的作用。

（二）动力机制

动力机制，指驱动各城市积极参与合作的动力源，包括内部动力和外部推力：①内部动力。内部动力是城市群利益最大化。城市间合作可以有效地降低个体单独行动时所需的成本，减少资源的浪费，实现各自优势的互补；可以减少各种谈判成本与机会成本的发生，降低摩擦、冲突与合作成本的发生，有利于合作各方相互依赖构建利益共同体，并凭借各自的优势实现各自利益的最大化。②外部推力。外部推力包括两个方面，一是国家大力倡导城市合作的政策支持，二是城市外部成员间的合作带来的示范效应。

（三）运行机制

运行机制，是指为了保证城市协同创新启动及运行所应建立的制度和机构等，包括政府、企业、非政府组织三个方面的运行机制：①政府合作运行机制，指各级政府为保证合作开展运行所应建立的行政制度及机构，主要解决合作过程中涉及政府的规划制订、决策制定、政策落实、矛盾协调等问题。②企业合作运行机制，指企业在城市群协同创新中应采取的措施和对策等，主要解决企业资源的优化配置、企业素质和经济效益的提高、新产品的开发、新技术的推广、避免重复建设和同质竞争等问题。③非政府组织合作运行机制，指非政府组织在跨区域合作中应建立的制度和规则等，主要解决非政府组织作用定位及其有效发挥的问题。

（四）保障机制

保障机制，即为保障城市群协同创新的主体机制、目标机制、动力机制、运行机制健康运行的制度体系，主要包括激励与约束机制、利益共享与补偿机制和政府绩效考核机制：①激励与约束机制，指能对城市政府行为构成约束的法律、法规、政策等制度安排。这种制度设计应达到两个基本要求：一是为城市群协同创新提供足够的激励；二是对违反"游戏规则"者给予恰当的惩罚。②利益共享与补偿机制，指各城市政府在平等、互利、协作的前提下，通过城市经济社会发展政策、制度建设等实现城市政府之间的利益转移及合理分配。在城市政府短期利益与城市发展长期利益不一致时，在城市合作制度的基础上，通过金融整合、资本市场、税收调节等手段提供利益补偿。③政府绩效考核机制，指用来评估政府工作的效率、能力、服务质量等绩效的制度和方法。科学的政府绩效考核机制，有助于提高行政投入的效率，降低行政成本，增加公众对政府的信任度，建立高效政府和诚信政府。

第二节　省级行政区协同创新

一、创新型省份的基本概念

（一）创新型省份的内涵

从系统学的角度，可以这样理解创新型省份："创新"是一个省份在适应外部环境的过程中，各主体在相互联系、相互作用、相互适应中表现出来的整体特性；在创新的推动和激励下，系统的人口、资源、环境、经济和社会等子系统之间相互制约、相互促进、互惠共生，使省份内部及其外部环境之间实现整体的协调发展（图2-1）。

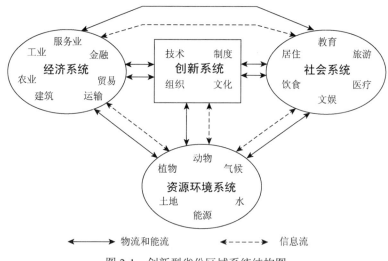

图 2-1　创新型省份区域系统结构图

（二）创新型省份的特征

（1）复杂性。创新型区域是一个处于不断变化中的开放的复杂系统，是由资源、环境、经济、社会等若干子系统组成的，其各子系统又由为数众多系统元素构成，其各子系统、各系统要素及系统与外部环境之间存在极其复杂的非线性相互作用，这些元素及其参数之间的强耦合作用使得系统内部形成了特定的内在结构，某些特定的元素及其参数在变化与运动中形成稳定的组织模式和作用与制约机制，从而限制或激发系统的演化与发展。在区域社会经济活动中，为数众多的创新主体——企业、大学、政府、中介等，都在依据外部环境和其他主体的行为形成自己的主观决策，由于所获得的信息具有不对称性，对事物的认知度有偏差，整个系统的运动变得十分复杂。此外，其复杂性还表现为环境的多变性，导致区域系统及其子系统的循环运行和系统之间的物质、能量与信息的交换过程中将会面临混沌、模糊或无序环境状态。

（2）动态演化性。区域系统的行为大多是动态的、不稳定的稳定，平衡只是暂时的现象，因此，实现创新型区域的目标也是一个不断发展变化的动态演化过程。这种演化表现在区域从一个均衡向另一个均衡的非均衡转变，达到各子系统协调发展和城市可持续发展的均衡状态。系统在一个均衡态而无足够的外界扰动或内部激发条件时，将停留在这一层次的均衡态附近波动而无法上升至更高一层次的均衡态，称为锁定（locking-in）。在推进创新型区域建设的不同阶段，区域发展所面临的主要任务和需要解决的关键问题是不尽相同的，系统的结构、功能、运行机制和目标也必须进行相应的调整，要引入外部创新激励和扰动，以打破锁定状态，推进区域在不同的均衡状态迁移。区域政府正确地选择和设计合适的激励创新的制度安排可以推进区域的演化从较低层次的均衡向较高层次的均衡不断转化。

（3）协同共生性。协同性即系统的有序性。在一定条件下，区域各子系统通过非线性的相互作用产生协同现象，使系统进入一种新的有序状态，其中，调节负熵流是使区域系统由无序向有序过渡的重要机制，这种负熵流通常表现为与区域系统外部环境的物质、能量和信息交换。一个稳定有序健康发展的区域系统必然是建立在开放基础上的，内部各子系统之间是相互协同合作的。"共生"的概念与"协同"类似，从区域系统来讲，就是系统中各子系统（即共生单元）之间实现共生稳定、协同合作、互惠互利、共同激发、共同发展，以实现区域可持续发展。在区域系统的协同发展的共生关系中，经济的发展以生态环境良性循环为基础，与资源环境的承载能力相适应，区域的资源环境将获得公平和公正的利用与配置，经济和社会发展将获得不断提高，技术创新、制度创新和管理创新将成为区域系统协调发展的源泉和主要推动力。在创新型的区域系统中，各子系统之间、子系统与外部环境之间协同均衡发展，区域将形成协同共生、和谐发展的"超循环结构"，推动区域经济社会与资源环境的和谐发展。

（4）渗透融合性。创新型区域是各子系统复合形成的有机整体，子系统之间交叉融合，你中有我，我中有你，各组分相互依存、相互支持和相互制约，特别是在创新系统与经济社会和资源环境系统的强耦合作用下，以知识创新、技术创新、制度创新和文化创新为核心的创新因子深深嵌入和融合到区域系统之中。这种创新的渗透融合对城市发展产生两种作用:一是促进区域经济增长方式日益依托知识和技术的创新推动力,区域系统的知识含量和创新要素不断增加,区域整体发展水平和质量不断提升;二是兼顾区域社会效益及经济社会协调发展的区域创新发展模式,使区域系统能较快进入可持续发展的轨道,在有效的激励机制和制度安排下,区域系统中的资源和要素配置达到帕累托均衡,经济社会和资源环境协调发展,不断推动区域从较低层次的可持续发展状态跃升至更高级的可持续发展状态,增强区域的可持续发展能力。

二、创新型省份建设的思路与对策

创新型省份建设应该基于这样的战略思路,即全面推进各项创新,重点突出产业创新,以产业创新推进全面创新,形成有江苏特色的区域创新模式和成效标志。坚持把创新上升到全省最高综合战略层面,确保创新型省份建设中的重要战略地位和建设过程中的政府投入机制。坚持以国际上创新型国家为重要标杆的战略取向,充分吸取国际有益经验,加强创新能力的国际可比性。坚持重在激活创新要素、集聚高端创新要素的战略取向,为创新型省份建设创造持续创新的源泉。坚持突出科技创新、推动产业创新的战略取向,全面提升创新能力。坚持市场配置创新资源、尊重创新价值规律的战略取向,锻造一大批以创新取胜的企业。坚持在扩大开放中提高创新能力的战略取向,大力推动科技创新的国际合作。

创新型省份建设的主要路径有以下几点。第一,营造激励创新的有利环境,集聚国内外众多创新要素。第二,突出产业创新地位,引领全省创新发展方向。产业的转型升级是核心、是关键,也是江苏寻求创新驱动发展的最主要标志。第三,促进企业增强创新活力,打造一批依靠创新取胜的知名企业。企业是经济运行的微观基础,也是保证产业创新取得成功的源泉。第四,全面完善创新体系。创新型省份建设离不开创新体系的培育,离不开各种类型的创新主体和相对完整的创新平台。第五,积极发挥城市的重要创新载体作用,塑造若干个创新型城市。城市是文明发展的重要载体,也是经济进步的动力来源。第六,全面推进体制创新,释放江苏创新的能量。第七,大力发展科技金融,积极引入社会资金投向创新领域,更好地发挥市场配置创新资源的作用,应作为创新型省份建设的一条重要路径。

三、省级行政区协同创新中的政府职能定位

区域协同创新中的政府职能,就是要研究政府应该做些什么、怎样做,才能

使一个地区创新容易成功、创新绩效更高的问题。下面从分析国内外区域创新体系中的政府职能模式出发，从宏观和微观两方面界定省级区域协同创新中的政府职能。

（一）国内外区域创新体系中政府职能模式比较

1. 美、日、韩三国区域协同创新体系模式的特征

（1）市场牵引型：美国的区域协同创新体系。美国的区域协同创新体系完全以市场为主导。由于市场的主导，各创新资源配置合理，功能配套完善；创新主体角色明确，依据市场导向进行明确分工，在创新链的不同环节进行自主创新；根据市场需求推进创新产品的产业化和市场化，研究开发、中介服务、风险投资和企业以市场为纽带处于良性的互动状态；政府在区域协同创新体系只是发挥辅助、协调和监管的间接作用。

（2）研发驱动型：日本的区域科技创新体系。日本经济迅猛发展，一跃成为世界第二大经济强国，究其原因，在于日本实施了"技术立国"的国家战略，致力于发展研发主导型的区域协同创新体系。这一战略推动了社会的、科技的创新资源向研发方向倾斜，日本在成功进行技术引进与应用创新的基础上，通过对各种技术加以消化吸收，进而发展到集成创新和原始创新。近年来日本创新政策及组织管理方面出现的新趋势，主要包括制定技术战略地图，引导社会创新活动；将计划和政策实施机构改革为独立行政法人，使决策机构与实施机构相分离；法人化国立大学，促进产学结合。

（3）政府主导型：韩国的区域科技创新体系。韩国采取的是典型的政府主导型的科技发展模式，韩国各级政府鼓励吸引外资和引进技术来发展高新技术产业通过"官产学研协同技术开发"行为，提高企业技术研发的水平和效率，使韩国的区域协同创新体系突飞猛进，取得了令世界瞩目的业绩。长期以来，韩国的重大科研开发项目都由政府确定，并大多由官办科研机构进行开发。在韩国，官办的科研机构已占全国研究机构总数的一半以上。2004年韩国调整了科技行政管理体制，增设科学技术创新本部，主要职能是制订国家研究开发中长期投资计划、协调各部的研究与开发（research and development，R&D）预算、评价预算使用效果，协调与创新相关的科技政策、产业政策和人才政策。

2. 国外区域协同创新体系不同模式的借鉴与启示

从上面三个典型国家的区域协同创新体系的比较，可得出如下几个启示。

（1）区域协同创新体系的成功有赖于完善的市场经济体制。美国、日本、韩国、印度等国尽管采用了不同的区域协同创新模式，但是它们有一个共同点，这就是市场经济制度都比较完善，这说明区域协同创新体系的成功需要成熟的市场

经济土壤。因此，在构建我国区域科技创新体系的过程中，首先要将市场作为推动区域协同创新与高新技术产业化的主要动力，按照市场的需求配置社会、科技资源。政府应该尊重市场经济的客观规律，不宜直接插手科技资源的配置，不宜干预企业的经营活动，其主要作用应是资助基础科学研究，营造有利于创新的法制环境，通过税收杠杆和政策倾斜为区域协同创新体系提供服务。

（2）政府在区域创新体系中的作用必不可少。从国外的成功经验看，无论各国采取哪种模式，即使政府不直接参与创新活动，政府在其中都起着比较重要的作用。从区域创新体系的规划，到公共创新平台的建设、投资方向的引导，再到创新的组织架构和制度安排，都需要政府管理部门在其中发挥重要作用。

（3）必须处理好政府主导与市场调节的关系。在我国市场经济还不成熟的条件下，建设区域创新体系，必须根据我国国情，适当处理好政府与市场在区域创新中的关系。政府需要找准自己的定位，政府应该把重点放在引导创新的方向，确定创新的重点上，做到有所为、有所不为。

3. 国内区域创新体系不同模式的比较

（1）北京模式：原始创新主导型。一是区域创新资源聚集在创新源头。从科研机构的数量、科研人才、科研资金、科技产出的部门分布可以看出，北京地区的创新资源主要集中在创新源，即知识创新和原始创新上。二是创新方式是以原始创新为主。北京地区具有自主知识产权的高新技术产品产值占工业总产值的比重大，在一些领域实现了关键技术的突破，已经形成了一批具有自主知识产权产品的骨干企业；北京民营高科技企业发展十分迅速，已产生了一批具有自主知识产权、具有较大规模的大型民营高科技企业；北京不断加强和完善科技中介服务体系建设，为原始创新及科技成果产业化提供优质高效的服务。三是知识"溢出效应"与辐射功能显著。北京地区作为国家创新体系的龙头和推进原始创新的引擎，通过知识的"溢出效应"，对全国各地特别是华北地区的区域创新起着重要的辐射作用，从而成为全国技术创新网络的中心节点之一。

（2）上海模式：全面综合协调型。一是全面协调的区域创新体系。上海区域创新体系的特点是，重视官产学研，结构功能完整，运行机制完善，实施成效显著。二是多种创新方式齐头并进。近年来，为了提高核心竞争力，上海的高新技术产业越来越多地将着力点转向拥有自主知识产权的原始创新。三是产学研联合日趋紧密。上海根据产业发展的方向，通过聚集科研院所、高等院校和企业的创新资源优势，不断加强以企业为主体的产学研联合，产生了明显的效果。

（3）深圳模式：企业主体主导型。一是企业是自主创新的主体。深圳的区域创新体系的主要特征，就是以企业作为自主创新的主体，以此为基础构建区域创新体系。二是着重于科技成果产业化。深圳发展高科技产业一直存在"先天不足"的弱点，比如，没有发达的高等教育和高水平的科研机构，创新源头投入与产出水平较低。但深圳在发展高科技产业时，采用引进技术与二次创新相结合的方式，跳过了基础研究这一关，将人力、财力大量集中在应用研究和开发研究上，通过市场运作，加快高新技术成果的转让、引进、吸收和产业化。三是政府职能由决策主导型向服务主导型转换。深圳在构建和完善区域创新体系的过程中，充分发挥市场在科技资源配置中的基础性作用，但并没有因此削弱政府的作用。深圳市政府对科技创新的支持力度很大，但这种支持不是直接参与投资，而是通过政策扶持、风险投资及举办高新技术产业交易会等形式为企业提供支持。

（4）苏州模式：政府推动主导型。一是政府强力推动科技工程。苏州在构建区域创新体系的实践中，充分发挥政府的宏观协调作用，以制度创新推动技术创新。苏州市委、市政府就科技、人才工作下发专门文件，突出科学技术是第一生产力和人才是第一资源的先导作用。苏州市还以建设"科技含量较高、创新能力较强、产业优势明显"的"国际新兴科技城市"为总目标，按照促进产业技术升级和提高科技持续创新能力的要求，部署了涵盖全市所有方面的"十大工程"。二是重视创业环境的营造和改善。苏州政府通过必要的资金导向和有效的间接调控，大力推动产业园区、产业基地、孵化器、企业技术中心和技术中介机构的建设。三是外向带动战略作用明显。苏州因其毗邻上海的区位优势和高素质的劳动力优势，具有发展外向型经济的先天优势。目前，苏州新区已成为我国首批向亚太经合组织（Asia-Pacific Economic Cooperation，APEC）开放的科技工业园区之一，从而使苏州新区迅速走上国际化轨道。

由上文可知，不同创新模式的差异，是由地方经济的发育程度、资源禀赋、经济发展历史、产业结构和政府功能定位和作用所决定的。构建和完善区域创新体系，一方面要学习不同区域创新模式的成功经验；另一方面要立足于地方科技资源禀赋与文化环境，选择适合自身发展的创新模式。

在区域技术创新体系中，政府可以直接有效地通过调控机制的具体运行，特别是在一些市场机制无法发挥作用的地方，凭借其特殊身份完成其他创新主体无法实现的系统功能，发挥较其他主体有时难以发挥的作用。作为区域政府，浙江区域创新体系中的政府职能也可以从宏观和微观两方面来界定。

（二）区域创新体系中政府的宏观职能定位

政府在区域技术创新中的重要作用还在于进行机制设计并监督其运行，政府在适应市场经济的需要而转换职能的过程中，一个重要的前提就是遵守市场经济规律，进行机制设计和监督其运行。具体来讲主要有以下几个方面的内容。

1. 规范机制运行

规范机制运行主要是指要在存在诸多不必要的规定、越来越不适应发展要求的现有机制的基础上，发现和确立新型的、更加有效和高效的机制，从而来规范区域技术创新体系中参与市场经济活动的各个行为主体。例如，政府作为网络信息资源的最大拥有者，理应成为开发和利用信息资源的主要推动力量。通过建立公共的信息网络，规范信息交流制度，将政府拥有的信息转化成公共信息并不断地提高其透明度，同时为网络其他节点之间的信息沟通提供平台，最大限度地促进区域内的信息共享。

2. 协调机制运行

创新活动需要大量的资源，并要求对各种资源进行有效的组合。但创新活动又具有高风险和高投入的特征，这使单个社会组织的资源承受力有限。创新活动是复杂的社会活动，需要多种不同的资源和要素，这些资源常常分散在不同的社会组织手中，为了保证技术创新的成功和创新要素的高效组合，保证社会经济活动整体优化和高效，需要由政府出面进行协调。政府作为具有特别权力的市场行为主体，拥有其他主体无法比拟的优势，同时又是有效信息占有较多的要素，可以利用其特殊的身份，从宏观上和总体上对个别创新主体的行为进行协调，同时也可以作为特殊的中介为一些创新主体消除矛盾，达成共识，创造合作的机会。

3. 参与机制运行

政府也是区域技术创新活动重要的参与者，它可以与其他创新主体相平等的身份来参与具体的创新活动，弥补市场作用的缺陷。通过政府的参与，可以更好地为公共技术政策目标的制定提供依据，同时保证既定的公共政策目标的实现。政府参与到技术创新活动中，公共信息网络内的信息交流就会变得更加便利，政府可以随时与联合体内部的经济技术信息交流沟通，以此作为网络稳定发展的基础。同时，政府可以提供创新活动需要的各种规则等制度性的基础设施，还可以提供其他一些形式的服务等，如进行人力资本尤其是教育的投资，以提高人们的素质，增强创新能力；提供创新信息，即向创新主体提供国际和国内有关的经济信息和技术信息，以减少企业创新活动的盲目性；采取措施推广新技术的利用等。

（三）区域创新体系中政府的微观职能分析

企业、大学、研究机构、市场中介组织和政府作为区域技术创新体系中重要的有形实体，它们之间不断发生着各种联系，界定政府在区域技术创新体系中的职能，必须处理好政府与相关行为主体的关系。

1. 政府与企业的关系

政府对企业的管理没有一个统一的模式，在如何管理这一问题上，几乎完全因国家而异。而在政府应当管什么这一问题上，却有较大的共识。政府对企业的管理主要分为间接管理和直接管理两大类型；此外，政府还可以通过非官方的中间组织对企业进行管理，并通过提供基础设施和公共服务为企业的发展创造条件。

（1）政府对企业的间接管理。间接管理是指政府通过管理市场来影响企业，政府不干预企业的内部事务，有时甚至并不与企业发生直接的联系。浙江的民营企业比重较大，这方面的职能特别需要加强。一般情况下，政府通过以下措施来间接管理企业：第一，建立市场。适应市场经济的发展，建立和完善各种层次与各种功能的市场，如技术交易市场、产权交易市场等。同时对诸如期权市场和证券市场等一些特殊的市场的建立提出特别的要求和操作规则。第二，制定法律。市场中充满了各种随机的因素和无序的行为，但是市场经济是法制经济，需要有一定的规则来规范，而在这一点上，政府具有不可替代的作用。因此，建立一个系统配套和市场经济的法律体系是实现政府规范市场基本关系和主体行为等宏观职能的重要手段。其工作重点包括制定鼓励技术创新的法律和政策，鼓励企业革新和产业创新的条例等，还包括制定长期整体发展战略、重点产业（主要是高新技术产业）发展战略和规划及传统产业结构调整和发展战略等，规定产业发展的战略目标和发展思路，指导和规范技术创新。第三，监督管制。政府可以依照法律通过司法部门或行政机构对市场及其主体进行监督。管制是政府运用强制权通过行政机构和行政法规对市场进行干预，以求达到纠正市场无序、提高经济效率的目的。第四，引导市场。政府可以运用产业政策、经济计划、财税调节和信息等手段来引导市场资源的配置，从而影响企业的行为。例如，组织特殊资源引导跨地区、跨行业的重大产学研项目合作和产业化工程大型项目建设；建立重点产业共性技术开发基地和中试基地，引导鼓励企业进行技术创新等。

（2）政府对企业的直接管理。直接管理则是指政府按照法律或契约的规定直接干预某些企业内部的事务；各国政府对企业的直接管理通常只涉及国家有投资或与政府有合作关系的企业。在国家有投资的企业中，政府进行直接管理的目的是保证国家的所有者的权益。通常政府采用的手段有：①组织控制。通过设立董事会和任命总经理的方法对企业实现具体的管理。②财务监督。这主要是针对国有企业的财务进行监督，一般包括预算、投资、价格、工资等方面的监督。③经营指导。政府在原则上不干涉企业内部的经营管理，却可以通过计划采购合同、承包合同等来影响企业的经营。

（3）通过非官方的中间组织对企业进行管理。政府为了降低直接面对的企业的数量，从而缩小管理幅度，往往通过行业组织来沟通政府与产业或企业之间的基本联系。同时对于企业来讲，行业组织使企业更有力量同政府进行谈判，以保证最后实施的方案是政府与企业相互协商后产生的结果，从而使方案更加可行。

（4）政府提供科技基础设施和公共服务。基础设施和公共服务由于其投资周期长，回收慢，不为一般企业所投资。但是它们对于企业的发展又是极其重要的，而政府则可以通过建设基础设施和提供公共服务为企业的发展创造条件，间接地对企业施加影响。比如，提供物质性的基础设施——道路、电信设施、大型共用数据库、大型科研设施、国家或行业技术标准、图书馆、科技创业园等，这些创新基础设施是创新系统的必需条件，因其具有"公共物品"的特性，一般来说只能由政府提供。

2. 政府与大学和研究机构的关系

政府与大学和科研机构的关系随着人们对知识的认识不断发生着变化。政府对大学和研究机构的作用主要表现在对教育和科研的资金支持上，同时政府作为资金的投入者对研究成果享有占有权和所有权。在知识经济时代，大学和科研机构作为社会重要的知识资源，其职能开始发生变化，同时知识的生产、创造和传播更加需要灵活的投资并作为一种更加重要的投入要素要求有一定的回报。大学和研究机构与产业界的合作也日益密切起来，并且它们充分看到了知识的价值和潜在的市场。政府在新的经济形势下，对学术研究的资助方式也在发生着改变。一方面，政府需要增加大量的资金。随着大学规模的扩大，寻求政府资金支持的竞争日益激烈，大学和学者们必须到别的地方去寻找资金支持他们的项目。学术研究被推向了竞争日益激烈的市场经济之中。另一方面，政府可以通过在政府与学术研究之间的干预机构和中介机构来发挥作用。这些机构的出现，对正在形成的产业与大学和研发机构之间的合作起到了加强的作用。

3. 政府与中介组织的关系

作为市场经济体系中重要的组成部分，中介组织正在发挥积极的作用。企业的发展，一方面要依靠先进的技术、市场开发和管理及政府的优惠政策，另一方面还要依靠完善的市场服务支撑体系来提供便利的物质和信息服务，这一体系主要是由一系列中介组织所组成的。浙江的科技中介和服务组织还需要大力培育。政府鼓励建立和完善现有市场经济中的中介组织体系，能够极大地促进区域创新活动的发展。

首先，鼓励建立由政府牵头的中介组织。在政府职能随着市场经济体系的不断完善而发生变化时，政府部门进行了精简和改编，一些人员也因此离职，可以鼓励这些人成立由政府牵头的中介组织。同时，可以带动一些民间组织的成立，从而活跃和丰富中介组织体系。其次，颁布有利于中介组织成立的法律和法规。同时对其进行严格的管理，组织研讨会或者其他形式的交流机制，为企业和中介组织之间沟通联系，帮助中介组织寻找生存的机会。

从区域新体系要求政府发挥的作用来看，政府并不是无所不能的。区域创新体系中政府有宏观和微观两大职能，宏观职能集中体现在双重角色与三个机制上，微观职能表现在政府与企业、大学和科研机构的相互关系上。政府行使主要职能的目的在于目标引导、创造环境、扫除障碍、配置资源，以消除矛盾，达成共识，创造合作机会弥补市场作用缺陷。区域技术创新体系中，政府应遵循有所为、有所不为的原则，在区域技术创新体系这个舞台上正确发挥自己的职能，既不能越位，也不能缺位。要构建有效的区域技术创新体系促进持续创新，关键在政府。

第三节 产业技术创新战略联盟

一、产业技术创新战略联盟的内涵

战略联盟的概念最早是由美国 DEC 公司前总裁简·霍普兰德和管理学家罗杰·奈格尔提出的。但目前对于战略联盟的定义，学术界还存在很大的分歧。一种观点认为，战略联盟是由很强的、平时本是竞争对手的公司组成的企业或伙伴关系，是竞争性联盟。

在文献解读的基础上可以把企业战略联盟定义为：两个或两个以上的企业，为实现某种共同的战略目标或联盟竞争优势，在自愿互信、互利、互补的基础上，通过协议或股权参与等策略的实施而结成的一种企业联合体或相互依存的企业网络。企业战略联盟多为长期性联合与竞合，是自发的、非强制的，受到政府管制的影响较小，联盟各方仍旧保持着原有企业管理的独立性和完全自主的经营权，但有利于联盟企业提高资源配置效率。

产业技术创新战略联盟是指由企业、大学、科研机构或其他组织机构，以企业的发展需求和各方的共同利益为基础，以提升产业技术创新能力为目标，以具有法律约束力的契约为保障，形成的联合开发、优势互补、利益共享、风险共担的技术创新合作组织。它是实施国家技术创新工程的重要载体。推动产业技术创新战略联盟的构建和发展，是整合产业技术创新资源，引导创新要素向企业集聚的迫切要求，是促进产业技术集成创新，提高产业技术创新能力，提升产业核心竞争力的有效途径。

联盟的主要任务是组织企业、大学和科研机构等围绕产业技术创新的关键问题，开展技术合作，突破产业发展的核心技术，形成产业技术标准；建立公共技术平台，实现创新资源的有效分工与合理衔接，实行知识产权共享；实施技术转移，加速科技成果的商业化运用，提升产业整体竞争力；联合培养人才，加强人员的交流互动，支撑国家核心竞争力的有效提升。

二、产业技术创新战略联盟治理的理论基础

(一)交易费用理论

科斯(Coase)于 1937 年提出交易费用的概念,是交易费用理论的奠基人。根据科斯定理对交易费用和产权安排关系的论述,交易成本最小化应该是任何组织形式的最终目标。20 世纪 70 年代,威廉姆森(Williamson)发展了科斯的交易费用理论,构建了交易费用经济学理论体系。Williamson 认为,交易费用产生的原因主要是环境的不确定性、交易主体有限理性造成信息不对称、组织或人的机会主义行为及资产专用性等。并且交易过程表现出资产专用性、不确定性和交易频率三个维度的特性,影响交易费用。交易活动的不确定性和复杂性往往就是由这些因素导致的,所以必须选择某种制度安排和交易方式去减少由之增加的交易费用。所以 Williamson(1979)基于比较制度视角和分立的结构选择分析法对交易费用进行了分析,他认为经济活动的制度模式的选择与交易成本类型有关,存在企业、市场和混合模式三类制度安排,并且给出了相应的交易类型及所匹配的规制结构。

加拿大学者 Jorge Niosi 认为在技术战略联盟中最重要的交易费用是用于确认联盟成员与责任(如投资、承担 R&D 工作、享受知识产权、市场划分等)的法律费用,以及在 R&D 进程中的信息和监督费用。由于联盟中的交易费用可能会小于市场及一体化,联盟组织可能是比市场和企业更有效的混合模式。交易费用理论被用来解释联盟成立的动机的同时,也帮助解释了如何去确定它的治理结构。交易成本决定着联盟治理结构的选择,而交易成本的高低则受交易特性的影响。当交易的资产专用性较高时,交易双方信息不对称会引起逆向选择和道德风险,尤其是提供专用资产的一方存在租金被侵占的风险,这些问题的减轻、避免及合作效率的提高必然需要恰当的制度安排。Gatignon 和 Aderson(1988)则发现纵向联盟形式的确定受行为不确定性影响,也就是说当联盟中行为不确定性程度越高,越倾向于选择股权合资联盟,而不是非股权契约联盟。

交易费用理论立足于交易成本最小化的视角着重讨论分析了联盟结构的选择。然而,在强调机会主义行为引起的交易成本的同时,往往忽略了企业的生产、技术等其他重要环节。实际上交易成本并不是选择联盟治理结构时应该考虑的唯一因素,当外部环境剧烈变化时,仅仅根据交易成本最小的目标会导致决策人做出选择与现实不符的联盟治理结构的决策。因此,交易成本理论的不足使得其无法对现实联盟治理结构做出合理的解释。

（二）资源基础理论

诞生于 20 世纪 80 年代中期的资源基础理论学派认为企业的可持续竞争优势来源于选择性资源的积累、配置及要素市场的不完善（Wernerfelt，1984）。联盟使企业资源运筹的范围得到扩展，通过集合多家企业的资源，在更大范围内促进资源的合理配置，完成单个企业不能完成的项目以提高业绩。企业在市场竞争中补充互异的核心能力能够形成更大的竞争合力，这也是聚合多方核心能力、建立联盟合作关系的原动力。企业竞争优势的源泉在于其核心能力，核心能力隐藏在组织内部和人的经验性知识中，联盟为企业能力转换和创造提供了一条有效途径。

资源理论认为，影响联盟治理的因素主要有规模经济、学习效应和组织刚性。可以通过外部购买产生规模经济，实现资源共享。部分资源无需事先学习就可以直接使用，然而存在一些必须进行深入学习才能使用的资源，只能通过所有权或联盟使其内部化。另外，并不是所有资源都具备互换性、通用性，某些资源具有组织特性，通常只有付出更高的成本才可能适应不同的组织。以资源为基础的竞争理论认为，只有那些具有组织刚性的资源才能构成企业的持久竞争力。这说明企业将其最具竞争力的业务或技术投入联盟活动的概率很低，一般情况下会选择将其隐秘而提供次重要资源。与交易成本理论不同，资源理论强调的是企业独特资源和能力对联盟治理的影响，其联盟整体价值最大化的主张丰富和完善了交易成本理论对于联盟的解释。其贡献在于：强调提高联盟运行效率应该重视联盟成员的内部资源和能力；联盟成员更深刻地看待自己在联盟中的角色，会选择通过完善和创新联盟活动机制去纠正自己以前的惯例。然而，由于资源基础理论对联盟解释的出发点与交易成本理论不同，联盟治理结构决策也常常与之矛盾，如主要活动为共同研究开发的技术联盟，交易成本理论推崇股权式联盟，而资源基础理论选择的是非股权契约联盟。

（三）模块化组织理论

1997 年，哈佛大学的 Baldwin 和 Clark 在《哈佛商业评论》上发表了《模块化时代的管理》，率先看到了模块化对产业结构调整与升级的推动作用。随后日本学者发展了模块化理论，青木昌彦和安藤晴彦（2003）认为模块是指半自律性的子系统按照一定规则与其他的相同系统构成一个更加复杂的系统或过程，模块化包括模块化分解与模块化整合两个互逆方向的过程，按照一定的设计规则进行模块化操作可以实现复杂系统的创新，从而生产出多样化的产品，以满足越来越个性化的消费需求。于是，模块化生产与模块化消费就诞生了。

从需求角度分析当今模块化备受关注的原因，主要有三点：一是消费越来越出现个性化的趋势；二是为了避免整装产品的功能冗余；三是消费者追求"替代经济"带来的成本节约。

青木昌彦进一步指出新产业结构的本质就是模块化。模块化生产必然要求组织模式发生相应的变革，于是模块化的组织模式应运而生。综合中外学者对这个问题的研究成果，适应模块化生产的组织模式主要可以分为三种：一体化的企业组织模式，即企业内部的模块化；核心企业协调下的组织模式；模块集群化的组织模式。信息处理机制、功能模块的协调成本和模块化的整合效率等三方面因素共同决定了模块化组织的竞争优势，通过对三种模块组织模式的比较，可以得出模块集群化的网络组织模式效率最高（陈继祥，2005）。

（四）社会关系理论

交易成本理论和资源基础理论关注交易成本、资源和能力对联盟治理的影响，探讨集中于不同联盟治理形式的选择，特别是侧重于股权型（如合资、并购）与契约型（非股权性）联盟协议之间选择的研究，强调正式治理结构对于防范机会主义行为的重要作用。并且提出正式控制、契约控制、契约治理等概念作为联盟治理的主要治理机制，强调利用组织或第三方的权力对联盟进行治理。著名经济史学家卡尔·波拉尼最早提出"嵌入性"的概念，认为"人类经济嵌入并缠结于经济与非经济的制度之中"。美国社会学家格兰诺维特（Granovetter，1985）发展了"嵌入性"的概念，认为所有的经济交换都会受到社会因素的影响，并且这种影响必然存在于经济交换主体所处的社会结构中。

社会关系理论学者认为联盟组织也嵌入了社会关系，诸如社会信任和声誉、前期关系和联盟经历、产业及文化差异及地理环境对联盟治理都有重要作用，社会关系理论由此介入联盟治理领域。社会关系理论强调企业的战略行为受到它所嵌入的社会环境的影响，认为联盟过早失败的主要原因是无法把联盟合作的协议转化为有效的社会关系，联盟关系是影响联盟运行的软因素。联盟治理研究的焦点也逐渐转向联盟社会关系的治理。后来的研究者分别提出了关系治理、关系规范、关系契约、非正式控制等概念。网络派学者诺里亚（Nohria and Eccles，1992）曾提出存在两种嵌入的方式影响经济活动和结果：一是关系嵌入（relational embeddedness），重视交易双方的交易质量，包括双方的需要与目标，以及在信用、信任和信息共享方面表现的行为；二是结构嵌入（structural embeddedness），组织间通过不断与第三方间接联结，并逐渐形成以系统为特征的关联。结构嵌入可以看作结构群体间双边共同合约相互联结的扩展，是众多参与者互动的结果。

社会关系理论认为社会信任和声誉在联盟治理中发挥重要作用，是正式契约之外的另一类联盟治理机制。社会关系中的声誉效应会增大机会主义的成本，并且联盟关系的交互能增加企业间的信任，降低在合作之初预期的道德风险（Gulati et al.，2000）。也就是说，社会信任和改进的声誉效果对从动机上减少企业间交易过程中的机会主义行为有显著作用。技术战略联盟实际上是一种正式创新网络形式，社会关系理论走进联盟治理领域是联盟治理理论发展的进步。它的主要贡献是：联盟治理基于联盟关系，联盟参与者不再仅仅关注单个团体成本的最小化，而要求联合价值的最大化；促使联盟参与者认识合作关系的结构及自己在关系中的位置，这两个因素决定着参与者的信息优势和未来的机会，联盟伙伴之间更加注重联盟关系的培育与发展。但社会关系理论对治理机制这一关键要点的分析还略有缺憾，信任、声誉等社会机制并不能完全颠覆正式契约的作用。

第四节　产业集群协同创新

一、产业集群的概念

哈佛大学的教授波特（Porter）在先前的国家竞争力研究中，强调了一个国家的需求、要素条件，相关的支持产业和企业的战略在决定国家竞争力中的重要作用，甚至包括政府和机遇的重要作用，但地理位置的作用是隐含的。后来，波特认为，地理仍然是当今全球化时代的竞争力的一个重要来源，其表现形式是产业的集群。

什么是集群（cluster），按照这一词的提倡者哈佛大学教授波特（1997）的定义，是指地理上一些相互关联的公司、专业化的供应商、服务提供商、相关的机构，如学校、协会、研究所、贸易公司、标准机构等在某一地域、某一产业的集中，它们相互竞争，又相互合作。它们的整体作用大于单个作用之和。

产业集群的特点，可以简单地归纳为：①产业在一个地理区域的集中。这里的地理范围可从一个城市到一个省或一个国家，或几个国家。②产业专业化。即存在的企业都高度地专业化，如生物区、电子城等。③企业相互关联，既相互竞争，又相互合作。也就是说，这些企业之间是一个业务上的上下游的关系，如生产商、供应商、批发商的关系。

产业集群的最早提倡者是马歇尔。在1890年出版的《经济学原理》中，马歇尔通过研究英国的工业区得出结论，当企业聚集在一起，由于地理上的接近而互相增强竞争力。生产要素聚集在一起，可大大降低生产成本，可利用共同的基础设施。但这种模式相对静态，无法完全解释新产业部门的增长，如科学仪器、生物技术、软件和信息技术（information technology，IT）等产业快速发展的特征。

熊彼特在1912年提出了创新集群的思想。当一个企业家推出创新时，会降低后来者的创新成本，带动一系列的创新，形成创新在一个时间段上的群。但他提出创新集群思想的核心是要解释经济周期性波动，而不是产业发展的竞争力。

二、产业集群的竞争优势

1. 产业集群可以更经济地获得更经济的投入要素

产业集群意味着零部件、设备、服务和人力成本等要素成本要比从远处获得便宜很多，可消除机会成本，减少库存，减少进口的成本与损失。在硅谷的IT产业集群中，风险投资很发达，风险投资商愿意对那里的企业进行投资，因为它们经常在一起，互相了解，机会成本很低，有利于企业形成纵向或横向的联盟。因此，在硅谷，没有了那种从头到尾都自己做的企业，有许多专门从事设计的企业。

2. 产业集群可获得更多信息和发展机会

产业集群中，相关的市场信息、技术知识、专业化信息大量集聚和快速传播，从而大大降低获取信息的成本。集群也可以为客户带来便捷和效率。中关村之所以在很长时间内能有发展，原因之一是它为客户购买计算机类产品提供了方便。在这里，你可以买到国内最便宜、最多样的计算机。此外，这里计算机厂商林立，顾客可以有更多的选择余地。

3. 产业集群可获得公共产品和支撑机构

政府和相关社会机构的支持和推动，实际上构成了产业集群发展的政府环境，亦即有利的制度和政策供给环境。有人因此提出，"政府环境"是最好的资源。研究表明，各种产业集群所在地政府和公共服务机构，主要通过规划建设、创新扶持政策、财税减免政策、市场监管服务和市场信息服务等措施，来扶持和推动产业集群的健康发展。

按照波特的观点，我们不能去培育一个全新的集群，只能去完善和发展现有的集群，因为许多现有的集群都不是政府努力的结果，而是市场经济自发的结果。

三、产业集群的作用

产业集群出现以来几十年的发展实践证明，产业集群对于区域经济社会发展具有显著的推动作用。学者们把其归咎于产业集群的集聚-扩散效应。[①]

1. 产业集群显著推动区域经济发展，加快农村工业化

我国的产业集群中大多数都是由农村中小企业经过集聚而发展起来的，它们

[①] 佚名. 2010. 我国产业集群发展现状、问题与对策研究. http://www.drcnet.com.cn/integrated[2015-8-9]。

的发展壮大在带动农村经济发展的同时，吸纳了大量农村富余劳动力就业，从而极大加快了农村工业化的进程。例如，浙江省诸暨大唐镇的袜业产业集群辐射了周边 14 个乡镇、120 多个村，从业人员 15 万人。据浙江有关部门统计，全省专业化的发展至少使 600 多万本省农民和 400 多万外省劳工成为第二、第三产业从业者，大大加快了相关区域的城市化进程。

2. 产业集群经济可以提升产业专业化水平，提高生产效率

产业集群使同一产业内部的分工更为精细化，以至于一个企业可以集中于该产业的某一个工序或某一种中间产品的生产，从而可以节约成本，提高生产效率。浙江苍南县金乡镇是全国最大的徽章生产基地，在那里，这种小商品的生产工序竟有 18 道，包括设计、熔化金属、写字、刻模、晒板、打锤、钻孔等，每道工序的加工都由独立的企业（加工专业户）进行，而且每道工序产生的半成品都通过市场交换，这样，一条完整的生产流水线就形成了 800 多家企业参与的"产业链"。

3. 产业集群激发群内企业之间的技术学习，推进技术进步

产业集群使本来就有产业联系的企业有更多相互接触和相互学习的机会，形成一种学习或模仿效应，使信息在企业间传递的费用大大降低，信息沟通的便捷性提高。于是，先进的经验和技术更为迅速地在区域内传递，产生技术溢出效果，从而使企业可以更便捷地获得新技术。另外，产业内部分工的精细化及产业集聚所产生的高度竞争压力，又促使企业致力于技术创新。因为，在精细分工的情况下，集中于某一道工序或中间产品的企业往往要自己解决生产设备、工艺等方面存在的问题或不足，这在一定条件下为技术创新提供了条件和压力。技术创新是形成产业集群竞争力的根本因素。

4. 产业集群中核心产业的集聚可以推动产业链的纵向和横向延伸

产业集群的核心产业对上下游关联产业产生更为强烈的需求，从而推动这些关联产业发展，进而在一个地方形成一种完整的产业链条。例如，浙江桐庐分水镇的制笔业集群有 400 多家与制笔相关联的企业，形成了从原料供应、元件配套、模具设计、加工生产到产品销售一条龙作业。现在，分水有专业制模企业 40 余家，拉丝、弹簧、电镀等配套企业 30 多家，专业销售企业 60 多家，原材料及设备供应商 8 家，专业运输企业 5 家。

5. 产业集群的发展推动就业和人口聚集，加快城市化进程

随着产业集群中主导产业的延伸和关联产业的出现，集群所在地区的人口将大规模增长，从而必将带动第三产业发展。一个最明显的表现是，众多企业的联合需求将促成专业化市场的出现和辅助性服务行业的形成，如生产要素市场、产品销售市场，以及交通运输业、邮电通信业等，这些市场和行业的出现有助于减少单个企业的交易成本和生产成本，使之充分享受外部规模经济的好处。在浙江诸暨大唐镇，现有轻纺原料市场、袜业市场、联托运市场、袜机市场和劳动力市

场。大唐镇原本是两个零散的自然村，合计不足 800 人，袜业集群的发展使该镇已经发展为一个有建成区人口 2.3 万人的小城市。集群带来显著的经济效益，为城镇建设提供了有力资金支撑。大唐镇在城镇建设中累计投入近 10 亿元，其中民间资金达 7 亿多元。

第五节　本 章 小 结

本章在相关研究基础上，结合我国区域协同创新的实际特点，将我国当前区域协同创新的组织形态区分为城市群协同创新、省级行政区域协同创新、产业技术创新战略联盟和产业集群四种典型。然后分别阐述了各个组织形态的基本内涵、特点、理论基础和内在机制等。本章为后续章节的研究提供了理论框架和研究主线。

第三章

区域协同创新风险预警理论方法

在明确了区域创新网络的协同创新机理与风险的成因机理以后，就需要在此基础上构建区域协同创新风险的预警管理方法，为区域创新网络结构风险的预警与预控提供定量基础。其中，最关键的是风险的评价方法与预警指标体系的构建方法。

第一节　风险预警管理理论概述

风险预警管理理论是近年来逐渐兴起的一门管理学科的分支，它是随着公共安全形势日益严峻的客观需求而产生的。追溯这门学科的来源，与其密切相关的是产生比较早的风险管理理论。

一、风险管理理论

风险管理理论起源于20世纪50年代，在70～80年代迅速发展，现已成为一门成熟的管理学科，风险管理也已成为企业管理的一项重要功能。它是研究企业在确知未来风险势态及其概率分布的条件下，依据确定的原则与技巧对各种风险及其收益进行合理选择的理论。所谓"风险管理"，是指企业在经营活动中的全部可能发生结果完全已知，并且可能发生的概率也是已知的情况下，如何选择不同决策方案以达到用最小的成本把经营风险造成的不利影响降至最低程度的管理方法。这种管理方法主要表现为期望值、概率、加权等数学语言的应用，较为普遍的风险管理方式是使用诸如生产流程图、资金流程图、信息流程图、供给流程图、销售流程图等各种流程图，来预先发现各种可能出现的危险因素，从而根据企业的实际情况设计出最适当合理的对策，把风险减少到最低限度，防患于未然（佘廉，1999）。

二、预警管理理论

近年来，无论是国内国外，越来越频发的公共安全事件造成巨大的生命财产损失和严重的社会后果。经济合作与发展组织（Organization for Economic Cooperation and Development，OECD）指出，21 世纪人类经济社会发展的四大趋势：一是城市化进程的加速；二是气候和环境的变化给人类带来安全隐患；三是科技的负面影响使现代社会系统的"脆弱性"增大；四是现代经济社会结构发展中出现失衡现象和政府治理能力相对下降。这预示着人类将面临日益严重的各种危机和突发事件。

公共安全预警管理理论产生于经济管理、公共事务管理、政治学、决策理论、计算机和信息科学等多个学科，主要是指采用现代信息科学、计算机科学、安全科学、管理科学等，对潜在公共突发事件进行监测、预测、警报、早期干预，在事件爆发后进行应急反应、联动救援的系统管理活动。作为一门正在形成中的新型学科，公共安全预警管理理论的核心内容主要包括：一是公共安全事件的诱发和演化机理；二是公共安全事件的应急管理体制与机制；三是公共安全事件的应急理论和技术；四是重大公共安全事件的预警理论和技术；五是应急心理及其干预方法。同时，在公共安全预警管理的理论研究与管理实践中存在亟待解决的关键性理论与技术问题：一是关于预警信息的基础理论问题；二是应急资源的基础理论问题；三是应急法规法理的基础理论问题；四是应急技术与方法问题（佘廉和雷丽萍，2008）。

第二节　区域协同创新风险评价方法

国内外关于区域协同创新网络风险的评价方法，不外乎定性分析和定量分析两类，它们各有利弊，而且目前缺乏将两者结合起来的综合分析方法。如何正确地评价区域协同创新的网络结构风险，关键是要选择科学的评价方法。区域协同创新的网络结构风险是指由区域协同创新网络中企业网络组织的结构特征、区域协同创新网络内各个行为主体活动及其相互影响，以及区域协同创新网络所嵌入的社会网络结构带来的各种风险。由此可以推断，对区域协同创新网络结构风险的评价也应该从网络结构属性及其各层次之间相互关系出发。本章尝试借鉴 SCP（structure-conduct-performance）即结构-行为-绩效模型作为分析方法，来设计区域协同创新网络结构风险的评价方法和分析模型。

一、SCP 模型及其借鉴

SCP 模型是 20 世纪 30 年代由美国哈佛大学产业经济学权威贝恩（Bain）、谢勒（Scherer）等建立的。该模型提供了一个既能深入具体环节，又有系统逻辑体系的市场结构（structure）—市场行为（conduct）—市场绩效（performance）的产业分析框架。它的基本含义是，结构、行为、绩效之间存在因果关系，即市场结构决定企业行为，企业行为决定市场运行的经济绩效。为了获得理想的市场绩效，最重要的是通过公共政策来调整不合理的市场结构。

有学者（刘春香，2008）运用 SCP 范式，从区域协同创新的空间组织特征入手研究了创新网络的竞争优势。将区域协同创新作为一种市场空间结构，包含两个方面的含义：一是创新网络作为一个整体，与创新网络外部发生的交易关系及其在市场上的地位；二是创新网络内部相关企业或机构之间的交易关系及其在创新网络内部的地位。从另一角度看，这也是将区域协同创新组织视为一个网络结构。因此，本书认为，可以将 SCP 模型作为评价区域协同创新网络结构风险的逻辑框架和研究方法。

根据 SCP 模型，本书认为区域协同创新网络结构风险评价指标的逻辑结构也可以按照网络结构（structure）—主体行为（conduct）—创新网络绩效（performance）的框架展开（叶生洪，2004）。即从内到外按照核心价值网络、中围支撑网络和外围推动网络三个层次依次设计评价指标，分析区域协同创新网络内行为主体的活动和相互关系，以此衡量创新网络结构和主体行为对创新绩效产生的消极影响和风险。在设计好评价指标以后，采用什么方法进行指标分类和度量，将直接影响指标权重和评价结果。

二、层次分析法与网络层级分析法

层次分析法（analytic hierarchy process，AHP）是由著名运筹学家、美国匹兹堡大学教授 T. L. Saaty 于 20 世纪 80 年代创立的一种系统分析与综合评价方法，被广泛应用于经济分析、政策评价和工业外贸等领域，取得显著成果（Saaty，2004）。AHP 是一种定量与定性相结合，将决策者的主观判断与偏好用数量形式表达和处理的方法，能够比较准确地确定综合评价模型的权重。李卫国（2009）曾运用 AHP 对创新集群进行评价，取得了值得借鉴的研究成果。AHP 的核心是将系统划分层次且只考虑上层元素对下层元素的支配作用，同一层次中的元素被认为是彼此独立的。这种递阶层次结构虽然给处理系统问题带来了方便，同时也限制了它在复杂决策问题中的应用。在许多实际问题中，各层次内部元素往往是依存的，低层元素对高层元素亦有支配作用，即存在反馈，此时系统的结构更类似于网络结构。网络层级分析法（analytic network process，ANP）正是适应这种需要，由 AHP 延伸发展得到的系统决策方法（王莲芬，2001）。

ANP 相对于 AHP 较为复杂，其结构内既存在递阶层次与递阶层次的反馈，又存在层次内部的循环与依赖，构成网络层次结构。在复杂的决策系统中，通过这种网络结构更能体现要素之间的依存关系，这一点正适合本书描述的区域协同创新网络结构各层次的内部依存关系。因此，计算出的权重也更能标度该要素的重要程度。虽然计算复杂，但是随着计算机的发展，现在已有应用软件帮助解决。魏末梅等（2007）认为 AHP 是 ANP 的一个特例。实践证明，ANP 更适合于对一般社会经济系统的评估，对网络结构系统的评价相当有效（孙宏才和田平，2001）。

三、区域协同创新网络风险评价的 ANP 模型

ANP 首先将系统元素划分为两大部分，第一部分称为控制层，包括问题目标及决策准则。所有的决策准则均被认为是彼此独立的，且只受目标元素支配。控制因素中可以没有决策准则，但至少有一个目标。控制层中每个准则的权重均可用传统 AHP 获得。第二部分为网络层，它是由所有受控制层支配的元素组组成的，其内部是互相影响的网络结构，ANP 的典型结构如图 3-1 所示（王莲芬，2001）。建立 ANP 结构之后，一个重要步骤就是构造超矩阵，计算元素组之间的相对权重。

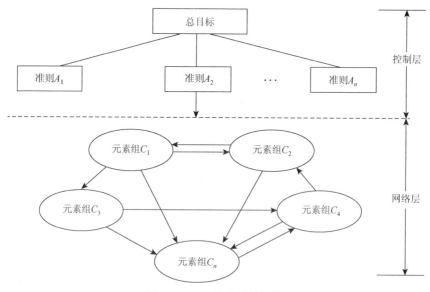

图 3-1　ANP 的典型结构图

资料来源：王莲芬. 网络分析法（ANP）的理论与算法[J]. 系统工程理论与实践，2001，（3）：44-60

第三节　区域协同创新风险预警指标体系

一、预警指标构建的原则

（1）系统性原则。指标体系必须能够系统地、多角度地反映区域协同创新整个网络结构的风险水平及发展状况，能够反映网络内部各个层次之间的逻辑关系和相互影响，评价指标构成一个层次分明的整体。（李崇明和丁烈云，2005）

（2）可比性原则。指标体系必须具有广泛的适应性，即设立的指标能反映不同类别、不同行业的区域协同创新网络结构风险的共性和特性，以便于对不同的区域协同创新网络结构风险进行对比与分析。

（3）动态性原则。指标体系既要能综合反映一个区域协同创新网络结构风险的现状，也要能反映其未来的发展趋势，便于预测和管理；同时，还要具有一定的灵活性，可以根据区域协同创新的网络结构特征和外部环境的变化做出适当的调整。（李文博，2009）

（4）可操作性原则。指标体系应具有较强的可操作性，尽量设计量化指标，所选取的指标尽可能从各种统计资料上直接获得或者通过计算后获取。对于确实无法量化或者量化有困难的指标，所表达的含义要明确，核算和综合方法要统一，以保证指标比较结果的合理性、客观性和公正性。另外，指标体系层次的多少要适当，既能满足评价需要，又要便于操作。（卢杰等，2008）

二、预警指标构建的方法

按照上述构建的区域协同创新风险评价 ANP 结构的分析思路，借鉴目前学者对区域协同创新风险评价的研究成果，本章提出区域协同创新风险的预警指标体系框架，如表 3-1 所示。

表 3-1　区域协同创新风险预警指标体系

目标层 A	准则层 B	子准则层 C	方案层 D
区域协同创新风险 A	企业协同创新风险 B_1	区域协同创新网络内企业密度（集聚系数）C_1	企业户数占同行业比例 D_1
			区域协同创新组织区位商 D_2
			人均产值 D_3
		区域协同创新网络内企业关联度（节点度分布）C_2	企业数量衔接 D_4
			企业技术衔接 D_5
			企业增值比分析 D_6
			企业的规模分布 D_7

续表

目标层 A	准则层 B	子准则层 C	方案层 D
区域协同创新风险 A	企业协同创新风险 B_1	区域协同创新网络内企业创新度（平均最短路径长度）C_3	企业衍生度 D_8
			核心企业技术支撑 D_9
			企业的科研实力 D_{10}
	公共服务机构协同风险 B_2	政府公共服务水平 C_4	基础设施建设 D_{11}
			政府产业政策 D_{12}
			法律法规制度 D_{13}
		公共事业服务效率 C_5	人才培养 D_{14}
			融资服务 D_{15}
			技术支持 D_{16}
		代理中介服务效率 C_6	行业协会自律服务 D_{17}
			专业化与中介服务 D_{18}
	社会关系协同风险 B_3	结构性嵌入 C_7	社会文化 D_{19}
			信仰体系 D_{20}
			企业家精神 D_{21}
		关系性嵌入 C_8	地缘关系 D_{22}
			业缘关系 D_{23}
			学缘关系 D_{24}

三、区域协同创新风险预警指标权重

建立模型结构和指标体系以后，一个重要问题就是确定各个指标的权重。本章参照 ANP 计算权重的步骤，第一步是针对每一个父元素（父节点）建立判断矩阵。

（一）判断矩阵的建立

采用 Satty 的 1-9 标度，对所建立的区域协同创新网络结构风险评价指标体系，采用专家评分法（Delphi 分配权重），要求专家依重要性程度不同对一级指标层的各指标重要性分别赋值，进行两两比较，将定性的比较结果转化为定量的判断矩阵：

$$V = \begin{pmatrix} u_{11} & u_{12} & \cdots & u_{1m} \\ u_{21} & u_{22} & \cdots & u_{2m} \\ \vdots & \vdots & & \vdots \\ u_{m1} & u_{m2} & \cdots & u_{mm} \end{pmatrix}$$

其中，u_{ij}=1 表示 i 与 j 同等重要，u_{ij}=3 表示 i 比 j 稍微重要，u_{ij}=5 表示 i 比 j 明显重要，u_{ij}=7 表示 i 比 j 强烈重要，u_{ij}=9 表示 i 比 j 极端重要；u_{ij}=2，4，6，8 分别是相邻判断 1-3，3-5，5-7，7-9 的中值；u_{ji}=1/u_{ij}。

（二）未加权超矩阵的生成

对各位专家的比较矩阵计算各自的归一化特征向量，组合成超矩阵。计算各层指标的组合权向量并做组合一致性检验。组合权向量是要计算各层指标对总目标的相对权重，由最高层到最低层逐层进行。根据一致性检验，如果上述矩阵的特征向量满足相关性条件，则为元素集 U_i 中的元素相对于 u_{ji} 的重要度排序向量。把所有的网络层元素相互影响的排序向量组合起来就得到一个在目标下的超矩阵，即未加权超矩阵。

一致性比率 CR=CI/RI。其中，一致性指标 CI=$(\lambda_{max}-m)/(m-1)$，平均随机一致性指标 RI 可查表 3-2 得到，当 CR≤0.1 时，则一致性检验通过。

表3-2 不同阶数的平均随机一致性指标 RI

阶数	1	2	3	4	5
RI	0	0	0.52	0.89	1.12

资料来源：Saaty T L. Multicriteria Decision Making[M]. Pittsburgh：RWS Publications，1990

（三）加权超矩阵的导出与检验

未加权超矩阵 W 的子块 W_{ij} 是列归一化的，但 W 却不是列归一化的，为此以总目标为主准则，以元素集 u_j （j=1，2，$\cdots$，n）为子准则，其他元素集根据 u_j 的影响两两比较，得到一个归一化的元素集排序向量，其中与 u_j 无关的元素集对应的排序向量分量为 0。将所有元素集排序向量组合起来，就得到元素集权重矩阵：

$$A = \begin{pmatrix} a_{11} & \cdots & a_{1n} \\ \vdots & & \vdots \\ a_{n1} & \cdots & a_{nn} \end{pmatrix}$$

元素集权重矩阵 A 与未加权超矩阵 W 相乘，得到列和为 1 的加权超矩阵 W'，如果该矩阵极限值收敛且唯一，且各列向量相同，则矩阵的列向量就代表所有元素的全局权重（李文博，2009）。

第四节 区域协同创新风险预控机制

分析区域协同创新风险演化机制与预警方法的根本目的是建立健全预控机

制，防范或者减少风险的发生，不断提高区域协同创新的效率。

一、不断强化区域协同创新动力机制

协同机制作为推动联盟发展的根本动力机制，其主要功能就在于将联盟的动力要素转化为显性的竞争优势。但是，在区域创新实践中，由于区域内部各个创新主体及相关组织之间是一种既竞争又合作的关系，基于各自局部利益出发，会产生影响协同机制形成的阻力。从而，作为区域协同创新风险的最重要的预控对策，需要不断强化区域协同创新的动力机制。根据本书前面对区域协同创新动力系统要素的分析，可供选择的措施主要有以下几个方面：一是增强区域协同创新的知识动力，主要是加强区域内各科研院所和高校等研发单位的协作与交流，做到优势互补，共同发展；二是增强区域协同创新的关系动力，关键是注意掌控协同过程中各个创新主体之间的分歧与冲突，妥善解决与化解矛盾，不断巩固和密切合作关系；三是增强区域协同创新的利益动力，其中最重要的就是建立规范合理的利益分配机制，实现各创新主体的合作共赢。

二、构建区域协同创新要素流通机制

人才、资本、信息、技术等创新要素在区域内部及区域之间的合理流通是协同创新的重要条件之一。打破体制性障碍和市场壁垒，促进创新要素的流动畅通，是区域协同创新风险的预控对策之一。体制性障碍主要是由于区域内行政管理体制等原因，创新要素的利用效率不高，配置不合理。例如，区域内的次行政管理层次之间由于绩效考核机制和办法的原因，自然会形成对创新要素的竞争和垄断，造成创新效率降低，并导致资源的浪费。另外，同样也是基于各自利益的考虑，各个创新主体总是采取各种措施逆市场机制而动，采取超乎市场机制的壁垒性措施。这两方面的障碍，最终都会影响区域协同创新的整体效率。因此，采取有效措施，打破体制性和机制性障碍，促进区域协同创新要素流通机制形成，也是区域协同创新风险的预控对策之一。

三、构建区域协同创新资源共享机制

区域创新的软硬件资源共享是协同创新的必要条件和重要表现。其中，最重要的资源是科技服务平台、基础设施等硬件资源，以及科技信息、数据库、专家库等软件资源。资源的共享是协作的前提和基础。客观的管理体制制约和主观的局部利益诉求，往往造成协同创新中资源的共享机制不完善，从而影响创新效率。构建区域协同创新资源共享机制，首先需要区域政府制定推动和保障资源共享的法律法规，构建资源共享的制度性框架。其次是构建创新资源共享服务型平台和机构，积极引导、支持创新资源的合理集聚和共享。例如，由中国产学研合作促进会协同创新平台中心创建的创新资源共享服务平台（Innovation Resources Sharing Platform，IRSP）是在总结国内外产学研合作公共服务平台建设经验的基础之上，采用集成创新的技术手段和技术创新战略联盟的组织形式进行建设和运营的"面向企业的创新支撑平台"。平台的服务对象包括创新资源需求方、提供方和服务方。平台用于服务和支持政产学研用协同创新的基础设施是由"政产学研用协同创新网络平台（社区）"为"主体"，"创新资源信息整合平台"和"创新主体信息化服务平台"为"两翼"构成的一体化公共服务平台。平台的主要作用体现在整合创新资源、造就创新人才、转变政府职能、提高创新效率。

四、完善区域协同创新政策协调机制

区域协同创新政策是基于区域政府的视角促进协同创新的制度性安排，是区域协同创新的必备条件。这一点对于我国区域政府来说，尤其需要下大工夫。由于体制和历史的原因，我国地方政府之间的协调机制不健全，造成科技项目、科技成果、科技人才、科技机构、科技投入和技术标准等方面各行其是，标准不统一。区域协同创新的政策协调机制主要可以从政府协调机制、市场运作机制和社会促进机制三方面入手，综合实施，逐步完善。政府协调机制是指区域内各地方政府及其各部门建立科技创新政策的协调机制，保证同类政策的统一性和协调性，以利于企业的科技协同和产业合作；市场运作机制就是打破市场壁垒，整合区域内要素市场，推进创新要素和产品市场的一体化，构建有利于产业要素自由流动的市场体系；社会促进机制主要是积极鼓励民间科技合作，发挥科技协作中介服务组织作用，形成各类相关社会组织共同推动协同创新的一体化机制。

第五节 本章小结

本章分析了区域协同创新预警管理方法中最关键的风险评价方法和预警指标体系的构建方法，主要借鉴 SCP 模型和 ANP 初步提出了区域协同创新风险的评价方法、预警管理的指标体系和预控对策的构建机制。这些方法将在本书后面杭州产业技术创新战略联盟风险预警和宁波塑机产业集群协同创新风险预警的案例分析中进行实证检验。

城市群协同创新风险预警

长三角目前正处于由投资驱动向创新驱动的转型期,经济增长逐步由要素的大规模投入与消耗转向产业技术的进步和科技成果的产业化。在这一大背景下,集聚创新资源,尽可能地将区域内的科研单位、企业、资本通过有效的机制安排和政策支持结合在一起,缩小技术开发的转化周期,减小创新过程的摩擦力,快速提升区域创新能力。因此,必须不断推动区域协同创新,为区域经济一体化和经济协同发展提高科技支撑。

第一节 城市群协同创新风险概述

一、城市群协同创新风险的内涵

城市群协同创新风险是指城市群在协同创新与发展中存在的冲突与矛盾,或者说是城市群中各个城市之间由于在产业发展、政策规制、资源约束等方面存在相互制约、相互影响的因素,造成城市发展的不健康和不可持续性,从而影响城市群的整体协同发展,造成城市产业经济结构的不协调、资源浪费和生态环境的破坏。

关于城市群风险的表现特征,有学者借鉴邓肯提出的由人口(population)、组织(organization)、环境(environment)和技术(technology)构成的 POET 生态复合体概念,提出了城市群风险的"PIETINC"分析模型,即"人口(population)—产业(industry)—环境(environment)—技术(technology)—制度(institution)—规范(norm)—观念(consciousness)"理论框架(李强和陈宇琳,2012)。这里我们也从这几个维度来分析城市群协同创新风险的主要表现特征。

二、城市群协同创新风险的特征

1. 产业风险

产业风险主要是指城市产业结构的不合理造成城市之间产业发展的恶性竞争、两败俱伤，从而影响城市经济的可持续发展。例如，城市之间的产业趋同问题，可能有利于形成产业集群，增强竞争力，但是也容易产生内部恶性竞争，需要增强不同城市的协同性。

例如，我国的长江中游城市群的产业结构存在趋同问题。2015 年 4 月，国家发展和改革委员会出台了《长江中游城市群规划》，按照《长江中游城市群规划》，未来湖北、湖南、江西三省将在六大方面重点发力，其中之一就是产业协调发展。各地应该根据当地资源和经济发展特色，来确定主导产业，对与其他省份或地区重复的产业应该相互协调，可采取前后配套、细分产业链、提高附加值等方法来避免恶性竞争。《长江中游城市群规划》要求，依托产业基础和比较优势，建立城市群产业协调发展机制，联手打造优势产业集群，建设现代服务业集聚区，发展壮大现代农业基地，有序推进跨区域产业转移与承接，加快产业转型升级，构建具有区域特色的现代产业体系。

2. 技术风险

技术本身伴随着一定的风险，人们在运用技术的同时，正在有意识或无意识地将自己置身于风险之中。城市群协同创新的关键因素还是科学技术的创新。城市之间的技术协同主要包括协同研发、联合攻关、产业技术创新战略联盟等方式。其中，就需要建立健全利益分配、监督约束等机制，否则就会产生合作风险和利益冲突。

3. 人口与环境风险

人口的大范围、高密度聚集推动了城市的蔓延和新区的建设。城市群地区人口的总体特征和内部结构，都可能是引发风险的根源。同时，城市群这一人口的复杂聚落系统的运转对环境也提出了更高的要求，对环境的影响也更为深远。许多大城市病都与这两个因素密不可分。例如，我国当前许多大城市的交通拥堵、空气污染、水资源紧缺等问题。

4. 制度与观念风险

不同城市和区域由于历史、政治、经济、社会等体制的不同，建立的社会准则有很大差异，不同制度的反应机制和应对机制也存在差异。观念与规范是有文化层面的，如习俗，也有技术层面的，如行业标准。不同的城市观念与规范也会有很大差异。城市的协同发展在经济与技术协同的同时，也是制度与观念相互碰撞、融合与协调的过程。其中，免不了会产生理解的差异、思想的矛盾和观念的冲突。

第二节　长三角城市群协同创新现状分析

一、长三角城市群协同创新的成效

（一）政府引导力度不断加大，区域协同创新全方位推进

《沪苏浙共同推进长三角创新体系建设协议书》的签订标志着长三角科技合作拉开序幕，之后三地科技主管部门共同建立了"长三角创新体系建设联席会议制度"，就长三角协同创新中的重大问题进行协商交流，议定长三角协同创新的目标方向。目前，长三角协同创新已在资源共建共享、人才流通互动、项目联合攻关、相关资质互认等方面全面开展。

《长三角科技合作三年行动计划（2008—2010 年）》明确提出了长三角城市群协同创新的四大基本任务、五大科技行动和十四个优先主题，力争使长三角城市群创新体系更加完善，合作机制更加灵活，创新活力更加强大，基本形成我国重要的科技创新中心区、科技资源共享区、生态和谐宜居区和科技产业创造区，率先成为我国最具活力、具有较强国际竞争力的创新型区域。2010 年，长三角实现区域 R&D 投入占国内生产总值（gross domestic product，GDP）的比例达到 2%以上，区域百万人年专利授权量 800 件，跨省市技术市场累计成交额超 100 亿元，高新技术产品出口额占总出口额的 50%左右，科技进步贡献率 50%以上，区域综合竞争力继续处于全国领先水平，成为我国重要的"科技创新中心区""科技资源共享区""生态和谐宜居区""科技产业创造区"。近年来，在三地政府的引导下，长三角城市群协同创新正逐步向纵深推进。

（二）产学研合作进一步深入，创新要素逐步向企业集聚

长三角产学研合作起源于 20 世纪 80 年代初乡镇企业初创和繁荣期的"星期天工程师"。从当初上海工程师和技术人员周末到江浙企业开展技术服务这种点对点的线型技术服务到如今的企业与高校、科研院所建立广泛的协同创新联盟，长三角的产学研合作逐渐从零散的校企合作走向大平台的集成合作，苏浙两地各级政府与企业和上海等全国高校、科研院所的产学研合作日趋紧密。一方面，企业把研发中心建在上海高校和科研院所；另一方面，上海高校院所在苏浙两地建立科技园，将产学研合作提升到了更高的层次。近年来，浙江的 11 个地级市都分别与上海等全国高校和科研院所签订了协同创新协议。浙江省统计局对杭州、宁波、嘉兴、湖州等 7 个市 450 家企业的调查显示，450 家企业中有 186 家企业建立了 525 家技术开发战略联盟，其中位于长三角地区的占 62.3%，有 106 家企业建立

了 194 个专门的产品研发基地,其中位于长三角的占 85.1%,有 225 家企业与高校科研院所合作研究开发,其中 65.3% 的院校和科研机构位于长三角。据不完全统计,浙江省 63% 以上的企业依靠产学研联合进行技术创新,80% 以上的技术创新项目由产学研合作进行。

(三)技术成果转移交易呈现活跃态势,企业在技术转移中处于主体地位

技术成果转移是科技创新、高新技术产业发展、产业结构优化调整和经济发展的催化剂,在政府科技主管部门的推动下,长三角技术成果转移呈现活跃态势。技术市场发展加快。网上技术市场及专业分市场的建设,有力地推进了技术成果的转移。技术服务和咨询成为长三角技术转移的主要方式。技术服务在长三角技术转移中占有较大比例。长三角吸纳的技术合同中,技术服务占合同总数的 45.0%,上海、江苏的相应比例为 55.2% 和 48.4%,高于全国 44.9% 的平均水平。技术服务的交易额增幅较大,其中技术服务占全国的比重达 16.3%。在技术咨询方面,浙江较为突出,达到吸纳技术合同总数的 44.1%,远高于全国 21.2% 和长三角 30.6% 的平均水平。企业是技术转移的主要服务对象。据浙江省科学技术厅对浙江科技中介机构发展现状的问卷调查,82.3% 的技术中介机构者认为业务主要来自企业,而其他来源的业务很少。这也表明企业在技术转移中处于主体地位。

(四)公共资源整合力度加大,科技资源共享区建设取得实质性进展

科技服务平台是一个开放高效的科技创新创业的服务体系和保障体系。主要通过大型公共科技设施建设、科技数据与科技文献资源共享、自然科技资源保存与利用等,构筑一个为全社会科技创新创业服务的共享平台。其目的是强化科技创新的公共服务供给、改善创新创业环境、优化创新资源配置,降低企业和个人创新创业成本,这些是科技创新创业不可或缺的基础条件。近几年以来,在科技主管部门的积极推动下,长三角已共同建构了覆盖整个长三角城市群的大型仪器资源共享网络平台、科技文献和技术转移共享服务平台。现代纺织技术平台也已被科学技术部和财政部确定为面向全国的长三角纺织创业创新支持平台。

近三年来,苏、浙、沪采用"统一规范、自主建设、资源分区、系统整合"的模式推进长三角科技创新共享公共服务平台的建设,并注重科技资源整合和优势互补。两省一市用"分布建设,系统整合"的建设模式,先后启动了长三角城市群科技文献共享平台、大型科学仪器设备协作平台、实验动物共享平台和技术转移交易平台的建设。与此同时,长三角其他联盟和组织等形式的科技平台也陆

续成立。目前，已有华东—长三角地区软件合作联盟、长三角非织造产业联盟、长三角茶业合作（上海）组织、长三角科技中介战略联盟、长三角"上海风险投资服务联盟"、长三角地区中小企业服务机构联盟、长三角 16 个城市知识产权保护联盟、长三角地区科协合作联盟等相继成立和运作。

（五）政府合作机制不断深化，开展长三角科技创新政策调研

近年来长三角两省一市通过实地调研、问卷调查和走访专家等多种形式，研究提出了有利于增强长三角整体科技创新能力、推进长三角实质性合作的政策建议。2008 年 6 月，两省一市在浙江省仙居县召开会议，重点讨论了《长三角科技创新政策调研报告（初稿）》，进一步明确了加快长三角城市群创新体系建设的工作目标和重点工作，并对下一步修改提出了意见和建议。近年来，沪、苏、浙多次召开经济合作与发展座谈会联络组会议，对两省一市区域合作协调机制、政策法规协调机制、涉外服务障碍、科技创新政策、信息一体化建设、破除市场壁垒等专题调研工作进行了成果交流和讨论。目前，两省一市已经初步构建了区域协同创新政策的协调机制。

二、长三角城市群协同创新的风险因素

长三角城市群协同创新虽然取得了一些成绩，但仍然处于起步阶段。目前的协同创新总体上还是政府引导型的，要从政府引导上升到企业层面的自主协同，就必须打破合作阻力与风险。

（一）协同创新的动力机制不健全

经济体制和政策制度是目前影响长三角协同创新的重要因素。在行政设置分割的情况下，沪、苏、浙三地产业不互补，市场不统一，资源配置效率不高，资源短缺与浪费并存。地方政府存在政绩的非共享性和排他性，势必带来政府间的竞争。任何一个政府机构都不可避免地与上级机构和其他政府机构及政府部门在资源控制权的分配上处于相互竞争的状况，以追求自身利益的最大化，因而使区域经济运行带有浓厚的地方政府行为彩色。地方政府 R&D 投入具有排他性，不愿意其他区域共同分享由 R&D 投入带来的技术外溢。三地协同创新缺乏引领创新的动力机制和政策环境。

行政区划的分割导致地方的各自为政。城市间的恶性竞争、产业趋同、重复建设导致环境的不断恶化。长三角 16 个城市分别属于两省一市。行政隶属关系比较复杂，缺乏整体开发与发展的思路，许多方面政策不统一，相互之间的协调难

度较大，必然存在各种体制和机制方面的问题。市场分割、恶性竞争和地方保护等现象不可避免，严重阻碍了经济要素的自由流动和跨地区的经济合作。太湖流域面积仅占全国的 0.38%，各种污水排放量却高达每年 32 亿吨，为全国的 10%，大大超过了环境的承载能力。2007 年出现的蓝藻问题，使该流域的用水受到了威胁。此外，以煤为主的能源结构及火电站沿江集中分布，是造成沿江地区酸雨和烟尘污染的主要原因，乱砍乱罚、乱开滥采导致防灾减灾能力减弱。

（二）区域创新要素流通不畅

区域共同市场的形成和创新要素的无障碍流动是推进长三角城市群协同创新的前提条件，地方政府绩效的非共享性与排他性，造成了创新要素的地方垄断和封锁，其直接后果就是给协同创新带来了瓶颈羁绊，难以形成区域统一的共同市场，阻碍了区域内各种创新要素的合理流动和有效配置，区域创新要素难以得到有效发挥。

从产业上说，长三角地区的第二、第三产业大都是技术密集型的产业，这种产业的一个重要依托就是类似于北京中关村的高科技园区。因此，为了增强本地的科技含量，长三角地区的地方政府不考虑本地区的经济承载能力，大力兴建高科技园区。这明显造成了人力、智力和土地资源的极大浪费。从经济环境上讲，长三角地区四通八达的高速公路网使得该区域的交通极为方便，可是长三角地区的 15 个主要城市都无一例外地拥有大型的、现代化的飞机场，而且渐呈大型化趋势。过度的竞争导致各机场的运载量都远远达不到其实际运营能力，同时又造成了土地资源的极大浪费，这在寸土生金的长三角地区是非常可怕的。

（三）区域创新资源共享缺乏长效机制

长三角虽然已经建立了一些大型仪器共享平台，推进了长三角的科技资源共享，但长三角科技资源共享服务平台自然资源保障系统建设还远远没有完成。三地间科学数据库、专家库等创新的要素资源仍然未开放共享。而且，从法律制度、政策制度等层面看，长三角科技资源共享，没有明确规定政府和科技资源管理单位的权利、义务和责任及处罚，构建科技资源共享制度缺乏法律基础。同时，缺乏共享的相关制度和具体运行机制的支持，使得共享实践缺乏操作层面的规则，科技资源共享在具体实践中也存在障碍。

目前长三角的合作较多地体现在企业和民间层面上，政府的作用尚未到位。前些年，江、浙、沪三地领导和部门之间都有一些学习考察活动，进行交流互访、商讨合作事宜，但是主要学习借鉴对方的经验做法、谋求本地经济的发展，实质性的经济协作主要还是反映在企业和民间层面上，带有相当的自发性，合作的难度大，成功率低，有些成果不够巩固。区域合作的组织形式相对较为松散，没有一套制度化的议事和决策机制，也没有建立起一套功能性的组织机构。组织机制的缺乏大大增加了城市群政府间的合作成本。城市群内各政府间合作共识已经确立，但缺乏统一的合作战略规划。

第三节 长三角16个城市创新能力比较与分析

长三角城市群是我国主要城市群之一，区域协同创新实际上就是城市之间的创新协同与合作。城市创新能力是指以技术创新和制度创新为驱动力的城市发展水平。创新经济基础、创新投入能力、创新环境水平是城市创新能力的核心要素，创新产出则是城市创新能力的直接结果。本章从创新经济基础、创新投入能力、创新产出能力、创新环境水平四个方面选取若干指标，对长三角16个城市的创新能力进行比较与分析，可以为构建长三角城市群协同创新风险预警机制提供决策依据和定量基础。

一、创新经济基础比较与分析

城市创新能力是建立在原有的经济社会发展基础之上的。经济规模、地方财政收入、全社会固定资产投资等，既是城市创新能力的表现，也是城市创新能力的基础。为此，本章选取地区GDP、人均GDP、地方财政收入和全社会固定资产投资等四个指标，对长三角16个城市的创新经济基础进行比较（表4-1）。

表4-1 2008年长三角16个城市创新经济基础比较

城市	地区GDP/亿元		人均GDP/元		地方财政收入/亿元		全社会固定资产投资/亿元	
	绝对值	相对值	绝对值	相对值	绝对值	相对值	绝对值	相对值
上海	13 698.15	3.46	98 474	1.41	2 382.34	6.12	4 829.45	2.79
杭州	4 781.16	1.21	70 832	1.01	455.35	1.17	1 961.72	1.14
南京	3 775.00	0.95	60 807	0.87	386.56	0.99	2 154.17	1.25
宁波	3 964.10	1.00	69 997	1.00	390.39	1.00	1 728.20	1.00
苏州	6 701.29	1.69	106 863	1.53	668.91	1.71	2 611.16	1.51
无锡	4 419.50	1.11	73 053	1.04	365.43	0.94	1 877.02	1.09
绍兴	2 222.95	0.56	50 909	0.73	143.60	0.37	913.34	0.53
嘉兴	1 815.30	0.46	43 129	0.62	126.87	0.33	1 006.69	0.58
湖州	1 034.89	0.26	40 089	0.57	71.61	0.18	525.24	0.30

续表

城市	地区 GDP/亿元		人均 GDP/元		地方财政收入/亿元		全社会固定资产投资/亿元	
	绝对值	相对值	绝对值	相对值	绝对值	相对值	绝对值	相对值
台州	1 965.30	0.50	34 374	0.49	126.05	0.32	759.58	0.44
舟山	490.25	0.12	50 683	0.72	43.15	0.11	339.43	0.20
常州	2 202.23	0.56	61 503	0.88	185.19	0.47	1 448.17	0.84
扬州	1 573.29	0.40	35 233	0.50	104.83	0.27	950.00	0.55
泰州	1 394.20	0.35	27 803	0.40	99.26	0.25	900.52	0.52
镇江	1 408.14	0.36	52 391	0.75	85.66	0.22	718.50	0.42
南通	2 510.13	0.63	32 815	0.47	159.59	0.41	1 505.41	0.87

资料来源：根据 16 个城市 2008 年的统计公报和统计年鉴相关数据汇总整理

图 4-1 为根据表 4-1 做的雷达图。

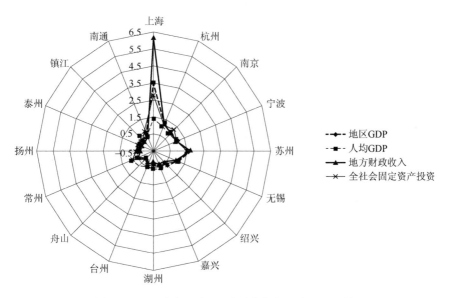

图 4-1　2008 年长三角 16 个城市创新经济基础比较

（一）地区 GDP 及人均 GDP

2008 年，长三角 16 个城市的地区 GDP 从体量来看，上海达到 13 698.15 亿元，仍稳居长三角地区的龙头地位。紧随其后的是苏州（6701.29 亿元）、杭州（4781.16 亿元）、无锡（4419.50 亿元）。宁波完成生产总值 3964.10 亿元，在长三角 16 个城市中列第 5 位。其余城市排名情况依次是南京第 6 位、南通第 7 位、绍兴第 8 位、常州第 9 位、台州第 10 位、嘉兴第 11 位、扬州第 12 位、镇江第 13 位、泰州第 14 位、湖州第 15 位、舟山第 16 位。

从人均 GDP 来看，苏州以 106 863 元比上海的 98 474 元高出 8389 元，排在第 1 位，上海屈居第 2 位。第 3 位和第 4 位分别是无锡（73 053 元）和杭州（70 832 元）。宁波的人均 GDP 为 69 997 元，仍然排在第 5 位。其余城市排名情况依次是常州第 6 位、南京第 7 位、镇江第 8 位、绍兴第 9 位、舟山第 10 位、嘉兴第 11 位、湖州第 12 位、扬州第 13 位、台州第 14 位、南通第 15 位、泰州第 16 位。

根据表 4-1 做的雷达图（图 4-1）显示，以宁波市为 1 个单位进行比较。地区 GDP 排在第 1 位的上海为 3.46，排在第 16 位的舟山仅为 0.12，说明长三角 16 个城市经济规模相差悬殊，上海占据优势明显的首位及核心城市地位。按照地域比较，江苏的 8 个城市与浙江的 7 个城市地区 GDP 总体实力基本相当，差距不大。而从人均 GDP 来看，排在第 1 位的苏州为 1.53，排在第 16 位的泰州为 0.40，说明人均水平的差距较 GDP 总量明显缩小；江苏的 8 个城市优势明显，有 5 个城市都排在前 10 名，其中，苏州更是居第 1 位；浙江的 7 个城市总体稍弱于江苏，但是更加均衡一些，最高的杭州为 1.01，最低的台州为 0.49；江苏城市之间的差距明显，最高的苏州 1.53，最低的泰州 0.40。

（二）地方财政收入

表 4-1 和图 4-1 显示，2008 年，从地方财政一般预算收入来看，在长三角 16 个城市中，上海更是独占鳌头，达到 2382.34 亿元，是宁波的 6.10 倍；而排在第 16 位的舟山仅为宁波的 11%；苏州和杭州依次排在第 2 位和第 3 位，宁波居第 4 位，南京和无锡依次排在第 5 位和第 6 位，这 5 个城市差距不大；从第 7 位以后的 10 个城市明显低于前 6 位，均在宁波的 50% 以下。

综合分析，按照地方财政收入可以将长三角的 16 个城市明显划分为三个层次，上海为第一层次，苏州、杭州、宁波、南京和无锡为第二层次，其余 10 个城市为第三层次。三个层次的地方财政实力差距明显。

（三）全社会固定资产投资

比较 2008 年长三角 16 个城市的全社会固定资产投资规模，可见上海仍然排在第 1 位，为 4829.45 亿元，是宁波的 2.79 倍；第 2 位至第 6 位依次为苏州、南京、杭州、无锡和宁波；排在最后的是舟山，仅为宁波的 20%。这说明 16 个城市的财政实力差距明显。

综合比较，按照全社会固定资产投资规模也可以将长三角的 16 个城市明显划分为三个层次，上海为第一层次，苏州、南京、杭州、无锡和宁波为第二层次，其余 10 个城市为第三层次。可见,虽然三个层次中的个别城市排名稍有变化,但是层次的划分基本上与地方财政实力相吻合,这符合客观实际,也说明各个城市的固定资产投资强度基本相当,并且与地方财力相适应。

二、创新投入能力比较与分析

创新投入能力是城市创新能力的直接基础,一个城市的创新投入能力主要体现在两个方面:创新投入资源和创新执行主体的规模与水平。为此,我们选取财政科技投入、全市 R&D 经费支出、全市各类专业技术人员和国家级高新技术企业数四项绝对指标,以及财政科技投入占财政支出的比重、全社会 R&D 支出占 GDP 的比重两项相对指标,从创新投入和创新执行主体两个方面进行比较(表4-2)。

表4-2　2008 年长三角 16 个城市创新投入能力比较

城市	财政科技投入/亿元	财政科技投入占财政支出的比重/%	全市 R&D 经费支出/亿元	全社会 R&D 支出占 GDP 的比重/%	全市各类专业技术人员/万人		国家级高新技术企业数/家	
					绝对值	相对值	绝对值	相对值
上海	115.66	4.42	362.30	2.64	79.06	3.04	1812	3.80
杭州	18.55	4.42	124.31	2.60	43.03	1.62	804	1.69
南京	9.46	2.34	100.01	2.65	71.23	2.67	—	
宁波	15.25	4.10	44.07	1.28	26.69	1.00	477	1.00
苏州	22.77	3.66	120.62	1.80	68.16	2.62	361	0.76
无锡	8.11	1.86	—	—	47.21	1.81	246	0.52
绍兴	6.19	4.30	35.57	1.60	16.64	0.63	275	0.58
嘉兴	5.22	3.84	32.13	1.77	13.00	0.49	101	0.21
湖州	2.82	3.26	12.94	1.25	7.58	0.28	58	0.12
台州	4.07	2.65	58.95	3.00	15.66	0.59	55	0.12
舟山	1.48*	2.62*	—	—	3.57	0.13	24	0.05
常州	5.50	1.43	23.00	1.04	27.54	1.03	198	0.42
扬州	3.06	1.44	—	—	18.69	0.70	25	0.05
泰州	2.01*	1.95*	—	—	23.59	0.88	35	0.07
镇江	2.47	1.43	43.27	3.05	15.04	0.56	409	0.86
南通	5.08	1.74	36.40	1.45	31.53	1.18	88	0.18

资料来源:根据 16 个城市 2008 年的统计公报、统计年鉴,以及《长三角城市统计年鉴 2009》《浙江省统计年鉴 2009》《江苏省统计年鉴 2009》等资料中相关数据汇总整理

* 因查不到 2008 年该指标数据,以 2007 年数据作为参考

根据表 4-2 中各个城市的财政科技投入占财政支出的比重、全社会 R&D 支出占 GDP 的比重、全市各类专业技术人员和国家级高新技术企业数的相对值所作的雷达图如图 4-2 所示。

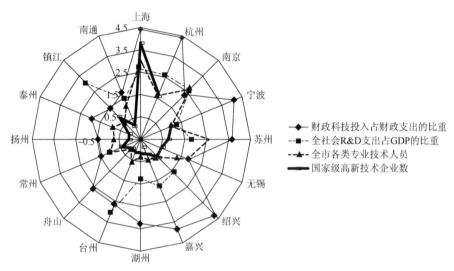

图 4-2　2008 年长三角 16 个城市创新投入能力比较

（一）财政科技投入能力及其占财政支出的比重

从绝对值来看，与地方财政一般预算收入的差距相对应，上海的财政科技投入能力仍然遥遥领先，达到 115.66 亿元，远远超过居于第 2 位的苏州（22.77 亿元），其余城市的差距更大，均在 20 亿元以下。排在第 16 位的舟山只有 1.48 亿元。

从相对值来分析，与上海的该项指标基本一致或相近城市有杭州、宁波、绍兴、嘉兴和苏州，这 6 个城市的财政科技投入占财政支出的比重在 3.5%～4.5%，可以将它们划为第一层次的城市；湖州、台州、舟山和南京 4 个城市的财政科技投入占财政支出的比重在 2.0%～3.5%，可以划为第二层次；其余 6 个城市的财政科技投入占财政支出的比重在 1.0%～2.0%，划为第三层次。如果财政科技投入的差距是由财政实力的差距所致，那么财政科技投入占财政支出的比重的差距则是政策影响所致。可见各个城市财政科技投入强度不同，虽然有的城市地方财政收入规模较小，但是投入强度较大，如绍兴和嘉兴，这将直接影响其科技创新产出能力。

（二）全市 R&D 经费支出及其占 GDP 的比重

与财政科技投入及其占财政支出的比重一样，全市 R&D 经费支出及其占

GDP 的比重反映出各个城市的情况不一致。上海的绝对值仍然居于首位,杭州、南京和苏州在 100 亿元以上,其余 12 个城市明显低于上述城市。但是,从全社会 R&D 经费支出占 GDP 的比重来看,镇江和台州均在 3.0%以上,分别排在第 1 位和第 2 位;上海、杭州和南京 3 个城市均在 2.5%以上;其余 11 个城市均在 2.0%以下,差距明显。可见,虽然有的城市 R&D 经费支出的总量较小,但是占 GDP 的比重很高,说明这些城市比较重视科技创新,创新主体投入研发的人、财、物要素较多。

(三)全市各类专业技术人员

从总量指标看,全市各类专业技术人员数基本上与城市的总体规模相对应,上海仍然以 79 万人占据首位,其次是南京和苏州,在 70 万人左右;其余城市都在 50 万人以下。比较可见,就同等规模的城市而言,江苏的城市各类专业技术人员数一般明显大于浙江的城市各类专业技术人员数,如南京与杭州、苏州与宁波、无锡与绍兴等,这说明从一定意义上讲,江苏的科技人才状况相对优于浙江,其中的具体原因需要进一步分析,以便为制定政策提供参考建议。

(四)国家级高新技术企业数

为了提高指标数据的可比性,我们选取 2008 年根据新的高新技术企业认定标准认定的高新技术企业数进行比较。比较可见,由于各个城市的高新技术企业发展水平不一样,即使除上海仍然高居首位以外,其他城市的高新技术企业数也相差悬殊。杭州以 804 家排在第 2 位,宁波和镇江都在 400 家以上,分别排在第 3 位和第 4 位。其余城市差距明显,排在第 16 位的舟山只有 24 家。这说明长三角城市的高新技术企业发展水平和布局状况很不平衡,这也在一定程度上反映出各个城市之间科技创新能力的明显差距。

三、创新产出能力比较与分析

创新产出包括创新的知识产出和产业创新产出。创新的知识产出是城市自主创新能力的重要表现,专利(尤其是发明专利)是反映创新知识产出的重要指标。产业创新产出即反映在区域高新技术产业的发展规模与水平上。为此,我们选取年度专利申请量、年度专利授权量、发明专利占专利授权数的比重、高新技术产品产值和高新技术产品产值率等五个指标,对长三角 16 个城市 2008 年的创新产出能力进行比较与分析(表 4-3)。

表4-3   2008年长三角16个城市创新产出能力比较

城市	年度专利申请量/件		年度专利授权量/件		发明专利占专利授权数的比重/%		高新技术产品产值/亿元	高新技术产品产值率/%	
	绝对值	相对值	绝对值	相对值	绝对值	相对值		绝对值	相对值
上海	52 835	3.27	24 468	2.48	17.40	1.74	6 041	24.80	2.48
杭州	18 549	1.15	9 831	0.99	19.56	1.96	1 381	14.81	1.48
南京	11 692	0.72	4 816	0.49	31.08	3.11	2 340	40.80	4.08
宁波	16 181	1.00	9 883	1.00	5.11	0.51	3 305	37.79	3.78
苏州	48 558	3.00	18 270	1.85	3.53	0.35	6 334	34.00	3.40
无锡	10 899	0.67	5 028	0.51	8.47	0.85	2 671	41.50	4.15
绍兴	18 647	1.15	11 192	1.13	1.06	0.11	1 264	23.40	2.34
嘉兴	5 328	0.33	3 163	0.32	2.31	0.23	892	24.26	2.43
湖州	4 887	0.30	2 318	0.23	2.46	0.25	507	25.04	2.50
台州	9 043	0.59	4 811	0.49	3.49	0.35	692	22.60	2.26
舟山	359	0.02	228	0.02	4.82	0.48	—	—	—
常州	9 146	0.57	2 536	0.26	9.27	0.93	2 330	44.80	4.48
扬州	6 124	0.38	2 003	0.20	5.29	0.53	865	24.62	2.46
泰州	4 677	0.29	1 522	0.15	15.71	1.57	852	28.90	2.89
镇江	7 339	0.45	2 581	0.26	5.31	0.53	843	30.30	3.03
南通	14 106	0.87	4 102	0.42	—	—	1 401	27.10	2.71

资料来源：根据16个城市2008年的统计公报、统计年鉴，以及《长三角城市统计年鉴2009》《浙江省统计年鉴2009》《江苏省统计年鉴2009》《2008年浙江省科技进步报告》等资料中相关数据汇总整理

为了更直观地比较16个城市的创新产出能力，根据表4-3中各个城市的年度专利申请量、年度专利授权量、发明专利占专利授权数的比重和高新技术产品产值率等四个指标的相对值所做的雷达图如图4-3所示。

（一）年度专利申请量与授权量比较

从年度专利申请量与授权量看，上海和苏州遥遥领先，分别排在第1位和第2位，可以划归第一层次；绍兴、杭州和宁波依次排在第3、4、5位，且这3个城市无论是专利申请量还是授权量，都比较接近，可以划为第二层次；其余11个城市明显落后于以上5个城市，可以称为第三层次；排在第16位的舟山，无论是专利申请量还是授权量都只占宁波的2%左右。

综合比较可见，长三角16个城市之间的专利申请量与授权量差距明显，说明各个城市的创新知识产出能力相差悬殊；对照城市的创新投入能力指标，发现专

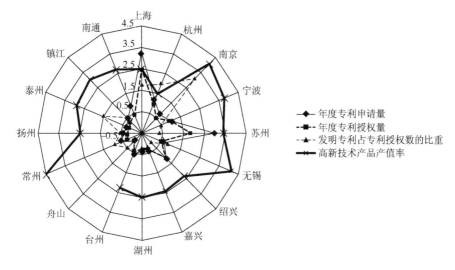

图 4-3　2008 年长三角 16 个城市创新产出能力比较

利申请量与授权量的多少基本上与城市的经济实力和科技投入相一致，即经济和科技实力强的大城市专利申请量与授权量就多，说明城市创新知识产出能力与城市的经济实力和科技投入正相关。

（二）发明专利占专利授权数的比重

由表 4-3、图 4-3 的数值可见，发明专利占专利授权数的比重最高的城市是南京，达到 31.08%；其次是杭州、上海和泰州市，均占到 15% 以上；其余 12 个城市的比重均在 10% 以下，排在第 16 位的绍兴的比重只有 1.06%，说明该城市申请专利的技术层次较低。

总体来看，长三角 16 个城市中的大多数（约占 3/4）发明专利占专利授权数的比重较低，其中有一半城市该项指标在 5% 左右及其以下。这说明长三角城市的技术创新层次较低，特别是基础性研发能力亟待加强，企业的技术水平和产品技术含量有待提高，多数创新是对原有产品和技术的局部完善和改进。这易于导致企业的急功近利和关注短期效益，而不注重长远规划和战略发展，导致企业缺乏后劲。这一趋势应该引起政府部门的关注和企业的认真思考。

（三）高新技术产品产值及其比重

高新技术产业规模及其在工业中所占的比重，反映城市的产业创新产出能力。从高新技术产品产值来看，苏州和上海分别排在第 1、2 位，并且遥遥领先；宁波、无锡、南京、常州分别居于第 3、4、5、6 位，且数值相差不大；其余 8 个城市明显落后，排在第16位的湖州，高新技术产业规模还不到上海的10%。这说明各个城市的产业创新产出能力相差悬殊，其中既有技术创新水平的差异，也有产业化能力的影响。

从高新技术产品产值率来分析，常州、无锡和南京分别排在第1、2、3位，并且较其他城市具有明显优势，均在40%以上；宁波、苏州和镇江分别排在第4、5、6位，处于第二层次，比例在30%~40%；其余10个城市均在30%以下，处于第三层次；特别值得关注的是其他指标都遥遥领先的上海，该项指标只有24.8%，处于中等偏下水平；其他指标也比较领先的杭州，该项指标却排在第16位，只有14.81%，明显低于其他15城市。这说明高新技术产品产值率指标受多种因素影响，用来表示城市的产业创新产出能力，只能作为参考指标，并且需要全面分析指标的各种影响因素。

四、创新环境水平比较与分析

良好的创新环境是创新城市发展的基础，高层次的教育、完善的创新公共基础设施、高度信息化水平等都是创新型城市建设的必备条件。为此，本章选取每百人公共图书馆藏书、教育经费占财政支出的比重、全年普通高校在校学生、邮电业务量、国际互联网宽带用户和移动电话普及率等六个指标，从创新公共设施、教育、信息化等角度进行比较与分析（表4-4）。

表4-4　2008年长三角16个城市创新环境水平比较

城市	每百人公共图书馆藏书/册		教育经费占财政支出的比重/%		全年普通高校在校学生/万人	邮电业务量/亿元	国际互联网宽带用户/万户		移动电话普及率/(户/百人)	
	实际值	相对值	实际值	相对值			实际值	相对值	实际值	相对值
上海	474	4.99	12.50	0.86	50.29	834	376.7	3.66	100	0.93
杭州	206	2.17	17.71	1.18	40.96	124	132.1	1.29	109	1.01
南京	219	2.31	14.33	0.94	65.20	104	102.1	0.99	83	0.77
宁波	95	1.00	15.27	1.00	13.30	175	102.8	1.00	108	1.00
苏州	65	0.68	13.83	0.90	16.68	146	149.7	1.46	164	1.52
无锡	75	0.79	12.05	0.79	10.96	82	95.8	0.64	128	1.19
绍兴	110	1.16	22.22	1.45	5.03	45	150.1	1.46	77	0.71
嘉兴	117	1.23	24.26	1.59	2.31	60	54.1	0.53	85	0.79
湖州	62	0.65	20.95	1.37	3.73	25	28.4	0.28	79	0.73
台州	25	0.26	25.32	1.65	2.73	146	55.8	0.54	97	0.90
舟山	52	0.55	12.65	0.83	2.70	13	17.5	0.17	92	0.85

续表

城市	每百人公共图书馆藏书/册		教育经费占财政支出的比重/%		全年普通高校在校学生/万人	邮电业务量/亿元	国际互联网宽带用户/万户		移动电话普及率/(户/百人)	
	实际值	相对值	实际值	相对值			实际值	相对值	实际值	相对值
常州	77	0.81	7.29	0.48	12.32	49	53.7	0.52	97	0.90
扬州	107	1.13	8.82	0.58	7.85	34	42.0	0.41	50	0.46
泰州	70	0.74	21.44	1.40	3.98	29	27.0	0.26	51	0.47
镇江	99	1.04	10.47	0.69	8.35	29	33.9	0.33	142	1.31
南通	115	1.21	14.04	0.92	8.46	51	48.6	0.47	145	1.34

资料来源：根据 16 个城市 2008 年的统计公报、统计年鉴，《长三角城市统计年鉴 2009》《浙江省统计年鉴 2009》《江苏省统计年鉴 2009》《2008 年浙江省科技进步报告》等资料中相关数据汇总整理

选择表 4-4 中各个城市的每百人公共图书馆藏书、教育经费占财政支出的比重、国际互联网宽带用户和移动电话普及率等四个指标的相对值所做的雷达图如图 4-4 所示。

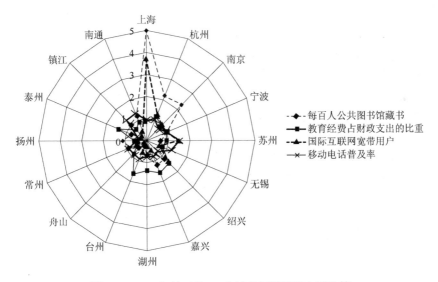

图 4-4　2008 年长三角 16 个城市创新环境水平比较

（一）每百人公共图书馆藏书量

在知识经济时代，获取知识的便利性是衡量区域创新条件的重要指标。公共图书馆及其藏书量是反映知识获取便利性的指标之一。表 4-4、图 4-4 显示，上海、南京和杭州这三个大城市分别排在第 1、2、3 位；嘉兴、南通、绍兴和扬州依次

排在第 4、5、6、7 位。

综合分析，排在前面的 3 个大城市由于高校云集，公共文化设施齐全。但是，城市的经济发展水平和人口规模并不与公共图书馆的藏书量完全一致，特别是宁波、苏州和无锡的经济发展水平都比较高，而该项指标的排名都比较落后，这说明这几个城市的公共文化设施滞后于经济发展，需要加快公共文化设施的建设步伐。

（二）教育经费投入与高等教育水平

教育，尤其是高等教育在区域创新中担负着多种职能，其发展规模与层次成为衡量城市创新环境的重要指标。表 4-4、图 4-4 显示，教育经费占财政支出的比重与财政科技投入占财政支出的比重的指标数值一样，也是政策影响所致。与各个城市的经济发展水平和财政实力并不完全相关，虽然有的城市地方财政收入规模较小，但是教育经费的投入强度较大。比较发现，台州、嘉兴和绍兴的教育经费占财政支出的比重依次排在第 1、2、3 位；泰州和湖州居于第 4、5 位。这说明，上述城市虽然城市规模不大，财政实力有限，但是城市政府高度重视教育事业发展，财政投入强度大，必将有利于城市创新能力的增强和城市的长远发展。当然，上海、杭州和南京等大城市的教育经费占财政支出的比重虽然不是最大，但是，由于这些城市的财政收入基数大，教育经费的投入绝对量仍然较大。

从全年普通高校在校学生数来看，毋庸置疑，仍然是上海、南京和杭州三个城市居于第 1、2、3 位，并且遥遥领先，说明三个城市作为高等教育中心城市，高校云集，人才荟萃，有利于支撑城市创新能力，并且对其他城市具有辐射作用；苏州、宁波、常州和无锡依次排在第 4、5、6、7 位，已经初步具有区域性高等教育中心城市功能；排在第 16 位的嘉兴，全年普通高校在校学生数不足上海的 1/20，说明长三角城市之间高等教育发展水平相差悬殊，部分城市的高等教育水平有待提升。

（三）城市信息化水平

信息化水平已经成为衡量城市创新环境的重要指标。这里选取邮电业务量、国际互联网宽带用户和移动电话普及率等三个主要指标进行比较分析。

邮电业务量指标反映出，上海仍然高居榜首，宁波、苏州、台州和杭州依次为第 2、3、4、5 位，这主要受城市的经济规模和区位优势等因素影响，也发现各个城市之间的邮电基础设施差距明显，有些城市的邮电设施需要不断完善。

比较国际互联网宽带用户指标，表明上海仍然位居第 1 位，苏州、绍兴、杭州、宁波和南京依次排在第 2、3、4、5、6 位；其余城市差距明显。而移动电话普及率指标与城市规模并不一致，比较发现，苏州排在第 1 位，南通、镇江、无锡和杭州依次排在第 2、3、4、5 位，上海仅排在第 7 位，这与城市原有通信设施的完善程度和各项通信业务的发展水平有关。

综合分析，说明长三角城市的信息化水平差距明显，一般地，经济发展水平高的大城市信息化水平较高，其他城市的信息化水平有待进一步提升。

第四节　长三角城市群协同创新风险预控对策

一、构筑长三角城市群协同创新基础平台

围绕全面提升长三角科技创新能力，增强国际与国内竞争力和实现跨越式发展的目标，依据苏、浙、沪两省一市的中长期科技发展规划，遵循市场经济规律，以需求为导向，以改革为动力，以建立共享机制为核心，以资源整合与集成为主线，充分运用现代信息技术和利用国内外资源，不断加强长三角科技基础条件平台建设，构筑长三角城市群协同创新的基础架构（张玉臣，2009）。

（1）建设长三角城市群"科技资源共享区"。联合建设长三角"科技资源共享区"，即依托长三角的科技资源和网络优势，立足已有的科技基础条件，探索跨城市的协同服务机制，研究制定统一的数据标准，制定区域性科技基础条件共建共享的运行机制、管理办法等；建立有利于开展城市合作的服务体系，打造资源集聚、体系健全、功能完善、服务一流的共建共享平台，为区域科技进步与创新提供支撑和保障。

（2）广泛吸收社会力量参与平台建设。在建设主体上，长三角各地政府应通过总体规划、财政投入和政策法规等措施在长三角平台建设发挥主导作用的同时，引导高校、科研单位、企业、各类民间机构等社会各界广泛参与长三角平台建设工作。在长三角平台建设的投入政策、所有权、管理权、使用权、监督权等方面作广泛深入的探索。在管理制度中有共享服务绩效由第三方评估的机制，并与政府后续投入挂钩。在特殊情况下，可以吸收国际资本参与部分平台的建设。

（3）根据需求确定平台建设领域和项目。在做好已建服务平台的后续建设的同时，适时启动长三角新建平台。例如，集成电路设计与检测平台、创意产业支撑软件与服务平台、药物筛选与药效评价科技服务平台、动物实验公共服务平台、纺织研发服务平台、区域综合交通智能化管理集成研究平台、科技创业与融资协作服务平台、科技发展战略研究平台等，将战略新兴产业和民生科技作为重点建设项目。

二、明确长三角城市群协同创新重点领域

根据苏、浙、沪两省一市的中长期科技规划，联合制订《长三角区域社会科技发展战略规划》，围绕提高人民生活质量和改善生活环境，在生态环境、人口与健康、循环经济、人居环境、公共安全等重点领域，坚持关键技术攻关、技术集成和工程示范相结合，紧密衔接国家重大科技专项，以若干重大科技项目为依托，联合组织实施若干重点领域的专项行动计划。

（1）节能减排联合行动计划。开展节能减排技术的联合研究和应用。促进低能耗、低污染、高附加值产业及循环经济发展，为保障长三角城市群能源供应，建设能源节约型和环境友好型社会提供技术保障。积极开展长三角近海水域污染控制与赤潮爆发预警预防关键技术，长三角水资源保护与水生态修复技术，长三角环境监测、环境执法与信息共享体系技术，长三角城市群新型复合性大气污染防治技术，长三角地区清洁能源及重大节能技术等关键技术和核心技术的联合研究开发与应用。

（2）人口与健康科技联合行动计划。围绕影响区域人口、健康、卫生等问题，加强重大流行疾病、人畜共患疾病等突发公共卫生事件防范的关键技术攻关，加强高发恶性肿瘤、心脑血管等重大疑难疾病的临床诊治技术研究，加强中医药现代化及中西医结合治疗关键技术开发，注重预防、康复、保健技术的研究开发与应用示范，以及意外伤害、生殖与妇女儿童健康、环境因素致病、精神性疾病等临床应用技术的研究。

（3）公共安全科技联合行动计划。联合研究与开发突发性重大事故防范与应急反应控制技术，在重点领域形成关键技术体系，提高长三角地区整体安全水平和综合防灾减灾能力，搭建信息共享、指挥智能、反应及时、技术先进等长三角公共管理服务平台和公共安全应急平台。加强公共安全保障技术的研究与开发，实施城乡公共安全事故防范和社会治安监控与处理的技术集成与工程示范。加强自然灾害预测预报及应急处理技术的应用研究，开展重大危险源监控技术与应急处理预案等安全生产关键技术的研究与示范，为保障人民群众生命财产安全、营造良好的人居环境提供技术支撑。

三、推进长三角城市群产业集群协同创新

目前，长三角大多数产业集群跨区域科技合作与交流还处于萌芽阶段，推进产业集群跨区域协同创新与联动发展，还有很长的路要走。因此，政府管理部门主要应从以下两个方面来推进产业集群的发展和协同创新：一是如何识别、培育

和壮大产业集群，即如何促进集群自身快速成长；二是如何加强和促进集群之间特别是不同地方集群之间的联系，即如何促进集群与集群之间的交流和合作，为产业集群协同创新提供各类服务，优化产业集群发展和协同创新的环境，促进产业集群最终达到协同创新和互动发展的状态。

（1）建立集群风险监测评估体系。任何产业集群政策的制定都离不开集群风险识别这个基本前提，建立科学可行的产业集群风险监测和评估方法体系是促进产业集群可持续发展的前提和基础。可在借鉴国内外有关产业集群识别标准、绩效评估指标体系和方法的基础上，根据长三角具体实践和未来经济社会科技发展趋势，结合政府管理部门工作需要，委托专门机构，研究制定体现国际趋势和时代特征、具有中国特色和长三角城市群特点的产业集群识别和评估体系，并定期组织对全区域的产业集群进行识别和监测评估，以真正找出那些发展潜力大、发展势头好、发展前景广的产业和产业集群。

（2）培育扶持产业集群核心企业。在产业集群的形成机制中，核心企业是决定产业集群能否诞生的基础。政府首先要认识到某一产业中的关键企业及关键企业的重大作用，并给予其一定的优惠政策，为其发展创造更好的空间，减少不必要的行政干预。扶持核心企业尽快做大做强，增强其对其他企业的带动作用。同时，要鼓励其他企业充分利用关键性企业发展所带来的有利环境，加快自身的发展。

（3）不断提高产业集群自主创新能力。不断创造条件、优化环境、深化改革，切实增强企业技术创新的动力和活力，支持鼓励企业尽快真正成为技术创新的主体，在技术创新中发挥主体作用。引导企业增加研究开发投入，推动企业特别是大企业建立研究开发机构，使企业成为研究开发投入的主体。要加快现代企业制度建设，增强企业技术创新的内在动力，把技术创新能力作为国有企业考核的重要指标，把技术要素参与分配作为高新技术企业产权制度改革的重要内容；坚持应用开发类科研机构企业化转制的方向，深化企业化转制科研机构产权制度等方面的改革，形成完善的管理体制和合理、有效的激励机制，使之在高新技术产业化和行业技术创新中发挥骨干作用。改革大学和科研院所的科研模式，消除条块分割的科技管理体制，促进产、学、研一体化；继续推进科研院所转制，引导科研单位实施科技产业化，引导科研院所向产业基地集聚，使优质科技资源与产业基地相结合。

（4）推进区域产业集群融入全球产业价值链体系。由于产业集群能够获得建立在专业化分工基础上的报酬递增、企业间的互动学习和合作创新等优势，从而成为具有高端竞争优势的产业升级模式，进而促进区域经济的发展和繁荣。随着产业集群的成功，集群所依托的产业和产品不断走向世界。由于区域和全球化的联系日益增强，城市群创新体系是开放的，要与其他地区和全球产业价值体系相融合，使创新要素在跨区域和全球流动。只有融入更大区域乃至全球产业价值链体系，不断朝着全球价值链的高附加值环节攀升，地方产业集群才具有持久的生命力。因此，地方政府在构建城市群创新体系时，要积极实施科技开放互动战略，开展跨区域科技合作和跨城市群创新体系建设，推进产业集群融入更大区域乃至全球产业价值链体系。

（5）鼓励产业集群跨区域联合发展。实现集群企业的跨区域联合，组建跨区域大型企业集团。注重提高企业的规模和质量，尤其是在当前中国开放的环境下。企业面临着国内外双重压力，规模优势对企业来说显得更加重要。对于因市场发展需要而合并的企业，要减少行政审批程序，为企业发展创造更好的环境。同时，政府也可以根据经济状况，组建跨地区的大型企业集团，同时充分发挥这些跨地区大型企业对整个城市群经济的拉动作用，带动其他一些企业的发展，形成以这些大型企业为核心的产业带。

（6）加强各地政府在产业集群发展中的政策协调。从增强产业综合竞争优势和国际核心竞争力的战略高度，在市场经济条件下，对长三角产业集群或产业园区发展进行科学规划，以高层次龙头企业或企业集团的引进和培育为核心，重点发展支柱产业集群和培育新兴产业集群。统一制定区域性的发展战略与规划，统一规划三角洲的产业发展计划和政策。在目前三地联席会议的基础上，建立常设机构，系统协调大集群产业的发展，制定统一的地方税收、支持政策等。统一规划主要工业园区的建设，结合区位条件制定最低工业用地价格，防止招商引资的恶性竞争。根据长三角城市群产业结构、能源结构、土地资源储备和环境承载力等对产业发展提出的总体要求，制定长三角城市群产业布局规划纲要和相关条例。

四、强化长三角城市群协同创新政策协调

（1）强化长三角城市群创新的统一规划功能。规划是科学合理安排苏、浙、沪两省一市建设和发展的基石，也是长三角协同创新的基础和前提。一个好的规划，本身就是生产力，切合实际的科学规划能发挥最大的效益。目前，长三角已出台了《关于沪苏浙共同推进长三角创新体系建设协议书》等相关规划、计划或协议，这有助于两省一市跨行政区域整合资源进行长远发展。长三角一定要严格按照这些规划坚持协同建设和发展，共同构建创新服务平台和信息网络，促进资源和创新要素的整合和流动，形成城市群整体创新功能。在相关规划、计划或协议的基础上，按照中央对长三角率先发展、科学发展、和谐发展的指示精神，结合两省一市各自制订的规划、计划，以及国内外科技创新、社会经济发展趋势制定出台指导长三角两省一市未来协同创新和持续发展的法律性与政策性文件。

（2）完善长三角城市群协同创新的制度保障。加快推进科技体制改革，建立与市场经济和科技发展规划相适应、以知识产权制度为基石的现代科技创新体制和管理制度，是长三角顺利推进协同创新的制度保障。苏、浙、沪两省一市应联合推进科技体制改革，鼓励城市群内的企业与高等院校、科研院所采取股份制等多种形式组建合作创新群体。鼓励城市群内的企业与高等院校、科研院所跨区域联合设立研究开发机构、工程技术研究中心、企业技术中心、企业博士后流动站等，开展项目合作。允许城市群内各类科研机构跨区参加科技项目的招投标，公开竞争政府科技项目。进一步发挥政府的宏观调控功能，引导全社会科技资源的有效配置集成社会力量，形成政府引导、全社会协调互动的创新格局，大幅度提高城市群自主创新能力。一是完善科技决策体系，提高科技发展战略的决策层次；二是强化政府科技部门对科技工作总体规划、政策协调、指导监督的职能，形成科技工作大联合、大协作和大集成的新局面；三是建立财政科技预算的协调机制，由科技、财政部门牵头，相关政府部门参与，统筹协调财政科技投入，切实避免多头投入和分散投入，提高创新资源的配置效率。

（3）完善长三角城市群知识产权保护协作网络。联合制定和实施区域知识产权保护和开发战略，构筑一体化的行政、司法和行业自律相结合的知识产权管理和保护体系，完善城市群内知识产权保护的执法协作关系，联合开展知识产权保护，加大执法惩处力度；建立政府间知识产权保护的约定例会制度，由苏、浙、沪两省一市政府的知识产权管理机构定期交换案例、动态、立法、工作计划、工作经验等信息，协调大案要案的查处工作，完善知识产权侵权案件通报移送制度，开展联合查处和协同办案，设立长三角城市群知识产权保护案件处理中心及热线电话。

五、完善长三角城市群协同创新保障机制

（1）区域协调机制。首先，进一步健全城市群协同创新的组织协调机制，一方面，可将长三角创新体系建设联席会议制度升级为长三角城市群协同创新联席会议制度，下设办公室和若干专项工作小组，明确相应的职能分工，负责落实和组织实施相关具体事宜。另一方面，要鼓励联合建立城市群内各种体制外的专业技术协作组织，协调解决跨区域产业技术整合过程中所出现的各项技术、经济、财务和法律问题；鼓励专业技术协作组织参与协同创新相关政策法规的起草，开展形式多样的民间协同创新；充分发挥专业技术协作组织的作用，为城市群内的研发机构提供更多的试验基地，形成范围更广的产学研一体化的科技推广机制，使各种先进适用的技术知识迅速得到普及。另外，打破市场壁垒，整合城市群内

要素市场，尤其是技术和资本市场、人才市场、产权交易市场、资产评估市场等有利于产业要素自由流动的市场体系。

（2）资源共享机制。根据协同创新资源的主要内容，涉及的主要领域包括：规划共建长三角信息高速公路，先行规划建设高性能宽带信息网，加快长三角信息交流，提高信息利用效率；联合建设各类研发机构和科技中介服务机构；引导和调节新增投资，优化产业布局，促进产业集聚，强化地区支柱产业，联合培育战略产业，形成企业制度的创新中心；共同优化城市群内的投资环境，吸引国内外大企业、国内各类行业协会的进入，形成企业和行业协会的集聚中心；联合开发和引进人才资源。联合发展高等教育，两省一市高校、研究机构合作培养、引进高层次人才。

（3）投资融资机制。一是设立长三角城市群协同创新专项基金，支持城市群合作项目的研发与管理；二是联合向国家争取科研经费，资助城市群内重大协同创新项目，优先支持发展相对落户地区的科研项目；三是健全长三角城市群风险投资机制，采取股份制等形式联合建立风险投资机构和担保机构，鼓励跨地区开展科技风险投资活动，建立和发展两省一市风险创业投资协作网，鼓励跨地区技术与资本的融合，加快高新技术产业化。

第五节　本　章　小　结

本章首先从城市群协同创新的成效和风险因素两方面分析了长三角城市群协同创新的现状。然后，从创新经济基础、创新投入能力、创新产出能力、创新环境水平四个方面选取若干指标，对长三角16个城市的创新能力进行比较与分析，分析结论为构建长三角城市群协同创新风险预警机制提供了决策依据和定量基础。最后，从基础平台、重点领域、政策协调和保障机制等方面提出了长三角城市群协同创新风险的预控对策。这些建议是对理论分析结论的应用和实施，也可以为今后城市群协同创新实践提供经验借鉴。

省级行政区协同创新风险预控

第一节　省级行政区协同创新风险的特殊性

一、省级行政区协同创新风险产生的理论根源

自凯恩斯（John Maynard Keynes）的经济学理论产生以来，探讨经济活动中政府与市场的关系已成为宏观经济学研究的一个基本理论问题。著名经济学家萨缪尔森（P. A. Samuelson）在阐发凯恩斯关于政府与市场关系的思想时，曾强调指出，"政治经济学的基本课题之一，就是确定政府与市场的合理界限问题"。宏观经济学中的这些相关研究，为省级区域协同创新风险的产生及其政府干预的必要性奠定了理论基础。

（一）市场的外部性导致技术创新的溢出效应

由于复制知识要比创新知识容易得多，复制者（模仿者）可在较少研制经费的情况下生产出同样技术含量的新产品。因此，技术创新的溢出效应产生了经济学所讲的市场经济中的正外部性，表现为一个企业或行业的创新给其他企业或行业带来利益，同时创新企业的私人收益小于创新的社会收益。这在一定程度上损害了竞争性企业创新活动的积极性，形成一种"等待博弈"（waiting game），即企业不求自主创新，等待机会搭便车，坐享其成。

（二）技术创新中的公共物品

技术创新的公共物品性质主要体现在基础研究和部分应用研究，这些研究领域关系到某一产业或学科的未来发展，对整个社会来说是非常必要的。而从这些研究领域的投资中获取经济效益往往需要很长的时间，其投资与收益存在的不对称性大大削弱了企业个体的技术创新积极性，这些领域必须由政府的行为加以激励。此外，技术创新中的基础设施是一种典型的公共物品，不可能由单个企业或行业来承担，而基础设施恰恰是技术创新活动开展的基础，关系到技术创新的成果质量和创新效率，因此必须由作为公共管理者的政府出面建设，是政府干预的重要领域。

（三）区域创新活动具有高度不确定性与风险性

技术创新的不确定性源于两方面，一是技术创新从开始到产生收益的时间间隔长，二是风险大新产品的产生需要经历研究开发、试验、试生产、营销等多个环节，这就使得一个创新产品的收益比成熟产品要晚得多。同时，技术创新过程存在技术研发、市场、收益和制度环境等诸多不确定性，伴随而来的是技术风险、市场风险、收益风险和制度风险。不确定性和风险的存在同样会造成市场失灵。尤其是高新技术产业中的技术创新需要大量的资本和 R&D 投资，单个企业难以或不愿承担技术创新的巨大风险，很难获得必要的和适当数量的资金。在这种情况下，政府有必要采取一定的措施，激励和保证企业的技术创新动力。

（四）区域创新需要许多配套资源的配合和规范的制度环境

通信与信息网络系统建设、风险投资交易市场、知识产权交易市场、大学与研究机构设立，与经济发展、国家安全、社会福利、环境保护有关的法律法规的制定和完善等，政府将在这些方面扮演重要角色。而国防科技、环保科技、卫生科技等方面的创新甚至与政府活动直接相关，需要政府主动投入大量资源从事这方面的技术创新。

二、我国省级区域协同创新中政府干预的现实需求

（一）我国政府在推动区域协同创新中面临的挑战

政府在推动区域协同创新中面临的挑战，是政府在区域协同创新中的地位、职能与作用的前提。挑战来自我国社会转型的制度背景，直接制约着政府在区域协同创新中的作为，体现了我国区域协同创新体系中政府职能的现实需求。

（1）经济体制的变革与转型：区域协同创新的制度性前提。在经济体制从计划经济向自由竞争的社会主义市场经济转换的过程中，各级政府承担着对经济体制进行创新的艰巨任务。面临着制度设计者、资源调动者、变革推动者、利益协

调者等诸多的角色，政府始终要肩负着变革代理人的艰巨责任。从具体体制变革的角度来看，这一制度创新的目标是多元的。比如，建立强有力的宏观调控体系；建立适应市场经济要求的企业机制；建立统一开放、平等竞争、规则健全的市场体制；完善多种经济共存与共同发展的所有制结构；建立完善的社会保障体系等。这些改革目标的实现，是政府推动区域协同创新，实现经济发展的制度性前提。

（2）经济与社会的协调发展：区域协同创新的根本性目标。关于发展，世界已经达成共识，那就是摒弃单纯追求经济增长这一衡量发展的陈旧指标，代之以追求整个社会生态的均衡协调发展。我国改革开放和社会转型过程中，面临社会发展的严峻挑战，存在大量社会问题和社会失范，意味着社会整合的任务更加艰巨。面对这样的危机，市场通常是失效的，而政府必须从区域经济可持续发展的长远利益出发，通过科技创新来寻求新的发展模式。追求区域经济与社会的协调发展是构建区域协同创新体系的根本目的，区域协同创新体系的建设又为区域经济与社会的协调发展提供了新的途径与选择。发展是构建区域协同创新体系的根本目的，区域协同创新体系的建设又为区域经济与社会的协调发展提供了新的途径与选择。

（3）政府权威的确立：区域协同创新的保证。我国正处于一个由传统权威、魅力权威向法律与理性权威的转换过程中，建立法律的秩序，树立理性与法律的权威是政府权威确立的基础。当前，在区域协同创新体系建设的过程中，树立政府的权威存在比较优势。政府拥有广泛的权威实现区域协同创新的目标；有实现较大的社会变革，应付某些突然事件的可能性；更有可能对任何决策在长期成本—收益基础上进行评估而不是局限于短期的利益；能够发挥整体的比较优势，促进经济和社会的跨越式发展；能够将稀缺资源集中于最主要和关键的创新领域；存在把外部经济内在化的可能性等。从一定意义上说，这是在社会转型期，有效构建区域协同创新体系的保证。但同时，我们也要注意避免政府权威导致的集权化倾向，集权化会导致信息获取的困难和偏差、集中化决策的滞后、沟通与协调的困难、缺乏动力机制、对于创新精神和动机的抑制等现象。

（4）政府职能与观念的转变：区域协同创新的关键。在改革之前，我们的政府几乎是一个"全能政府"，对整个国家的经济和社会生活实现高度的控制。政府直接控制生产、交换、分配的每一个环节，行使了资源配置、收入分配等方面几乎所有的职能。这种以行政权力为中心的管理体制导致资源配置效率低下、社会创新动力缺乏、政府体制的官僚化倾向、寻租与政治腐败。今天，当由政府全力推动的社会变革日益深入时，政府自身的行政职能与行政观念必须随之改变。政府应成为为社会和公众提供服务的公共服务型政府。其主要服务职能是：第一，提供公共产品；第二，调整和维持正常的社会经济秩序；第三，宏观调控，用有形的手纠正市场失灵；第四，全面承担改革成本，不要把改革的成本转嫁给个人、企业和市场；第五，把经济建设型财政转变为公共服务型财政。

（二）社会转型期地方政府在区域协同创新中的地位

目前我国所处的社会转型期决定了政府在区域协同创新中的地位，既是区域协同创新的规划者、组织者，又是直接的推动者、参与者。

（1）政府是区域协同创新的规划者，直接组织、推动、协调区域协同创新体系的建设。区域协同创新体系的战略规划是对区域内创新活动做出整体的、长远的安排，只有政府才能从区域经济发展的战略全局出发，围绕区域产业发展的需要，兼顾各创新主体的利益，充分发挥比较优势，科学选择区域协同创新的重点和突破口，实现重点突破，带动区域协同创新整体水平的提高，而其他的创新主体都不具备这样的地位与职能，从这个意义上说，政府已经超越了一般创新主体的地位。比如，上海确定微米和纳米技术为优先发展的技术领域，在上海全市的企业、大学、科研机构中建立了"微米和纳米技术研究网络"，每年投入大量经费用于网络建设。该网络涉及电子、机械、光学、化学和生物学等多个学科，目的是推动这一高科技产业迅速成长。

（2）政府是区域协同创新的直接参与者。发展本地经济、增加财政收入和地区间相互竞争的压力，迫使区域政府不断进行技术、制度方面的创新。转型期的区域政府是一个制度创新的政治企业家。它把一个地方当作一个大企业，通过直接的制度变革与创新，扩大市场化范围和深度，确立区域经营意识，优化资源配置，使本地经济得到快速发展。一个地区，只有当资本、人才、技术等若干要素集聚优化到一定程度，才能产生经济的裂变，出现质的飞跃。激发区域内的创新活力，增强区域协同创新动力；弘扬区域个性，创立区域品牌；管理经济秩序，降低创新成本；培养经济增长点，营造有利于经济增长的区域协同创新环境；这些都是政府的创新职能所在。

综上所述，在我国经济转型的大背景下，政府主导科技创新是各地区域协同创新的共同特点。但由于各地区经济发展水平、市场发育程度、社会文化环境等方面的差异，政府在推动科技创新中的做法及实施的政策措施也不同，对科技创新工作的推进和成效产生了不同的影响，从而使区域协同创新呈现不同的发展特点。

第二节　浙江区域协同创新现状分析

根据区域创新体系要素结构理论，区域创新体系主要由两类要素组成：一是组织要素，主要包括企业、研究机构、教育培训机构、政府机构、金融机构、中介组织和科技基础设施，它们是创新活动的主要载体；二是制度要素，包括区域创新战略、创新制度框架，如知识产权制度、科技评价制度、政府补贴政策等，以及政府的参与调控方式、技术市场等。制度要素通过政府有关法律规定和科技政策等作用于组织要素，共同决定并最终形成区域创新系统功能，影响区域创新能力。下面，按照上述理论脉络对浙江区域创新体系中政府作用的现状进行客观分析与评价。

一、积极扶持战略新兴产业和高新技术产业发展

近年来，浙江采取有力措施，深入推进新兴产业技术创新综合试点，积极规划建设一批省级重点企业研究院，实施一批产业技术重大攻关专项，培养一批青年科学家，研制一批具有自主知识产权和市场竞争力的重大战略产品，努力突破技术瓶颈制约，掌握核心关键技术，推动新一代信息技术、新能源、新材料、节能环保、生物与现代医药、智能装备制造、海洋开发和新能源汽车等产业加快发展，培育形成新兴产业高地和高技术产业集群。一是加快实施重大科技专项。围绕战略性新兴产业发展的技术需求，组织实施 118 个重大科技专项项目，2012 年研发总投入 30.4 亿元。探索建立企业主导产业技术研发创新的体制机制，开展产业技术创新综合试点。在纯电动汽车、船舶等产业领域建立 55 个省级重点企业研究院，每家给予一次性 500 万～1000 万元补助，同时给予连续三年，每年 100 万～150 万元项目经费支持，市县给予相应配套支持。二是加快推进高新园区转型发展。省政府出台了《关于加快高新技术产业园区转型升级的指导意见》（浙政办发〔2012〕66 号）、《关于创建省级高新技术产业园区工作的意见》（浙政发〔2012〕94），推进产业集聚区、经济开发区等各类园区创建省级高新园区。三是加快培育科技型企业。扎实开展高新技术企业认定管理工作，截至 2012 年全省新认定高新技术企业累计达 4520 多家，培育省级创新型试点企业 363 家、示范企业 194 家，累计建立省级产业技术创新联盟 30 家。①

二、大力推进创新基地和创新平台建设

浙江积极创建国家自主创新示范区和国家级高新区，加快推进高新园区和产业集聚区融合发展，进一步突出科技创新特色，培育新兴产业优势，努力建成高

---

① 浙江省科学技术厅. 2014. 2012 年浙江科技发展报告[R]. http://www.zjkjt.gov.cn/news/node11/detail110512/2014/110512_55161.htm[2015-11-16].

端人才集聚区、科技创新先行区和高新技术产业示范区。截至 2012 年，杭州青山湖科技城已引进香港大学浙江研究院、浙江西安交通大学研究院、天津大学浙江研究院等高水平创新载体 28 家，总投资 51.5 亿元。未来科技城引进海外高层次人才 367 名，其中国家千人计划 17 名、浙江省千人计划 34 名，基本建成首期研发孵化平台 37 万平方米，引进各类高新企业 294 家。设立三类重大公共科技创新平台累计达 71 家。省级重点实验室、省级工程技术研究中心、省级企业研究院总数分别达到 156 家、53 家、101 家。

三、加快科技成果转化与产业化步伐

积极推进企业、高校和科研院所紧密结合，以产权为纽带，以项目为依托，形成各方优势互补、共同发展、利益共享、风险共担的协同创新机制；以成套装备工业设计为突破口，联合建立研发机构、产业技术创新联盟、博士后工作站等技术创新组织，联合申报科技攻关项目和产业化项目，加强龙头企业与配套企业的协同创新和协同制造。合理运用政府采购、市场培育、需求创造、风险补助等多种措施，以市场引领创新，以应用促进发展。完善科技成果知识产权归属和利益分享机制，保护职务发明人和单位的合法权益。扩大高校、科研院所成果转化处置权限，支持高校、科研院所将科技成果产业化业绩作为应用型研究人员职务职称晋升的主要依据，充分调动职务发明人转化成果的积极性。加快建立展示、交易、共享、服务、交流五位一体的科技大市场，为产学研合作、科技成果转化搭建科技信息和交易平台。制定出台了《浙江省政府办公厅关于进一步培育和规范浙江网上技术市场的若干意见》（浙政办发〔2012〕99 号），设立 1 亿元网上技术市场专项资金；积极推进科技和金融结合，会同人保财险、中国银行、浦发银行、中信银行启动了科技型中小企业小额贷款履约保证保险，引导合作银行协议安排 3 亿元信贷额度；加强国际科技合作，研究制定了《浙江省国际科技合作基地管理办法（试行）》，国家国际科技合作基地、国家科技兴贸创新基地累计分别达 18 家、5 家。

四、改革完善科技管理体制机制

研究制定了《关于深化科技计划管理体制改革的若干意见》《重大科技专项计划管理实施办法》《省级科技成果转化产业化项目事后补助和贷款贴息经费管理办法》等政策措施，推进政府科技管理工作的"四位一体、五个转变"，即坚持科技工作"环境、人才、平台、项目"四位一体，相互促进；由重项目管理向重综合管理转变，加强对科技工作的宏观指导和综合协调，逐步形成科技部门牵头、各部门协同配合、省市县集成联动、专家咨询与行政决策相结合的科技管理新体制；由重审批向重培育转变，加快推动企业成为技术创新的主体，目前全省已形成五个百分之八九十的格局（企业研发机构、企业科技人员、企业科技投入、企业承担的科技项目和企业获得的专利占全省的百分之八九十）；由被动受理向主动设计转变，建立了重大科技专项专家组制度，围绕 26 个重大科技专项建立了 26 个专家组，汇集了全省 200 多位专家，承担调研、起草、论证重大专项实施方案的职能，目前 26 个重大科技专项实施方案已编制完成；由重前期立项向重全过程管理转变，全面推行网上受理、网上评审，加强项目中期评估、结题验收和绩效考评；由重经费分配向重使用绩效转变，努力提高科技经费使用绩效。改革财政科技经费拨款方式，对具有直接经济效益、企业投入为主的科技项目实行事后补助和贷款贴息制度，对企业实施成功的省级科技项目补助 15%的科技经费，对失败的项目补助 30%。同时，完善政府科技投入机制和绩效评价机制，建立健全科技创新投融资机制，建立新型科技成果和创新人才评价激励机制，加强对科技项目和经费的审计与绩效评估，并已初见成效。

五、不断优化科技创新环境

浙江省坚持以优化环境为保障，着力形成党委领导、政府引导、各方参与、社会协同的创新驱动发展格局。一是加强科技宣传、培训和普及工作。大力宣传科技法律、法规和政策措施，宣传企业技术创新典型，定期举办科技活动周。二是加强知识产权开发和保护。坚持激励创造、有效运用、依法保护、科学管理的方针，提高企业知识产权创造和运用能力，加强重点领域知识产权公共服务，进一步完善知识产权法规规章，营造良好的知识产权法制和社会环境。三是大力培育创新文化。不断弘扬具有时代特征、浙江特色的创新文化，着力激发求真务实、勇于探索、团结协作、无私奉献的创新精神，在全社会努力营造尊重人才、尊重创造、鼓励创新、宽容失败的浓厚氛围。加强创新理论研究，不断探索创新规律，指导推进创新实践。充分尊重群众的首创精神，广泛开展群众性科技创新活动。全面实施素质教育，加强学校创新教育。坚持把抓科普工作放在与科技创新同等重要位置，深入实施全民科学素质行动计划，全面提高公民科学素养和创新意识。

第三节　浙江省"十二五"时期创新绩效评估

一、国内外创新指数研究述评

目前，国外研究并发布的创新指数中，获得广泛关注的是《创新联盟记分牌》

《全球创新指数》《全球竞争力报告》《世界竞争力年度报告》。这四个指数可以横向对各测评对象进行比较，也可以纵向与自身各年度指数进行比较。美国每年发布的《硅谷指数》是区域性指数，只能纵向比较自身各年度指数。2007 年，为了定量分析不同国家的创新型国家建设进程，欧洲工商管理学院（INSEAD）开发了全球创新指数（global innovation index，GLL），根据指标可获得性对全球所有国家的创新现状进行了分析。此后，欧洲工商管理学院又分别推出了全球创新指数报告（2008～2009 年、2009～2010 年、2011 年）。到 2011 年基本形成了包含 7 个一级指标、20 个二级指标和 80 个三级指标的相对稳定的评价指标体系，评价对象从 2007 年的 107 个扩展到 125 个。

《创新联盟记分牌》（Innovation Union Scoreboard，IUS）是欧盟发布的评价欧盟国家创新绩效的年度报告，最新一期报告《创新联盟记分牌 2014》于 2014 年 3 月发布。《创新联盟记分牌》源自欧洲创新记分牌（European Innovation Scoreboard，EIS）。EIS 是欧盟根据里斯本策略（Lisbon Strategy）发展而来的综合性国家创新评价指标体系，用以评价欧洲各国的创新绩效。首份 EIS 报告于 2001 年发布，此后每年发布新报告，直到 2011 年 2 月 1 日改名为《创新联盟记分牌》。可以说，最初的《欧洲创新记分牌》经过多年一系列修订和完善，才形成了如今的《创新联盟记分牌 2014》。该报告通过 25 个基本指标构成的评价指标体系对欧洲 28 个国家（上年为欧盟 27 国，2014 年增加了克罗地亚）进行排名。该系列报告在国际上具有一定的权威性，但没有中国的排名。（宋卫国，2014）

《全球创新指数》是世界知识产权组织发布的全球创新评价年度报告，第一期在 2007 年发布。最新一期报告《全球创新指数 2013》由世界知识产权组织、欧洲工商管理学院和康奈尔大学于 2013 年 7 月联合发布。该报告通过 84 个基本指标构成的评价指标体系对全球 142 个经济体的创新能力进行评估和排名，为各国创新政策制定提供参考和建议，对中国的评价排名在第 35 位。《全球竞争力报告》是世界经济论坛发布的年度报告，始于 1979 年。最新一期报告《2013—2014 全球竞争力报告》于 2013 年 9 月发布。该报告通过 114 个基本指标构成的评价指标体系对 148 个国家（地区）的综合竞争力进行排名，中国排在第 29 位。《世界竞争力年度报告》是瑞士洛桑国际管理学院发布的年度报告，始于 1989 年。最新一期报告《世界竞争力年度报告 2013》于 2013 年 5 月发布。该报告通过 333 个基本指标构成的评价指标体系对世界 60 个主要国家或地区的竞争力进行分析和排名，中国排在第 21 位。（宋卫国，2014）

在国内创新指数中，近年来全国性并具有较大影响的创新评价有《副省级城市和部分重点城市科技创新能力评价指标体系》《中国 31 省市区创新能力评价指标体系》《中国城市创新能力科学评价》，区域性指数有《中关村指数》《张江创新指数》《杭州创新指数》。

二、基于创新联盟指标的浙江省创新绩效评估指标设计

作为欧盟创新绩效评价的重要工具，创新联盟指标（Innovation Union System，IUS），起步于 2000 年欧盟"创新框架性指标"（Structure Indicators in Innovation）。目前，已经发布到 2015 年版，记载了 2014 年以前的指标数据。该指标体系主要从国家、区域、部门和国际四个层面，通过计算和分析创新综合指数、各主要评价维度及指标排名，为欧盟及其各成员国明确创新领域的优劣势、制定和调整创新政策提供决策参考，其突出特点是构建以创新过程为中心的创新绩效评价体系，指标间既相互联系又相对独立，并适当动态调整。评价指标主要是根据需要和可能来选择指标，并不断修正，使它们能够反映创新的主要方面。另外，它们的指标都进行相关性分析、主成分分析、因子分析等，以及对结果进行稳健性分析，具有相对的科学性。

创新联盟指标框架体系和 2009～2014 年指标原始数据如表 5-1 所示，一级指标由创新资源、企业活动和创新产出三类指标组成，在此基础上，构成了有 8 个二级指标、25 个三级指标的指标体系。因此，本节在借鉴创新联盟指标的基础上，结合我国实际情况，调整了部分指标，构建了浙江省区域创新绩效评估指标体系，并根据《浙江省科技统计年鉴》和《浙江统计年鉴》检索计算出 2009～2014 年指标数据，如表 5-2 所示。

表 5-1　2009～2014 年欧盟创新绩效评估指标体系

一级指标	二级指标	三级指标	2009 年	2010 年	2011 年	2012 年	2013 年	2014 年
创新资源	人力资源	1.1 (新毕业博士生人数/26～34 岁人口) /%	0.10	0.14	0.15	0.15	0.17	0.18
		1.2 (受过高等教育人口/30～34 岁人口) /%	23.5	32.3	33.6	34.6	35.0	36.9
		1.3 (受高中以上教育程度/20～24 岁人口) /%	78.1	78.6	79.0	79.5	80.2	81.0
	开放完善的研究系统	2.1 国际科学合作出版物/篇（部）	—	266	301	300	343	363
		2.2 被引用率居前 10% 的出版物/篇（部）	—	0.11	10.73	10.90	11.20	11.00
		2.3 非欧盟的博士学位学生数/人	—	19.45	19.19	20.02	24.20	25.50
	资金支持	3.1 公共部门研发支出占 GDP 的比重/%	0.64	0.75	0.76	0.75	0.75	0.72
		3.2 风险资本投资比重/%	0.107	0.110	0.095	0.094	0.277	0.062
企业活动	企业投资	4.1 制造业研发支出强度/%	1.19	1.25	1.23	1.27	1.31	1.29
		4.2 非研发性创新支出强度/%	1.03	0.71	0.71	0.56	0.56	0.69
	创业关联性	5.1 中小企业内部创新所占比重/%	30.00	30.31	30.31	31.83	31.80	28.70
		5.2 创新型中小企业的外部合作所占比重/%	9.50	11.16	11.16	11.69	11.70	10.30
		5.3 公私合作出版物/篇（部）	36.1	36.2	36.2	52.8	7.3	50.3

一级指标	二级指标	三级指标	2009 年	2010 年	2011 年	2012 年	2013 年	2014 年
企业活动	智力资产	6.1 PCT 专利申请/件	—	4.00	3.78	3.90	1.98	3.78
		6.2 社会挑战中的 PCT 专利申请/件	—	0.64	0.64	0.96	0.92	0.98
		6.3 欧盟商标/件	—	5.41	5.59	5.86	5.91	5.83
		6.4 欧盟外观设计/件	—	4.75	4.77	4.80	4.75	1.13
创新产出	创新主体	7.1 中小企业产品和工艺创新所占比重/%	33.70	34.18	34.18	38.44	38.40	30.60
		7.2 中小企业市场和组织创新所占比重/%	40.00	39.09	39.09	40.30	40.30	36.20
		7.3 创新部门快速成长型企业就业人数所占比重/%	6.69	—	—	—	16.20	17.90
	经济效果	8.1 知识密集型活动中就业人数所占比重/%	14.53	13.03	13.50	13.60	13.90	13.80
		8.2 中高技术产品出口额所占比重/%	48.20	47.36	48.23	1.28	1.27	53.00
		8.3 知识密集型服务产品出口所占比重/%	48.80	49.43	48.13	45.14	45.30	49.50
		8.4 销售对新市场和企业创新活动的贡献/%	14.88	13.26	13.26	14.37	14.40	12.40
		8.5 许可证和专利的海外收入所占比重/%	—	0.21	0.51	0.58	0.77	0.65

表 5-2 2009～2014 年浙江区域创新指标体系

一级指标	二级指标	三级指标	2009 年	2010 年	2011 年	2012 年	2013 年	2014 年
创新资源	人力资源	1.1 研发人员中博士毕业占比/%	2.64	3.24	3.16	3.29	3.23	3.43
		1.2 企业研发人员中本科以上人员占比/%	40.84	42.27	44.08	38.66	36.34	37.03
		1.3 研发人员中其他学历占比/%	59.16	57.73	55.92	61.34	63.66	62.97
	资金支持	2.1 公共部门研发支出占 GDP 的比重/%	0.29	0.31	0.35	0.38	0.36	0.35
企业活动	企业投资	3.1 制造业研发支出强度/%	1.44	1.47	1.55	1.70	1.82	1.91
		3.2 大中企业新产品开发支出占销售收入的比重/%	5.77	5.57	5.46	5.52	4.97	4.90
	创业关联性	4.1 企业购买境内技术与技术改造支出之比/%	4.82	4.72	5.02	4.46	5.17	4.04
		4.2 企业引进境外技术支出与技术改造支出之比/%	6.72	9.41	6.93	6.40	3.92	2.82
	智力资产	5.1 每万人专利申请数/件	23.02	25.44	37.04	51.96	60.91	53.80
		5.2 每万人专利授权数/件	16.95	24.15	27.23	39.26	41.92	38.80
		5.3 每万人注册商标数/件	3.65	4.55	5.23	6.14	6.73	6.99
		5.4 每万人发表科技论文数/篇	11.88	12.23	12.26	12.28	11.97	11.20
创新产出	创新主体	6.1 大中企业新产品产值率/%	23.44	25.89	26.36	29.09	32.28	36.17
		6.2 高新技术企业的就业人数比重/%	1.54	1.78	1.57	1.72	1.81	1.81
	经济效果	7.1 高新技术产品出口额所占比重/%	11.84	10.99	9.28	9.03	8.82	8.71
		7.2 许可证和专利收入占比/%	0.0100	0.0120	0.0088	0.0067	0.0073	0.0095

三、2010～2014 年浙江省区域创新指数计算

（一）基期年份的选取

评价目的决定了指标基准值的选择。创新联盟指标中的指标基准值采用指标在某一时期的最大值和最小值之差，指数结果主要反映同一时期不同国家或地区创新能力的差别与位次。本节的主要目标是分析"十二五"期间浙江省的创新绩效，为了反映同一对象的创新发展水平状况，我们考虑用某一历史年份作为基期年份，以基期年份指标值为基准来计算指标的增速，从而测定当前年份指标值的发展速度。在基期年份选取上，根据可操作性原则，综合考虑可获得数据的一致性和连续性，确定以"十二五"的前一年即 2009 年为基期年。[国家统计局社科文司"中国创新指数（CII）研究"课题组，2014]

（二）确定指标权重

在比较国内外赋权方法优劣的基础上，本节用"逐级等权法"进行权数的分配，即各领域的权数均为 $1/n$（n 为领域个数或者二级指标的个数）；在某一领域内，指标对所属领域的权重为 $1/m$（m 为该领域下指标的个数）；因此，指标最终权数为 $1/mn$。

（三）计算指标增速

通常指标的增速或发展速度是以基期年份指标值作为基准进行比较的。在某一指标体系中，如果按照通常方法计算各指标的增速后进行加权平均，由于可能存在某些指标增速过高（或过低）的情况，指标增速之间不可比（即增速过高或过低的一些指标的作用掩盖了其他指标的作用），从而造成整个指标体系失真的现象。因此，必须对指标体系中各指标增速的范围进行控制。一种较好的方法是将指标增速的基准值设定为该指标的两年平均值，这样计算出来的各指标增速的范围可以控制在 [−200，200]。各指标相邻年份的增长速度计算方法为

$$V_{it} = \left[\frac{X_{it} - X_{it-1}}{(X_{it} + X_{it-1})/2} \right] \times 100$$

其中，i 为指标序号；t 为年份，$t \geqslant 2009$。

（四）合成分领域指数和总指数

指数合成方法分为以下三个步骤。

（1）计算各领域所辖指标的加权增速：

$$C_t = \sum_{i=1}^{k} \omega_i \times V_{it}$$

其中，ω_i 为各指标对其所属领域的权重；k 为该领域内指标的个数；t 为年份，$t \geq 2009$。

（2）计算定基累计发展各领域分指数：

$$E_{t+1} = E_t \times \left(\frac{200 + C_{t+1}}{200 - C_{t+1}} \right)$$

其中，t 为年份，$t \geq 2005$，$E_{2005}=100$。

（3）计算定基累计发展总指数：

$$Z_{t+1} = \sum_{i=1}^{4} a_i E_{t+1}$$

其中，t 为年份；a_i 为各领域对总指数的权数。

按照上述步骤，计算出 2010～2014 年浙江省的创新指数，如表 5-3 所示。

表 5-3　2010～2014 年浙江省创新指数

一级指标	二级指标	创新指数	2010 年	2011 年	2012 年	2013 年	2014 年
创新资源	人力资源	加权增速	8.73	1.70	−6.14	−4.04	3.05
		定基累计发展分指数	109.13	111.00	104.39	100.26	103.37
	资金支持	加权增速	6.67	12.12	8.22	−5.41	−2.82
		定基累计发展分指数	106.90	120.69	131.04	124.14	120.69
企业活动	企业投资	加权增速	−0.74	1.66	5.16	−1.84	1.71
		定基累计发展分指数	99.26	100.92	106.27	104.33	106.13
	创业关联性	加权增速	15.63	−12.10	−9.88	−16.85	−30.08
		定基累计发展分指数	116.96	103.62	94.36	79.70	58.86
	智力资产	加权增速	17.47	15.82	21.47	7.26	−5.96
		定基累计发展分指数	119.14	139.61	173.19	186.24	175.46
创新产出	创新主体	加权增速	12.19	−5.37	9.49	7.75	5.69
		定基累计发展分指数	112.98	107.07	117.74	127.23	134.68
	经济效果	加权增速	5.37	−23.82	−14.92	6.22	12.47
		定基累计发展分指数	105.52	83.06	71.53	76.12	86.24
定基累计发展总指数			109.98	109.42	114.07	114.00	112.20

四、2010～2014 年浙江省与欧盟区域创新指数比较分析

按照上述同样的步骤，基于创新联盟指标的原始数据，计算出同时期欧盟的区域创新指数，如表 5-4 所示。

表 5-4　2010～2014 年欧盟创新指数

一级指标	二级指标	创新指数	2010 年	2011 年	2012 年	2013 年	2014 年
创新资源	人力资源	加权增速	20.88	3.79	1.19	4.84	4.00
		定基累计发展分指数	123.31	128.07	129.60	136.03	141.58
	开放完善的研究系统	加权增速	—	68.98	1.82	11.66	4.23
		定基累计发展分指数	100.0	205.3	209.07	234.96	245.11
	资金支持	加权增速	9.30	−6.66	−1.19	49.33	−65.46
		定基累计发展分指数	109.75	102.68	101.47	167.91	85.10
企业活动	企业投资	加权增速	−15.93	−0.81	−10.21	1.55	9.63
		定基累计发展分指数	85.25	84.56	76.35	77.54	85.38
	创业关联性	加权增速	5.79	0	15.61	−50.47	42.11
		定基累计发展分指数	105.96	105.96	123.90	73.97	113.43
	智力资产	加权增速	—	−0.49	12.12	−17.44	−13.92
		定基累计发展分指数	100.00	99.51	112.35	94.33	82.05
创新产出	创新主体	加权增速	12.73	13.03	18.36	13.40	3.21
		定基累计发展分指数	113.60	129.43	155.60	177.95	183.76
	经济效果	加权增速	0.04	17.20	40.97	8.98	33.39
		定基累计发展分指数	100.04	118.87	180.12	197.06	276.04
定基累计发展总指数			104.74	121.80	136.06	144.97	151.56

从创新资源、企业活动和创新产出三个一级指标对比分析欧盟和浙江省 2010～2014 年的区域创新指数，可以揭示浙江省区域创新绩效的差距及其原因所在。

（一）创新资源特别是人力资源的开发力度需要加大

第一类创新资源指标中，从人力资源二级指标来看，虽然我国和欧盟的具体统计指标有差异，但是仍然可以发现，无论是绝对指标、相对指标、增长率，还是定基累计发展指数，欧盟的指标都明显优于浙江省。这说明，虽然我国近年来的高等教育水平不断提高，国家和社会高度重视企业科技创新人才的培养和开发工作，但是，与欧盟相比，企业创新人才的数量和质量仍然有较大差距，需要不断加大人才培养力度。

另外，创新资源中的政府资金支持力度，相对来言，浙江省在"十二五"期间的这一指标呈现稳定增长态势。公共部门研发支出占 GDP 的比重的定基累计发展指数从 2010 年的 106.90 增加到 2014 年的 120.69，这说明地方政府和社会对区域创新的财力支持力度在不断加大。而同时期的欧盟，该指数却呈现下降态势（从

2010 年的 109.75 下降到 2014 年的 85.10），这一结果也符合近年来欧洲债务危机对欧盟经济造成沉重打击，致使欧盟公共财力下降的客观结果。但是，不可否认，欧盟仍然具有开放完善的研究系统，而且对科技创新的支撑能力不断增强。我国没有可获取的相应统计指标与之比较，不过可以肯定的是，我们在这方面与欧盟存在较大的差距，需要从各方面增强对基础研究的支持力度。

（二）中小企业创业关联性有待增强

在第二类企业创新活动指标中，浙江省的企业投资指数基本呈现逐年增长的稳定态势（2010 年的 99.26 增加到 2014 年的 106.13），这说明近年来企业重视自主创新，不断加大对科技创新的资金投入，以提高企业的自主创新能力。比较而言，欧盟的企业投资指数却呈现"U"形状态，从 2010 年的 85.25，先下降到 2012 年的 76.35，又缓慢回升到 2014 年的 85.38。这与近年来遭受欧债危机，企业经济效益不佳，导致科技创新投入减少有关。对比分析创业关联性指数，发现浙江省该指标持续大幅度下降（从 2010 年的 116.96 下降到 2014 年的 58.86），而欧盟该指标基本稳定（从 2010 年的 105.96 增加到 2014 年的 113.43）。

虽然具体指标统计口径有所不同，但仍然说明，我们的中小企业在科技创新过程中吸收外部先进技术及外部合作不够，需要通过加大对外开放力度，引进外部先进技术，加快创新步伐。不过，我国以专利为代表的智力资产指数明显好于欧盟（从 2010 年的 119.14 增加到 2014 年的 175.46），说明近年来我国政府与企业都高度重视知识产权保护工作，为企业创新保驾护航，取得了明显成效。

（三）区域创新产出和经济效果有待提高

分析第三类创新产出指标，我国的创新主体指数虽然连年稳定增长，但是增长的幅度远远低于欧盟；特别是我国的经济效果指数呈现连年下降趋势（从 2010 年的 105.52 下降到 2014 年的 86.24）。因此，总体来看，浙江省区域创新产出的两项指标与欧盟都有明显差距。最后对比浙江省和欧盟的定基累计发展总指数，我们发现虽然都呈现稳定增长的趋势，但是欧盟的指数增长幅度明显高于浙江省。

根据上述分析，概括起来，首先我们可以肯定"十二五"期间浙江省的区域创新取得显著成效，而且向好趋势在逐年增强。这些绩效的取得反映出企业、政府和社会对区域创新高度重视、积极推动和大力倡导，而且措施得力，成效显著。其次，浙江省的区域创新还有潜力。与欧盟相比在某些方面还存在短板，主要表现在创新的人力资源支撑、企业活动方面的中小企业创新能力和方式、创新产出的经济效果等方面。欧盟虽然遭受了债务危机的沉重打击，但是其雄厚的创新资源、完善的区域创新体系、很强的中小企业创新能力、显著的创新产出和经济效果，都值得我们研究和借鉴。

第四节　浙江区域协同创新风险的政府应对策略

一、进一步促进企业创新网络发展

由于企业创新网络能在促进区域技术创新方面起很大的作用，而企业创新网络的形成，又需要一些条件，这些条件中，多数必须是由政府来予以满足和提供的，政府有促进创新网络形成方面的职能。

（1）维护和保持稳定的区域经济环境与宽松的区域政策环境。进一步促进企业之间创新合作、创新联系的形成，培育和完善市场，建立健全市场经济体制，创造一个有利于企业创新与发展的良好的经济环境。要有一系列产权方面的制度法规，并严格实施，同时清除企业合作创新方面的一系列法规障碍，以保证企业创新、创新联系和创新网络能够有一个稳定的发生环境。

（2）在企业注册方面提供便利，降低企业诞生门槛。在企业注册方面予以支持和协助，倡导和积极建设一个区域合作的创业氛围。资料显示，中国与日本、英国、欧盟国家、美国的企业创业时注册难易比较：注册公司到开业平均所必经的审批步骤数，加拿大为2步，中国为7步；成立股份有限公司的注册资金底线，日本约为82万元人民币，美国为零，英国约为64万元人民币，其他欧盟国家约为20万元人民币，中国为1000万元人民币。从比较中可以很清晰地看出，在创业的便利与否及政府对企业诞生、衍生的支持程度方面，中国内地创业最不便利、政府支持最少，而美国创业最便利、政府支持最多。

（3）实施积极的中小企业扶持政策。政府要支持创新、积极鼓励和扶持中小企业创新。中小企业由于自身力量比较单薄，在其创业创新过程中会遇到各种困难，为此政府应该制定有利于中小企业的政策，提供必要的服务。比如，为中小企业技术创新提供信息、技术、咨询、人才培训等方面的服务，向中小企业提供有关组织与管理问题的咨询等；对中小企业技术创新中遇到的，包括文件准备、资金申请、合作开发，以及具体的技术疑难问题等，提供尽可能完善的服务；建立与信息高速公路相连的中小企业信息服务网。形成政府鼓励创新、扶持中小企业创新的环境。

（4）采取合作计划项目和促进技术创新合作的政策措施。引导、组织企业间的创新合作，使企业愿意合作，从而使新企业诞生便利化、创新便利化。政府通过实施技术优化倾斜政策，有计划地增强企业技术进步的吸引力，形成企业追求自主创新的激励机制；政府利用基金、贴息等形式，引导金融机构支持企业自主创新。

（5）积极进行区域技术创新合作文化建设。区域技术创新合作文化建设方面，政府需要配合市场，建立起鼓励创新的激励和认可机制，及时激励创新、弘扬和倡导创新，树立追求创新、以创新为荣的精神，倡导和建设崇尚创新的社会风尚。大力培养创新人才，培育和重视企业家，给予企业家协会以支持，重视企业家阶层的形成，在全社会形成一种倡导企业家精神的环境氛围。

二、不断创新产学研合作的方式

目前，产学研合作已成为浙江企业技术创新的普遍形式，主要方式有：技术咨询与服务、委托研发与联合研发、科技成果产业化和校企合作等。但也存在一些问题，突出表现为：①短期的项目合作多，战略层面合作少。②单向委托多，双向互动少。③形式比较松散，缺乏稳定合作机制和持续有效的内在动力。《国务院关于进一步推进长江三角洲地区改革开放和经济社会发展的指导意见》中，技术创新战略联盟作为产学研合作的新形式被提出，是提高企业技术创新能力和构建技术创新体系的新举措。结合本地实际，在推进浙江区域技术创新战略联盟建设中，政府主要基于以下几个方面发挥应有的作用。

（1）积极推进本省企业与高校、科研院所的技术创新战略联盟建设。引导引进的大院大所融入本地产业系统，增强区域自身的创新能力。根据产学研合作的主体特征分类推进技术创新战略联盟建设。由同类企业集聚形成的产业集群技术创新战略联盟，由行业协会出面协调、政府支持建立产业技术创新战略联盟；基于产业链的技术创新战略联盟多数具有跨区域、行业特征，需要各地政府携手推进；围绕浙江产业发展重点选择推进技术创新战略联盟的重点领域；将技术创新战略联盟建设与区域产业发展结合起来，围绕区域重点发展产业构建产业技术创新战略联盟，集聚市内外创新要素，提升产业竞争力。

（2）积极参与长三角区域技术创新战略联盟建设。融入长三角区域一体化，以长三角重点产业集群为依据推进长三角区域技术创新战略联盟建设；充分利用浙江与长三角区域时空联系紧密的区位优势，鼓励本地企业与长三角区域拥有技术优势的科研机构及相关企业建立技术创新战略联盟；建立本地科技中介机构与长三角重点科技中介机构、科研院所及正在发展中的创新型第三方服务企业的合作关系，密切与长三角区域的科技联系。

（3）不断完善技术创新战略联盟治理结构。构建技术创新战略联盟的过程，也是集聚创新资源的过程。要基于市场经济规则，以企业为主体，以高校和科研为依托，充分发挥产学研在技术创新战略联盟建设中的积极性。也要明确政府和中介机构的组织协调作用，充分发挥政府的组织、引导、协调、服务的功能，增强行业协会等中介机构的组织协调能力。积极探索和完善相应的治理机制，包括联盟成员之间的冲突协调机制、知识产权信息披露机制等，通过机制来规范成员的行为。

三、正确引导发挥中介组织的作用

（1）完善技术市场建设，为中介组织成长创造条件。政府应积极进行技术市场建设，与市场形成协调互补的关系，充分发挥市场在区域技术创新网络中的作用，为中介组织创建一个良好的制度环境。政府职能错位（越位和缺位），政策不稳定、变化不可预测，使得企业需要参加协会来了解政策的变化、降低额外成本。所以，技术市场建设直接关系到中介组织在创新网络中的地位和作用。

（2）不断进行政府职能的调整优化，为中介组织活动和发挥作用创造空间。把政府职能的重点逐步转到经济调节、市场监管、社会管理、公共服务上来，把不应由政府行使的职能逐步转向行业协会、企业、城乡社区和社会中介组织等。政府的基本职能，是当好"掌舵者"和"监管者"，其他职能"外移"给市场、社区、中介组织，把应由中介组织发挥作用的服务功能从政府的行政职能中剥离出来，充分调动区域社会各方面建设区域技术创新体系的积极性，提高区域技术创新体系建设的效率。

（3）支持和依靠中介组织，培育创新体系运行的社会自组织力量。政府要把各类中介机构，作为政府调控的有力工具予以大力支持，而且政府的创新政策制定与执行，要紧密依靠和有效利用中介机构；政府要培养创新体系建设的社会自组织力量，使政府、市场、企业、社会形成区域技术创新体系建设合力，使得本地区中介组织在合力形成和发挥作用过程中，找到生长空间和土壤。

四、不断规范与完善市场制度建设

在市场制度的建设中，选择市场经济体制、改变原有经济社会体制、建设市场经济体制，这些是政府的职能。具体地说，政府应该采取以下一些措施或应达到以下几个建设目标。

（1）建设和完善市场制度，建立健全市场运作规则。建设和完善市场制度与市场运作规则，并保证必须连续一贯地实施这些规则，明确政府自身行为规则，以创造一个能对有竞争力的私人市场起支持作用的健全的商业环境。这样的环境包括能为进入市场和竞争提供方便的运作规则，并辅以机构、法律和法规框架，以便于强化产权和市场，其中也包括金融市场。

（2）正确发挥政府在产权制度建设中的作用。产权是市场制度的基础，只有满足了以下三个条件时，产权才是有效的。首先，要保护产权免受盗窃、暴力和其他掠夺行动之害；其次，要维护一个稳定的政策环境；最后，要有一个比较公正的和可以预见的司法体系。这三个条件，都与政府有关，因此，政府可以在产权建设中发挥出重要作用。

（3）积极协调各种经济社会关系。按照有利于区域技术创新成功实现的标准解决技术、经济领域里的纠纷，把各种力量导入市场经济建设上来。由于政府能够超越具体的经济利益束缚、具有社会仲裁人的地位和权力，可以在协调各种关系、调解各种纠纷、引导规范各种创新力量方面发挥出更大作用。

（4）制定切合实际的市场建设制度及其实施办法。为了保证区域技术创新体系制度环境建设能够有步骤地实现，进行产业规划、政策倾斜，然后积极实施特有的政策制度——人才引进、税收优惠、产业扶持、促进合作与交流等，从而形成区域创新系统自我运行的制度环境。

五、完善区域协同创新的法律框架

（1）建设一个可靠的司法体系。司法执行的可靠性是指司法机构是否随意地执行有关规则，这直接影响到政府的可信度、环境的稳定性及交易成本问题。为此，有必要采取如下措施：①用一种能够减少政府随意性的方法来使法律变得清楚和合理。②使规则更具透明度。③实施以市场为基础的计划，以限制管理者的权限。④实施能够在政府机构引入竞争压力的行政管理改革。对政府采购合同采取公开的和竞争性的招标，减少腐败交易的机会。

（2）制定促进区域技术创新体系形成和运行的法律法规。在区域技术创新的不同发展阶段及时有效地调整一些法规，完善各项法规，使之成为一个系统。另外，通过立法的形式，为国家科技政策的实施提供法律保障。利用各种机构、工具，包括借助于国家机器，实施有利于区域技术创新的法律法规。

六、健全区域协同创新的政策体系

在促进区域技术创新的政府政策方面，政府的职能有：根据具体情况制定有利于区域技术创新的政策；组织落实政策；使各种政策措施协调配合；在政策制定、落实的同时，注重进行制度环境建设。

政府技术创新政策是政府部门或机构运用其职能，规范、指导社会组织和个人技术创新行为，以及调动各种社会创新资源的主张或决定，是政府职能的一种重要表现和载体。政府职能少不了对政府政策的表述，政府政策体现了政府应该发挥作用的决定和原则。各种技术创新政策交叉、协调作用形成一种环境和网络。政府制定的各种技术创新政策，必须相互配合、协调，成为一种技术创新政策体系，营造一种良好的政策环境，才能够为高绩效的区域技术创新体系的长久运行提供保证。

（1）推动区域技术创新的一系列政策措施协调运行，成为一个体系。技术创新政策就是政府为了促进科学技术成果从研究开发机构向产业部门流动，并且最终实现其商业价值而采取的一系列公共政策措施的总称。一是根据浙江区域具体发展情况，结合产业政策，制订和实施技术创新计划，要使区域技术创新立足于区域产业的发展及区域产业结构的调整，把区域技术创新政策融合于区域产业政策之中，把企业技术创新的重点引导到高科技先导产业、战略产业、支柱产业、"瓶颈"产业和前后关联系数大的产业上来，使企业的技术创新与地区产业结构的合理化和高度化相联系；二是制订一系列区域内政府—企业合作创新计划，通过政府与企业共同负担创新费用和风险，来切实推进技术创新；三是政府应该使各种区域技术创新政策相互配合，清除企业之间、企业与其他组织机构之间进行创新合作的障碍，并要形成一种对协调政策不断进行调整的制度，保证政府能够有效地促进创新活动。

（2）完善提高区域社会成员技术创新素质、技能和知识水平的政策。包括教育扶植、普及，职业培训等方面的配套政策；增强劳动力迁移和隐含经验类知识流动的劳动力市场政策。首先，重视高级人才和科技人才的培养。大力推进"专业技术人才自主创新能力培训工程""高技能人才培养工程""企业家素质提升工程"，着力培养一批科技创新人才、高技能人才和自主创新意识强的企业家。其次，加大国内外优秀人才的引进。实行柔性人才政策，大力推进"千名海外留学人才集聚计划"和"甬江学者"特聘教授计划，促进海内外高层次人才集聚，重点引进高新技术产业、支柱产业、新兴产业等领域急需的高层次人才。最后，创造吸引人才、用好人才、留住人才的良好环境和机制。建立和完善人才激励机制，对取得重大工业创新成果的人才给予重奖。健全职业培训制度，建立科学的职业技能考评体系，促进技术工人不断提升专业技能水平。

（3）完善营造有利于区域技术创新环境的政策。一是专利政策。通过专利政策的实施，在区域内形成一种保护创新、鼓励创新的环境，从而增加科学技术成果的区域供应量。二是公共采购政策。通过公共采购政策的实施，落实政府在采取扶持、帮助区域技术创新措施，减少区域技术创新过程中市场方面的风险和不确定性，为区域技术创新创造一个良好环境方面的努力。三是科技发展政策。完善科技发展战略，完善和实施区域技术进步政策、对 R&D 的投入拨款支持政策等，营造一种支持和协助科技进步、支持和协助技术创新的环境。四是协调技术创新活动中的各种关系，规范、引导相关社会组织和个人的行动或行为，理顺技术创新活动中的某些关系的政策，调整跨地区、跨行业、跨企业技术创新关系的政策等。使各种政策相互配合、协调，共同构成一种区域技术创新制度背景和环境，形成一个有效的作用体系。

第五节　本章小结

　　本章主要从理论和实践两个方面分析了省级行政区域协同创新风险的政府应对策略。首先，分析了省级行政区域协同创新风险的特殊性，以及省级区域协同创新中政府发挥职能的现实需求。然后，在分析浙江区域协同创新的政府作用现状和"十二五"期间创新绩效的基础上，提出了省级区域协同创新风险的政府应对策略。

第六章

产业技术创新战略联盟风险预警

第一节　产业技术创新战略联盟的风险机理

战略联盟作为一种新型合作竞争形式，自出现以来就引起国际经济理论界与实业界的重视，已经成为现代企业提升竞争优势的重要手段。然而，许多实证研究表明，战略联盟的高失败率限制了其进一步发展，致使企业无法更好地利用战略联盟这种价值创造方式，这实际上反映了战略联盟的内生不稳定性。实际上，战略联盟中存在许多矛盾的力量，这些矛盾引起的张力很容易使联盟偏离平衡，尤其是当一种力量强大到足以支配其他竞争力量时，联盟就可能产生风险甚至解体。本书认为，探究制约联盟发展的根源应着眼于联盟内部协同机制的健全与否，换言之，战略联盟风险产生的主要原因在于联盟成员无法在多重均衡之间进行协调。

迄今为止，已有学者对如何通过战略联盟获取竞争优势展开研究，其中，很多学者主要从联盟模式或结构选择、风险管理机制、联盟运行管理机制、联盟伙伴选择、联盟知识管理及关系管理等视角进行研究（孟琦和韩斌，2008）。从目前的研究来看，很少有学者综合众多影响获取联盟竞争优势的因素，从系统分析的角度来对联盟发展进行系统研究。而战略联盟作为一种社会经济系统，符合复杂系统的非线性、反馈的分岔点、涌现等特征，因而系统演化具有内在属性。从系统科学的视角分析，系统的演化虽然强调运动变化的不可逆性，但一个系统从某种状态出发，原则上可以朝各个不同的方向演化，而且在不同方向、不同路径上演化可以有不同的规律与特征。这就要求我们在研究具体问题时，针对不同的系统坚持选定一个方向和路线进行考察，也只有这样，我们才能谈论系统的进化与否。由此，区别于传统的局部研究视角，本章从系统自组织角度，以获取竞争优势作为战略联盟系统演化或发展的方向与目标，基于获取战略联盟竞争优势的动力分析和协同机制的生成进行研究，进而分析技术创新战略联盟风险的成因机理。

一、获取战略联盟竞争优势的动力分析

获取战略联盟竞争优势是多种要素共同作用的结果，对这些要素类型的划分有多种形式。总体分为限制性要素、一般要素和动力要素三种类型。根据研究需要，本章仅对其动力要素进行分析。动力要素，即能够直接推动获取联盟竞争优势，对联盟发展演化起决定作用的要素。借鉴相关研究成果（孟琦和韩斌，2008），本章通过归纳和拓展，结合竞争优势理论和战略联盟的本质特性，形成了战略联盟竞争优势获取的动力模型。

首先，在战略联盟竞争优势动力要素选择方面，在总结大量有关企业核心能力理论的基础上，采纳核心能力构成分析中的学习能力、知识整合、技术系统、企业文化、组织管理和市场营销能力作为动力要素，并将其中的组织管理要素上升为制度创新要素，将市场营销能力要素上升为市场创新要素；同样，采用企业竞争力构成分析中的制造能力和竞争优势理论的行业、环境等要素。除此之外，因为战略联盟的本质特性是获取价值和网络特性，还要增加利润获取要素和社会资本要素。最终确定获取战略联盟竞争优势的动力要素为学习能力、技术能力、知识累积、联盟文化、制度创新、市场创新、利益获取、社会资本、制度环境、行业竞争、市场结构、法律保护和行业规模。

其次，根据系统动力观，事物发展的动力就是发展的原因，原因可分为外因与内因，外因只能改变系统的位置和形式，使系统运动而不能使系统演化，外因通过内因对系统演化发生作用。本章将战略联盟竞争优势获取的动力划分为两个方面：一方面是联盟内部动力，即获取联盟企业竞争优势的内部动力要素；另一方面是外部动力，即影响联盟竞争优势获取的外部动力要素。同时，内部动力是战略联盟竞争优势获取的根本动力，外部动力要素通过作用于联盟系统内部动力要素，支持获取联盟竞争优势，内部动力要素在联盟外部动力的推动下，使联盟优势特性充分显现出来，形成战略联盟竞争优势。

由此，经过综合归纳，本章将获取战略联盟竞争优势的动力系统归纳为由知识动力要素、创新动力要素、关系动力要素及利益动力要素构成的系统，其他动力要素则融入这四方面动力要素中。其中，知识动力作为获取战略联盟竞争优势的核心动力要素，来源于联盟学习能力、联盟学习文化、联盟知识累积等要素；创新动力要素是指推动联盟创新的各种创新力量的集合，主要来源于联盟技术能力、制度创新、市场创新、联盟创新文化及利润驱动等要素；关系动力要素主要来源于社会资本的累积；利益动力要素主要来自联盟制造能力及获取利润能力。

二、获取战略联盟竞争优势的协同机制生成

要将联盟动力要素转化为竞争优势，需具备一定的动力要素整合能力。协同机制作为推动联盟发展的根本动力机制，其主要功能就在于将联盟的动力要素转化为显性的竞争优势。因此，挖掘、拥有动力要素，培育协同机制，并不断地将动力要素转化为竞争优势，是获取战略联盟竞争优势的内在逻辑。联盟协同机制是联盟主体（企业、政府、中介等）对竞争优势的期望和在实践中对竞争优势的检验反馈。协同机制可以更有效地利用现有要素，并促使联盟各主体去更新或获取更有价值的要素。成熟的协同机制可以将联盟中任何可获得的要素很快转化为竞争优势，这种转化是通过协同机制对动力要素的优势提升路径的激发来实现的；另外，作为内部动力机制，联盟协同机制本身又具有自我繁殖和演进的能力，即表现为强劲的自组织演化趋势。所以，依靠联盟系统自组织演化特性和协同机制的成熟度，形成了联盟竞争优势的起伏增长，即联盟协同机制越成熟，联盟系统自组织调整时间就越短，竞争优势的增长也就越快（孟琦和韩斌，2008）。

战略联盟协同机制作为联盟系统的内在动力机制，显然也是一个复杂系统。对于一个具体的复杂系统，可以从不同的方面来进行描述。然而，在实际描述中，我们是不可能穷尽它的所有方面的，这就需要按照对象的性质及所研究问题的具体要求来作选择。

三、技术创新战略联盟风险的成因机理

根据前面对技术创新战略联盟竞争优势的动力和协同机制的生成分析，本章认为，在联盟的运行与发展中，组织是载体，制度是保障，组织因素和制度因素是影响联盟治理结构的运行稳定性并产生风险的两种主要原因，具体如图6-1所示。

（一）技术创新战略联盟风险产生的组织因素

组织因素是指影响技术创新战略联盟运行绩效的联盟自身组织相关因素，主要包括组织能力、组织信任和关系类型三个方面。

1. 组织能力

联盟的运作是知识、技术的传递与整合的过程。在这一过程中，各成员单位通过彼此间的合作不断学习，从合作伙伴处获得各自所需的知识与技术。而组织能力则是决定知识、技术能否有效传递与整合的最基本因素。组织能力包括两个

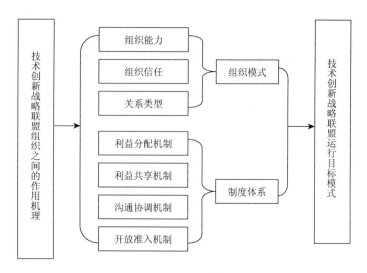

图 6-1　技术创新战略联盟运行模式与影响因素

方面：一是组织生产知识或技术的能力，可以理解为组织的研发能力；二是组织吸收、整合、运用知识与技术的能力，可以理解为组织的学习能力。大学、科研机构等是联盟的知识源，它们负责原始性创新和前沿技术的突破，为联盟的技术创新提供持续的知识支撑，它们的研发能力决定了联盟的技术产出是否有前瞻性；企业则是吸收、消化知识，实施技术转移，加速创新成果的商业化运用，它们的学习能力决定了联盟技术产出的结果。因此，组织的研发能力和学习能力决定了联盟的实力，即知识与技术优势，是联盟运行的首要因素。

2. 组织信任

联盟各成员单位之间的信任程度影响合作关系的开展。信任通常被定义为：一个代理人认为另一个代理人或一群代理人将会进行某种特定活动的主观可能性等级，也就是说，信任是对合作方不违背已有约定、不损害自己利益的信心和期待。组织信任可以分为两种类型：一种是基于研发能力的信任，即对合作组织能力的认可；另一种则是基于遵守合作协议规定的信任，即对合作组织品质的认可。参与合作的各个组织倾向于"紧握自己手中的牌"，并对合作方传递的信息进行判断。保证最低的信任等级被认为是组成联盟的基本条件。如果相互作用的组织经过一段时间的合作不能培养出相互的信任的话，那么不仅合作的管理和经济利益方面会受到威胁，增加了联盟整体的运作成本，知识与技术转移和学习的可能性也将受到极大的限制。因此，合作伙伴之间的相互信任决定了联盟运作的结果，即能否实现联盟的技术目标。

3. 组织模块化

一方面，区域创新组织网络适当的组织模块化存在竞争优势。日本经济学家青木昌彦（2001）将"模块化"看成产业组织机构的本质。有学者通过对模块化组织中的信息处理机制、功能模块的协调成本和模块化的整合效率等三方面因素进行比较后，指出模块化的网络组织模式效率最高（陈继祥，2005）。在模块化的区域创新组织网络组织中，企业之间是建立在双赢的基础上的合作竞争关系，通过企业间有意识的相互合作去得到由原来的单独竞争所得不到的经营效果。企业不再仅仅着眼于修补自己"水桶"上的短木板，而是将自己水桶中最长的那一块或几块木板拿去和别人合作，共同去做一个更大的水桶，然后从新的大水桶中分得自己的一部分。即按照模块化的观点，企业可以用自己的强势部分与其他企业的强项相结合，这种基于合作构建的"新水桶"的每一块木板都可能是最长的，从而使水桶的容积达到最大。这就是所谓的"新水桶原理"。另一方面，区域创新组织网络模块化内耦合存在潜在风险。在区域创新组织网络系统内部存在生产模块、价值模块和知识模块的三个不同层次的耦合现象（苗建军等，2008），为达到双赢或多赢的协同效应，彼此在各自的关键成功因素——模块化的优势环节上展开合作，以取得整体收益的最大化，最终实现整个网络系统的共赢。区域创新组织价值模块化耦合能够较大程度提高绩效水平，优化网络的价值形成系统。这一点应该首先予以肯定。但是，协同效应的实现有赖于模块生产网络有效的自我治理，这方面也面临来自多方面的挑战，包括设计规则的可行性、竞争策略的有效性和合理性（朱瑞博，2003）。区域创新组织网络的整体效率取决于网络核心企业是否具有全球的宽广视野，以顾客价值为中心和出发点，制定科学合理的设计规则，并通过有效合理的竞争策略来进行创新，而这些方面相比原来以企业为单位的封闭结构而言，区域创新组织需要整合的强度和协调性更高，因此潜在的风险也更大。

4. 关系类型

联盟各成员彼此间合作的程度影响联盟绩效，而组织间的关系类型则决定了合作程度。关于组织间关系的类型，许多学者都进行了研究，也有不同的观点。基于联盟的特殊性，即联盟各成员之间都存在依赖关系，作者认为组织间的关系类型主要有三种：直线性依赖、竞争性依赖和互惠性依赖。直线性依赖是指一个组织的产出是另一个组织的输入；竞争性依赖是指多个组织相互竞争做类似的事情；互惠性依赖是指参与合作的组织彼此依赖。在直线性依赖中，只要一个环节发生延滞或者崩溃，那么整个合作链条就会陷入"瘫痪"；在竞争性依赖中，由于多个组织相互竞争，力争使其产出成为其他合作方的输入，或者竞争获取其他合作方的产出，这种模式更有助于提高组织的能力、促进合作的质量；在互惠性依赖中，任何一方的改变都给其他合作者带来影响，因此合作者之间关系更加紧密，更能维持长久合作。由于联盟在实际运行中往往形成的是从研究到开发再到生产的一个直线性创新链条，如果为了维持这一链条的稳定与持久，那么就需要将竞争性依赖与互惠性依赖的特征融入直线性依赖中。

（二）技术创新战略联盟风险产生的制度因素

制度因素是指规范和影响技术创新战略联盟成员之间合作关系的各种机制与规则，主要有共享机制、利益分配机制、沟通协调机制和开放性机制等几个方面。

1. 共享机制

共享是联盟的优势，也是联盟建立的目的之一，主要包括资源共享、知识和技术等研发成果共享。技术创新需要多种不同的资源和知识基础，而这些往往被不同组织所拥有。如果联盟内部没有建立共享机制，那么资源和成果共享将更多依靠联盟成员的自发自愿及对产业发展的责任感。而且，资源与知识、技术等研发成果的共享不是一个简单累加的过程，而是需要进行择优整合与重组，从而实现资源与技术的聚焦和技术突破。因此，缺乏制度约束的共享会导致联盟的合作呈现松散的特征，进而会出现重复性投入与研发，影响联盟的技术产出和绩效，甚至导致联盟解体。

2. 利益分配机制

利益分配是联盟运行过程中一个至关重要的问题，直接关系到联盟成员合作的成功或者失败。在联盟内部，虽然不同的创新组织共同进行技术研发，创造整体效益，但是联盟不能改变组织间的竞争关系，成员仍是以个体利益最大化作为行为导向的。在没有约束机制的情况下，个体利益最大化的原则往往会导致联盟内部的冲突，致使联盟无法良好地运转。因此，建立权利与义务对等的利益分配机制是保证联盟发展的基础。权利与义务对等的利益分配机制包括三个方面：一是联盟成员的研发投入与收益成正比，成员通过对联盟投资获得了应得的或者超过预期的收益，会加强成员对联盟的信心，从而倾向于维持联盟的稳定，进行长效投资；二是成员承担的风险与收益对等，联盟成员由于分工不同而承担了不同程度的风险，在利益分配机制中引入风险调节系数对联盟成员进行风险补偿，平衡联盟成员的利益；三是成员类型与收益挂钩，从参与程度或时间上，联盟成员可以分为核心成员和一般成员或者初创期成员和成长期成员，不同类型的成员对联盟的贡献不同，要给予不同的利益分配权重，从而调动联盟成员的积极性，提高联盟的稳定性与绩效。

3. 沟通协调机制

联盟内部的冲突和不协调会造成联盟的终止和不稳定。沟通协调机制是联盟运行的润滑剂。联盟成员来自产业的各个领域，在知识与技术方面都各有自己的优势，而且每个成员都有自己组织运作的规则与程序。这就需要一种沟通协调的机制来保证联盟内部信息畅通、技术交流及时等。良好的沟通协调机制能够充分发挥联盟成员的优势，根据技术的发展阶段进行组织协同研发，完成从技术愿景到市场的过程，并根据研发需要进行基础的服务，有效地加速技术研发进度。

4. 开放性机制

联盟的开放性机制主要包括技术标准的开放和准入机制的开放，这是联盟维持生命力、发展壮大的源泉。联盟开放的重要体现是技术标准的开放。技术标准是企业等联盟成员构建竞争优势的主要手段，而只有在市场中将技术标准更广泛地推广，使用标准的人群达到一定的规模，成员才能最大范围地实现自身利益。准入机制的开放能够使联盟不断吸纳产业链条中具有发展潜力的合作伙伴，拓展联盟规模，提高联盟的综合实力。同时，联盟通过拓展外向型的资源网络，可以实现内部资源与外部资源的优势互补，满足联盟技术发展的需求。有效地从外部获取资源与技术、加强与各类相关创新组织的协作研发，已成为企业建立与维持竞争优势的重要手段。技术创新战略联盟作为一种新的合作竞争模式，已成为构建技术创新链、推动产业技术进步、提高产业核心竞争力的重要组织形式。政策实践中，以企业为主体的创新组织在积极参与通过联盟的形式实现技术突破的同时，更应该关注联盟的稳定性和长远发展，要从组织要素和制度要素两方面着手，对联盟内部资源进行有效协调与配置，使联盟运行效果达到整体最优，不断提高联盟的综合实力和创新活力。

第二节　杭州产业技术创新战略联盟现状分析

2011 年以来，杭州市积极推动和鼓励相关企业、科研院所及有关单位积极申报杭州市产业技术创新战略联盟，以培育产业核心竞争力为目标，加快推进十大重点扶持产业发展，取得了显著成效。

一、杭州产业技术创新战略联盟发展概况

2011 年年底，杭州市科技局通过书面审查、专家论证等程序，正式确认杭州市首批六个产业技术战略联盟，分别为：杭州市高端机床产业技术创新战略联盟、杭州市中药现代化产业技术创新战略联盟、杭州化学药制剂产业技术创新战略联盟、杭州市半导体照明工程研发及产业联盟、杭州市太阳能热发电产业技术创新战略联盟和杭州市信息安全产业技术创新战略联盟。

目前，经杭州市科技管理部门正式确认，包括由杭州市企业牵头组建或参与经浙江省科学技术厅认证的产业技术创新战略联盟已达到十余家。为推动联盟的健康发展，杭州市科技局不定期召开联盟建设与发展座谈会，组织联盟企业交流经验、解决问题、完善机制。联盟单位组织落实关键共性技术研发，探索建立产

学研合作的信用机制、责任机制和利益机制，为全市产业转型升级提供了日益重要的技术支撑。

杭州产业技术创新战略联盟要求满足六大基本特征：一是产业要求。产业需符合国家产业政策和节能减排政策导向，符合杭州市十大重点扶持产业发展要求，有利于推进重点块状经济向现代产业集群转型升级。二是成员要求。联盟成员应主要由企业、高校、科研机构等若干个独立法人组成，牵头企业应为市相关行业龙头骨干企业或创新型企业、高新技术企业，高校、科研机构在合作的技术领域应具有前沿水平。三是组织架构要求。联盟组织应签有法律约束力的联盟协议，有明确的技术创新目标和任务分工；设立决策、咨询和执行等组织机构，并建立有效的决策与执行机制。四是经费管理要求。联盟经费筹集管理应建立长效机制，并制定相应的内部管理办法和内部监督机制。五是利益保障要求。联盟研发项目产生的成果和知识产权应事先通过协议明确权利归属、许可使用和转化收益分配办法，强化违约责任追究，保护联盟成员合法权益。六是开放发展要求。联盟能根据发展需要及时调整成员结构和组成，并积极开展与外部组织的交流和合作；建立成果扩散机制，对承担政府资助项目形成的成果履行向联盟外扩散的义务。

二、杭州产业技术创新战略联盟治理案例分析

（一）浙江省制冷空调产业技术创新战略联盟

浙江省制冷空调产业技术创新战略联盟是浙江省科学技术厅批准设立的首批浙江省产业技术创新战略联盟。联盟组建以来，按照联盟建设的开放性、各方优势的互补性、资源成果的共享性、创新风险的共担性、体制机制的创新性的要求，围绕联盟发展目标、近期任务，组织落实关键共性技术的研发；积极探索建立产学研合作的信用机制、责任机制和利益机制，扩大产业联盟对产业真正的引领作用。该联盟为联盟的构建和发展探索途径积累了经验。

1. 联盟的组织结构

联盟成员共有 11 家，分别是浙江盾安人工环境股份有限公司、浙江大学、浙江工业大学、浙江理工大学、浙江化工研究院有限公司、杭州源牌环境科技有限公司、宁波奥克斯电气有限公司、加西贝拉压缩机有限公司、浙江商业机械厂、杭州华日电冰箱股份有限公司、英特换热设备（浙江）有限公司。联盟设立联盟理事会、技术委员会、联盟秘书处、联盟成员。联盟理事会为联盟的最高权力机构，由浙江盾安人工环境股份有限公司担任理事长单位；技术委员会是联盟理事会的技术咨询机构，由各单位专家组成；秘书处为联盟理事会和技术委员会的常设办事机构，设在浙江大学。

各联盟成员是独立的法人实体，除项目（专题、课题）合同的约定外，联盟与联盟成员之间不形成债权债务关系。该联盟组织结构如图 6-2 所示。

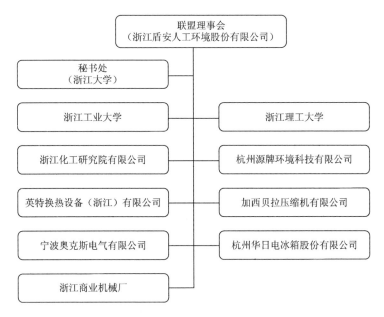

图 6-2　浙江省制冷空调产业技术创新战略联盟组织结构

2. 联盟的治理机制

联盟基于企业－高校－研究所三位一体的运作，促进制冷空调产业的产学研结合，以技术创新为途径，促进制冷空调产业发展。联盟制定了完善的"章程""项目管理办法""经费管理办法""利益保障办法"，设有秘书处（浙江大学）和技术委员会。联盟以项目为纽带开展运作，计划以五个项目作为纽带，自主研发一批新型制冷空调产品的核心技术，突破行业发展的关键瓶颈问题，取得一批具有重大影响的创新成果；重点解决行业急需的 3～5 项关键共性问题，包括节能环保型制冷剂替代技术、高效压缩机设计制造技术、换热器强化传热技术、绿色制冷空调系统等；随着联盟范围的逐步扩大，进一步凝聚省内制冷空调企业参与联盟建设，并建立更为广泛的技术合作关系。计划 2020 年前使联盟内企业成为省内乃至全国行业发展的龙头企业。

联盟以创新技术商品化的运作方式，强化利益激励与风险共担的关联机制，对于勇于承担开发风险的受用方，优先获得创新技术的知识产权；对于已形成的专利技术，在向该技术受用方实际应用时，由专利权所有方与受用方共同协商专利技术转移的相关问题。

通过建立合理的人才管理机制，实现盟员单位科技人才的联合聘任、人才培养和人才交流，逐步发展成为培养高层次科技创新人才、吸引留学和海外人才的重要基地；建立科学的奖励机制，建立创新人才引进激励基金，采取联盟创新技术受用方提取一定比例的成果转化奖励基金或集资建立该基金，对有突出贡献的科技人员进行奖励，激发科技人员的持续创新潜能。

联盟建立了《经费使用与管理办法》，明确了经费主要筹集渠道及使用办法。经费管理严格执行国家有关法律法规及财务制度，量入为出，合理使用，保护联盟成员的根本利益。①经费来源：该联盟自成立至 2013 年期间首批建设投入总经费 3560 万元，其中联盟自筹 3280 万元，省科学技术厅补助 200 万元，市县、部门配套 80 万元。②经费使用制度：每个项目的经费使用严格按照预算执行，做到整个项目的经费使用与经费预算相一致。③会费制度：各单位每年缴纳的会费为公司上年度销售额的万分之零点一，销售额超过 200 000 万元的单位可以以 2 万元为上限（自愿多交不限），销售额不足 20 000 万元的单位至少交会费 0.2 万元，根据上述原则各会员单位自行申报交纳会费金额（1000 元的整数倍）。由于浙江大学、浙江工业大学、浙江理工大学为非营利事业单位，免交会费。

3. 联盟运行绩效

联盟成立初期，为探索联盟运行的有效机制与实际办法，经常召开成员大会讨论筹建事宜，包括理事会与专家委员会的确定及推选，以便联盟内成员对理事会及专家委员会的成立与运行提出建议。联盟成立后，截止到 2011 年年底，共召开成员大会 2 次，理事会、专家委员会、秘书处办公会及各项目讨论会若干次（表 6-1）。

表 6-1　2010～2011 年联盟理事会召开情况

日期	地点	参加单位	主题
2010 年 6 月 18 日			科学技术厅发布联盟申报通知
2010 年 7 月 3 日	诸暨店口浙江盾安机电科技有限公司	浙江大学、盾安	讨论联盟申报事宜
2010 年 7 月 18 日	杭州浙江大学	全体成员代表	联盟筹备会议
2010 年 8 月 4 日	杭州浙江大学	浙江大学、盾安	讨论申报资料
2010 年 8 月 17 日	杭州浙江大学	浙江大学、盾安	讨论资料修改方案
2010 年 9 月 28 日	诸暨店口碧浪山庄	浙江大学、盾安	省调研组考察汇报
2010 年 11 月 10 日			联盟获批
2011 年 3 月 5 日	杭州浙江大学	全体成员代表	通报联盟情况，布置联盟工作
2011 年 6 月 20 日	诸暨店口浙江盾安机电科技有限公司	浙江大学、盾安	讨论联盟开题会议事宜
2011 年 7 月 12 日	滨江、浙江盾安人工环境股份有限公司	浙江大学、盾安	研究联盟年度工作会议
多次	各项目承担单位	各项目承担\参与单位	项目讨论会

联盟通过整合全省行业科技资源，建设技术创新资源的共享平台，提高了行业的可持续发展能力；联盟内部加强科学仪器、设备和实验室的联系协调，确立一批对联盟成员单位开放的实验室和中试基地，结合浙江省重大项目实施、浙江省科技专项资助、联盟成员自筹及社会资本等方式，逐步建成高水平公共技术平台（企业研究院、技术中心）和试验基地（重点实验室）等。联盟创新体系建设总体完成情况如下：截止到 2011 年年底，联盟各项目之间确立了共享科学仪器、设备和实验室；联盟成员单位联合申报了国家课题 4 项、联盟成员单位之间做到了部分实验数据的共享；建立了 3 个专业学位研究生教育实践基地；共建了国家级工程实践教育中心 2 个、国家级企业技术中心 1 个、省级企业研究院 1 个、省级优秀研发中心 1 个、省级重点企业技术创新团队 1 个。

联盟的技术创新总体目标为，自主研发一批新型制冷空调产品的核心技术，突破行业发展的关键瓶颈问题，取得一批具有重大影响的创新成果。成立后三年内重点解决行业急需的 3～5 项关键共性问题，包括节能环保型制冷剂替代技术、高效压缩机设计制造技术、换热器强化传热技术、绿色制冷空调系统等。实现如下具体目标：①研发成功采用 HFC-161 的家用空调器，实现对臭氧层无破坏、温室效应最低，性能系数较传统制冷剂提高 5%以上；②研发成功采用 HFC-32 的低温压缩机，解决低温压缩机的制冷剂替代问题，实现对臭氧层无破坏、温室效应最低，性能系数较传统制冷剂提高 8%以上；③开发成功冰箱用小型变频压缩机及其在冰箱上的应用技术，实现对臭氧层无破坏、温室效应最低，实现能耗降低 10%以上；④研发成功高效降膜蒸发式冷水机组，实现较传统干式机组节能 10%以上；⑤研发成功椭圆管换热器，性能较传统圆管换热器提高 10%以上。三年内，联盟内新增产值 11 000 万元，利润 1270 万元，税收 780 万元，专利 24 项，培育技术骨干 100 人。2013 年后开始扩大联盟的范围，进一步凝聚省内制冷空调企业参与联盟建设，并建立更为广泛的技术合作关系。2020 年前使联盟内企业成为省内乃至全国行业发展的龙头企业。

联盟工作围绕技术创新目标稳步推进，产业规模逐渐扩大。2010 年度我国制冷空调行业规模增长 29%，其中浙江省增长 35%，产品市场份额逐步扩大，国内市场占有率由 2009 年的 11.9%升至 12.4%，国际市场占有率由 2009 年的 3.0%升至 3.7%，通过多个国家级项目的研制，技术地位进一步提升；起草了"核电厂用蒸汽压缩循环冷水机组"与"水蒸气冷却空调机组"国家标准及"干式风机盘管机组"行业标准；"DEL 水冷式冷水机组"获浙江省 2010 年科技进步二等奖，"热力膨胀阀"获得浙江省 2011 年度科技成果转化二等奖；2010 年申请专利 59 项，其中授权 4 项；2010 年发表高水平论文 30 篇，其中 SCI/EI 15 篇；培养研究生 12 名。

通过建立合理的人才管理机制，实现盟员单位科技人才的联合聘任、人才培养和人才交流，逐步发展成为培养高层次科技创新人才、吸引留学和海外人才的重要基地；建立科学的奖励机制，建立创新人才引进激励基金，采取联盟创新技术受用方提取一定比例的成果转化奖励基金或集资建立该基金，对有突出贡献的科技人员进行奖励，激发科技人员的持续创新潜能。已经建立博士后工作站2个——浙江大学与浙江盾安人工环境股份有限公司、浙江大学与英特换热设备（浙江）有限公司；专业学位研究生教育实践基地3个——浙江大学与宁波奥克斯电气有限公司、浙江大学与英特换热设备（浙江）有限公司、浙江大学与杭州源牌环境科技有限公司；国家级工程实践教育中心2个——浙江大学与杭州源牌环境科技有限公司、浙江大学与浙江盾安机电科技有限公司；本科生实习基地2个——浙江大学与杭州源牌环境科技有限公司、浙江大学与浙江盾安机电科技有限公司。

各企业在项目开展，以及与其他共同研究开发单位的合作期间，培养了各类技术骨干、管理人员、工程技术人员，并培养了相关各类技术人员的研究方案设计、研究装置搭建、实际实验操作、实验结果分析等各项能力，使技术人员的综合能力和素质均得到大幅提高。

（二）杭州市太阳能热发电产业技术创新战略联盟

1. 联盟基本情况

2011年1月5日，联盟各理事会成员单位（浙江中控太阳能技术有限公司、华电电力科学研究院、杭州锅炉集团股份有限公司、浙江汽轮成套技术开发有限公司）代表于浙江杭州召开会议，决议成立杭州市太阳能热发电产业技术创新战略联盟。

太阳能光热发电也称太阳能聚光热发电（concentrated solar power，CSP），是一种可集中进行的、规模化的清洁能源技术。它通过反射镜或折射镜将太阳光聚集起来，经过集热器（吸热器）将光能转化为热能，加热气体或液体介质，产生高温高压蒸汽或气体，驱动热动力机械运转，带动发电机进行发电。

CSP技术主要有槽式系统、塔式系统和碟式系统三种。塔式太阳能热发电采用驱动排列有序的大规模定日镜跟踪太阳光，实现太阳光采集并加热工质而产生蒸汽，并通过汽轮机带动发电机发电，具有集热温度高、系统发电效率高等突出优点。相比光伏发电，其电能质量稳定、容易解决并网问题，更适合利用太阳能实现大规模发电。目前国内外已建成的塔式太阳能热发电站主要以大面积定日镜（单镜面积为几十平方米或上百平方米）的技术路线为主。大定日镜的反射面面积大，反射面是由很多小面积平面镜通过精密机械加工和拼接而成的一个具有一定曲面的聚光凹镜，其对机械工艺、批量制造质量、工程化安装、单镜维护等方面都有较高要求。

2. 联盟组建宗旨及战略目标

（1）联盟的组建宗旨：以技术创新需求为纽带、以契约关系为保障的技术创新战略联盟，利于有效整合行业产、学、研各方资源，发挥各自优势共同研究与攻关，最终形成具有自主知识产权的产业标准、专利技术和专有技术，加速推动相关技术的产业化运用，以不断增强缔约各方的自主创新能力和国际竞争力，并借此带动区域产业结构升级，建立新的经济增长极，提高我国太阳能热发电产业的整体技术水平，贯彻落实国家自主创新战略。实现协同合作，推动创新，共赢共荣。

（2）联盟的战略目标：打破国外垄断，研发与集成国产化太阳能核心技术和装备，设计与建设质量一流的太阳能电站；联合核心企业与科研院所，带动关联产业，形成完善的太阳能热发电产业链；推动产业技术创新，打造杭州太阳能产业先进装备基地，具有全球市场竞争力，实现国家战略目标。

3. 联盟任务分工

①浙江中控太阳能技术有限公司：负责太阳能热发电技术整体技术攻关、设计、技术集成和产业化推广；完成太阳能热发电关键定日镜关键装备研制；负责研制 CSP 控制系统；完成太阳能热发电关键定日镜关键装备研制；研制太阳能相关驱动和自动化装备；负责整体太阳能热发电产业示范电站建设和整体商业化运行。②华电电力科学研究院：负责完成碟式太阳能热发电关键装备的研制，包括关键技术的突破、设计及系统集成和产业化推广；负责整体碟式热发电产业示范电站建设和商业化运行；负责将碟式和塔式热发电系统工程化地推广和应用。③杭州锅炉集团股份有限公司：负责完成热工系统包括吸热器、蓄热器和蒸汽发生器的研发和工艺设计；负责热力系统工艺装备的研发和生产制造。④浙江汽轮成套技术开发有限公司：负责完成应用于太阳能发电汽轮机的技术论证和指标确认；制订汽轮机的生产制造计划。⑤浙江大学（智能系统与控制研究所）：负责对国内外技术进行调研，进行太阳能聚光理论研究与算法的研究和开发，负责太阳能热发电整体建模和控制理论研究，负责太阳能热发电试验的热力性能评估和测试验证。⑥杭州国电机械设计研究院有限公司：负责碟式热发电系统的关键部件的生产制造；负责整系统的机电方面的安装和调试；负责系统的运行维护。⑦杭州建明传动机械有限公司：负责太阳能跟踪减速机整套的设计和制造，并负责协助浙江中控太阳能技术有限公司进行对该产品的调试和检测。⑧杭州盛族科技有限公司：负责太阳能热发电关键定日镜部分的协助研制和生产制造。⑨杭州万杰减速机有限公司：负责应用于太阳能光热发电减速机的协助研制和生产制造。⑩浙江传化大明太阳能科技有限公司：负责太阳能光热技术发电领域中的关键组件暨太阳能定日镜的研发和生产。⑪浙江中程信工程技术有限公司：负责太阳能镜场技术整体工程化工作，负责太阳能镜场

总平面布置设计、地基基础结构设计及太阳能镜场的施工安装管理。⑫浙江中控技术股份有限公司：负责聚光集热控制系统研究与开发，负责电站控制仪表、分布式通信系统、控制系统等自动化装备研制，负责电站控制系统协调控制与安全策略的软件开发。

4. 联盟组织机构及职责

联盟理事会为联盟的最高决策机构及常设机构，具体职责如下：选举产生联盟理事长，决定秘书长、专家委员会主任的任职和罢免事项；维持联盟稳定运行，批准联盟《协议书》修订事项和联盟重要的内部管理文件；决定联盟技术发展方向和重大项目（专题、课题）立项；批准联盟年度财务预（决）算，协调资金筹措、使用及收益分配方案等事项；定期召开联盟理事会扩大会议，听取联盟成员对联盟工作和发展意见；听取和审议专家委员会、秘书处工作报告；决定联盟成员的加入和除名事项；决定其他重大事项。联盟理事会定期召开会议。会议由理事长或其委托人主持，须有 2/3 以上理事出席方可召开，其决议经到会理事 2/3 及以上通过即可生效。但涉及以下内容的事项经理事会成员一致同意方能生效：修改本协议、有关专利许可的协议及相关约定；联盟的终止、解散、分立、合并；其他理事会认为需经一致通过的重大事项。联盟专家委员会为联盟理事会咨询机构，主要职责如下：负责制定联盟的技术发展方向，根据行业技术发展趋势提出项目计划，编制或审议重点项目实施方案；负责项目实施有关具体事宜的协调、监督、检查、验收等工作；对联盟资金使用情况进行监督，就资金筹措、使用等提出建议；负责知识产权归属等事项的协调、调查等工作。

秘书处为联盟理事会执行机构，主要依托浙江中控太阳能技术有限公司设立，主要职责如下：执行理事会决议，在理事会闭会期间代行其管理职能，负责联盟日常事务；负责组织、落实、管理和协调联盟内的各项工作；负责理事会的筹备，向理事会作年度工作总结报告，编制年度工作计划、财务预算和决算方案；负责受理联盟外单位加入联盟的申请，对其资格进行初步审查；负责受理联盟项目（专题，课题）的立项申请，在对其进行形式审查后，按规定程序分别提交专家委员会和理事会审议；在项目获得理事会批准后，负责组织向有关部门申报项目；组织联盟有关成员在本协议框架下签订具体的项目协议或合同；对项目知识产权归属、成果推广等事项进行登记；协助专家委员会开展工作；办理理事会交办的其他事项。联盟及联盟管理机构设在浙江中控太阳能技术有限公司内，固定和流动编制人员由相关单位解决。第一届联盟组织机构成员名单如表 6-2 所示。

表 6-2 联盟各组织机构成员名单(第一届)

	职称	姓名	现工作单位/职务
第一届联盟理事会成员(理事会成员均为联盟核心成员单位法人代表或持有法人代表委托书的高层领导)	联盟理事会理事长	钟国庆	浙江中控太阳能技术有限公司/总裁
	联盟理事会理事	应光伟	华电电力科学研究院/院长
	联盟理事会理事	颜飞龙	杭州锅炉集团股份有限公司/总经理
	联盟理事会理事	严建华	浙江汽轮成套技术开发有限公司/总经理
第一届联盟专家委员会成员	专家委员会主任	金建祥	浙江大学/教授
	专家委员会成员	赵剑云	杭州锅炉集团股份有限公司/总工程师
	专家委员会成员	范炜	华电电力科学研究院/副院长
	专家委员会成员	黄文君	浙江中控太阳能技术有限公司/副总裁兼总工程师
	专家委员会成员	张逸	浙江汽轮成套技术开发有限公司/副总经理
	专家委员会成员	钟天宇	华电电力科学研究院/新能源研究所所长
	专家委员会成员	姚飞奇	杭州锅炉集团股份有限公司/技术产品开发三处处长
	专家委员会成员	尹德厚	杭州锅炉集团股份有限公司/总工程师办公室主任
第一届联盟秘书处成员	秘书长	李心	浙江中控太阳能技术有限公司/总工程师办公室主任

5. 联盟工作成效

以技术创新需求为纽带、以契约关系为保障,有效整合行业产、学、研各方资源,充分发挥各自优势共同研究,形成具有自主知识产权的产业标准、专利技术和专有技术,加速推动相关技术的产业化运用,并带动区域产业技术升级,提高我国太阳能热发电产业的整体技术水平,贯彻落实国家自主创新战略。实现协同合作,推动创新,共赢共荣。关注国际太阳能热发电技术的发展动态,积极探索杭州市太阳能热发电产业技术的发展途径,为实现我国太阳能热发电产业技术的发展提出建设性意见和建议。以市场为导向,以联盟成员为骨干,以互惠互利、优势互补为原则,促进科技成果的有效转化。对联盟形成的知识产权,制定合理的保护原则和商业化运作机制。2011~2013 年,联盟通过近 2 年时间的国内外方案调研及重点技术攻关,对基于小面积定日镜的塔式太阳能热发电技术进行了系统研究,初步形成了具有完全自主知识产权的、基于小面积定日镜的塔式太阳能热发电的模块化整体解决方案,申请专利 34 项,在杭州开展并完成 400 面小定日镜的小规模试验,初步验证了方案的可行性。

截至 2013 年,公司主要研发成果包括:光资源测算及太阳能整体能量设计和解决方案;高精度智能跟踪、自主校正小面积定日镜;大规模定日镜分布式通信调度与集群控制;太阳能镜场动态能量建模与效率优化算法;热力系统安全工艺流程设计与关键装备研制;太阳能电站系统安全运营策略;太阳能电站整体协调控制通信系统软件;基于小规模试验的塔式太阳能测试验证技术。

德令哈 50 兆瓦太阳能热发电项目场址位于德令哈市西出口，总占地面积约 3.3 平方千米。项目完全建成后，预期年发电量将达 1.3 亿度，可节约 4500 吨标准煤，每年减排 CO_2 约 12 万吨。项目一期建设规模为 10 兆瓦，由两个 5 兆瓦镜场模块组成，采用公司自主研发的 ASP-1000 整体技术方案及装备。项目一期于 2011 年开工，2012 年 8 月 21 日，项目一期工程成功产出蒸汽，蒸汽参数达到设计指标，并实现连续稳定运行，具备了年内并网发电的条件。此次一期工程成功产汽，对推动我国太阳能热发电行业的总体发展，改善能源结构，提高电能质量，完善综合能源体系，乃至缓解能源危机与环境污染等问题具有重大意义。

截止到 2013 年，已取得多项知识产权成果，主要包括：国家授权专利 6 项，其中发明专利 1 项；在申请专利 34 项，其中发明专利 20 项以上；获得软件著作权 11 项；2013 年国家科技计划备选项目（863）；2011 年国家知识产权局专利工程项目；2012 年浙江省厅与杭州市会商项目；等等。

第三节　杭州产业技术创新战略联盟治理机制的缺陷与风险

作为一种新的合作创新组织形式，杭州产业技术创新战略联盟的组建刚刚起步，治理机制还存在诸多缺陷和不足，从而将导致运行风险，影响联盟绩效。根据实证调研，主要有两个方面：一是联盟契约协议的缺陷造成治理机制不完善；二是多种障碍存在，导致联盟成员之间关系治理不足。

一、联盟契约治理机制不足

从运行机制上看，产业技术创新战略联盟的组建始于正式契约，联盟协议是规定联盟方向和成员间责权利关系的契约文本，通过契约条款明晰联盟成员的责、权、利关系，确立联盟的治理机制，对联盟成员形成有法律意义的行为约束和利益保护，保障联盟的正常运作。本章通过调研发现，杭州产业技术创新战略联盟的契约治理仍存在不足，主要表现在以下几个方面。

（1）联盟法律身份定位不明。目前，联盟为非经济实体，无法签订任何合同，从而限制了联盟的作用。另外，经费使用和管理也存在问题，联盟不能开立独立账户，目前联盟经费基本由联盟秘书长单位代管，存在不方便使用、不好管理的问题。同时，由于联盟身份不明，按照我国正常税制，联盟成员间项目资金往来需缴税，这就给联盟活动合作创新增加了税收负担。

（2）联盟治理结构功能发挥存在虚位。虽然联盟都设有理事长单位和秘书处，也确定了理事单位为联盟创新活动及参与治理的核心成员（如图 6-2 组织架构所示），但联盟治理虚位的现象仍十分突出。联盟治理结构的各个部分的功能并没有得到充分发挥，导致理事单位参与联盟活动的热情不高，存在联盟秘书处单位联盟工作开展"一头热"的现象；政府往往只在联盟建立之初起到了牵头、指导的作用，但是在推动联盟活动的进展上的作用还有待发挥。

（3）联盟成员缺少"介、资"方作用。中介机构的缺失一方面会造成联盟的创新成果堆积，而无法找到恰当的需要这些技术和知识的企业；另一方面，也使急需外部技术成果应用的企业找不到能够提供相应服务的研究机构及科研院校。如何使技术创新公共平台有效地服务于合作创新，尚处于探索阶段。相关法律体系的滞后在一定程度上加剧了这一问题。科技中介机制的不成熟，使本身就没有把一些相关中介机构正式纳入进来的产业技术创新战略联盟无法享受科技中介机构的促进作用。另外，产业技术创新战略联盟拟要合作创新的领域由于潜在技术能力高及技术扩散应用面广、产业推动效应大，那么也就自然存在极大的风险。很多项目的合作风险甚至远超过了合作多方的总承受能力。没有外部风险基金的介入，项目就很难进行。产业技术创新战略联盟由于缺少"介、资"方作用，联盟的结构性属性并没有得到恰当体现。"产、学、研、介、资"都应该依据各自性质功能在联盟中发挥相应作用。

（4）契约内容不明确、操作性差。调研中发现，浙江省制冷空调产业技术创新战略联盟和浙江省风电产业技术创新战略联盟在联盟章程和联盟协议中都主要规定了联盟性质、宗旨、目标、工作任务、会员权利与义务、经费取得与管理原则等，都没有具体可操作的创新项目管理办法、财务管理办法，不能为联盟的可持续发展奠定制度基础。

最重要的是，从目前调研情况来看，产业技术创新战略联盟并没有设置具体的利益分配机制和惩罚机制。这也无法为真正的联盟合作创新活动提供保障，影响了联盟活动的拓展，而拘泥于建立联盟本身。

二、联盟成员之间关系治理不足

（1）联盟内部主要参与企业高度竞争，相融性差。在技术创新联盟过程中，联盟目标的制定、联盟成员之间文化的整合与沟通协调等都对联盟的成败起着至关重要的作用。联盟成员与成员之间若建立起良好的互动关系，经常进行技术性交流，应该能发挥出事半功倍的效果。然而杭州产业技术创新战略联盟主要成员企业多数属于同一个产业范畴，由于存在高度竞争，企业间面对面关于技术知识等核心企业机密交流很少；根据本次研究的专项企业调研，主要企业间大多相互防卫，信任程度有限，而信任是产业技术创新战略联盟获得成功所必须具备的重要条件之一，不能彼此信任则不易获得联盟成功。

（2）联盟成员地位不对等。杭州多数产业技术创新战略联盟会员分为理事会员和普通会员两类。两类会员由于企业实力等因素不同而对联盟履行不同的责任与义务，同时也将享受不同的联盟待遇。理事会员单位一般为实力雄厚的企业或者知名科研机构，而普通会员一般为省内产业内中小企业。由于实力的悬殊，普通会员无法向联盟投入与理事会员相当的资源，当然也无法享受到理事会员们参与的核心联盟合作创新活动。理事会员单位就成为联盟的核心成员，普通会员只能是重大合作创新的外围成员。如此一来，联盟内将会出现群体分化，强者更强，而中小企业的技术创新能力照旧得不到提高。这样也就无法真正实现组建产业技术创新战略联盟提升产业技术创新能力的目的。

（3）产业发展环境复杂，给联盟关系治理造成困难。产业技术创新战略联盟在构建之初，就融入了产业链的特征，旨在通过一个产业上下游创新网络的协作，而达到迅速有效促成技术创新、产业升级的战略目标。处于下游的企业决定着上游企业产品的需求，因此下游企业市场的不稳定性会传导至上游企业，使整个联盟的稳定与发展存在风险性。经过调研发现，联盟中大部分企业的合作关系的建立是短期化的、机会主义的。这给联盟成员关系治理造成了很大困难，难以达成协作式竞争的目标。

综上所述，现在产业技术创新战略联盟治理的当务之急就是融合契约治理和关系治理，在此治理框架下，规范联盟各项运行机制，提升联盟成员间的信任与承诺，减少在联盟活动中的机会主义行为和风险，这也是联盟治理的必要性所在。联盟健康运行、内部各主体之间成功实现合作创新，关键在于有效的联盟治理机制的保障。

第四节　成都市轨道交通产业联盟风险治理经验借鉴

一、成都市轨道交通产业联盟构建的可行性

（1）具备构建轨道交通产业联盟的基础。成都拥有较完善的轨道交通产业体系，覆盖产业链的上、中、下游，拥有发展轨道交通产业较雄厚的技术实力和人才资源。铁字号企业院所仅次于北京，相关科研机构及施工单位 10 余所，高校 3 所；国家级技术专利近 50 项；与轨道交通产业相关的各类科研技术人员万余人，其中有沈志云、钱清泉等院士，还有全国工程设计大师 1 人、一级建造师百余人、教授级高工百余人、高级工程师千余人等。

（2）拥有构建轨道交通产业联盟的空间载体。中铁二院拟在金牛高科技产业

园北区打造"中国·轨道交通高科技产业都市"产业中心，已同金牛区人民政府签订了框架性协议。西南交通大学的国家实验室和大学科技园都是国家重点扶持的产业基地。这些条件为发展轨道交通产业联盟提供了空间上聚集的载体。

（3）拥有构建轨道交通产业联盟的龙头企业。中铁二院是成都轨道交通龙头企业，2007年销售收入已达15亿元，纳税额达8000多万元，对轨道交通产业的带动作用突出：作为轨道交通设计单位，中铁二院参与铁路规划，与原铁道部关系密切，掌握相对优先的信息资源；中铁二院掌握了轨道交通产业的上下游，且在线路设计规划中有产品选择决定权，可起很好的纽带作用；中铁二院本身具有雄厚的资金实力，仅2009年的科研经费达到9000多万元。

（4）相关企业和高校院所都有构建轨道交通产业联盟的愿望。无论是中铁二院、西南交通大学、西南设计院、西华大学等高校院所，还是中铁二局、中铁八局、南车集团等企业，对构建联盟这一举措均表示支持。中铁二院已明确表示愿意牵头构建轨道交通产业联盟，西南交通大学也希望联盟能够尽快建成运作。

二、成都市轨道交通产业联盟的目标定位及原则

1. 联盟定位

结合成都现拥有的基础和资源，联盟应是一个综合性产业联盟，包括研发合作产业联盟、产业链合作产业联盟、市场合作产业联盟及技术标准合作产业联盟四个子联盟。联盟吸收轨道交通工程链和产品产业链中处于产业链中、高端的企业，整合产业链中上游核心企业，强化产业链。联盟示意图如图6-3所示。

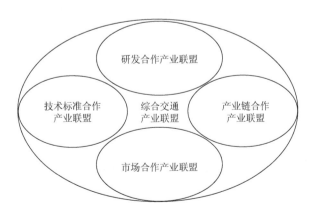

图6-3 成都市轨道交通产业联盟

2. 联盟成员

①研发合作产业联盟：推动中铁二院、中铁西南院和西南交通大学等科研院校组建研发合作联盟，促进企业院校之间的研发合作，减少重复投入，降低研发费用，缩短研发时间，加快成果转化，形成联盟内优势资源互补，实现规模经济。②技术标准合作产业联盟：中铁二院已拥有主编20项、参与15项技术标准制定的基础和经验。在此基础上，以中铁二院为龙头，以标准制定为载体，吸纳相关院校、企业组建技术标准联盟。通过联盟增强市场力量，提高技术标准的竞争力，将知识产权内置于技术标准中，获取知识产权收益，从而获取市场先发优势。③产业链合作产业联盟：以整合轨道交通工程链和产品链中、高端链条为主线，加强产业链上企业的合作，突出新工艺、新技术、新材料、新产品，打造有竞争力的产业链，提高创新产品市场竞争力。④市场合作产业联盟：联合开拓创新产品的用户市场，通过联合采购降低创新产品成本，发挥产业联盟优势，到目标市场投标、竞标，抢夺国内外重大轨道交通工程。

3. 目标与原则

（1）联盟目标：研发方面，要加强产学研机制的紧密结合，瞄准未来前沿技术，研发竞争前技术和公用技术，在先进产品、工艺技术上突破；技术标准方面，要整合资源，形成强大市场力量，提高技术标准竞争力，实现技术标准的商业化；产业链方面，扶持产业链中的薄弱环节，通过吸引投资和改善技术，提高产业链各个环节的效率，提高整个产业链的竞争力；市场方面，以新技术、新工艺、新产品、新材料等高新技术为切入点，充分占领市场制高点，解决企业发展中短期问题。

（2）联盟原则：第一，市场主导原则。明确公司法人和事业法人在联盟的主体地位，发挥市场机制配置资源的基础作用，目标紧贴市场，组建和运作遵循成本—收益的市场效益原则。联盟作为企业与市场的中间体，时刻以市场为导向，引领联盟成员在竞争中取得更大优势，获取更大利益。第二，政府引导原则。政府要在企业难以作为之处充分发挥作用，帮助和支持龙头企业牵头组建产业联盟，搭建轨道交通相关企业院校协商议事的平台。在产业导向、重大产业化项目立项、用地、研发资金扶持、融资等方面给予支持。第三，合作共赢原则。制定联盟章程，建立起联盟成员共同推动产业发展、共享联盟发展成果、共担联盟发展义务的联盟治理机制，实现联盟成员的合作共赢。

三、成都市轨道交通产业联盟治理结构

1. 联盟的治理类型

产业联盟主要有公司型和协议型两种方式共存。公司型产业联盟在法律形式

上以公司形式存在，公司股东就是联盟成员，成员通过合资或参股形式成立公司。协议型产业联盟是以签订合作协议的形式相互合作，没有产权介入，是一种相对松散的联盟形式，其工作方式是定期或不定期召开协商会议，成员各自执行协调会议协定。联盟核心成员是合资或参股的成员，这些成员构成联盟理事会，代表全体成员进行决策和议事活动。而没有参与合资与入股的企业，构成联盟的外围，即联盟跟随者根据自身的利益参与联盟活动。具体治理层次如图6-4所示。企业内部治理型企业主要有：四川中铁环保科技有限责任公司、中铁二院信息工程公司、中铁二院自动化系统工程有限责任公司、交通工程测试国家工程实验室等。紧密型的公司治理企业主要有：中铁二院、成都亚佳工程新技术开发有限公司、成都市新筑路桥机械股份有限公司、中铁天宝数字工程有限公司、四川省有色冶金研究设计院有限责任公司、四川巨星新型材料有限公司、中铁二院现代物流产业中心等。松散型的协议型治理企业主要有：中铁二局、中铁八局、中铁二十三局、中铁西南院、南车集团、132厂、西南交通大学、西华大学等。

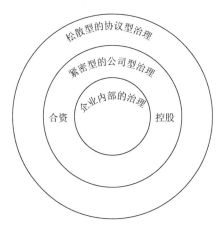

图6-4　轨道交通产业联盟治理层次示意图

2. 产业联盟的产业链分布

联盟吸收位于产业链各个环节的企业，完善和健全产业链，在对外部市场竞标时更具优势。联盟产业链企业分布如图6-5所示。

3. 联盟的龙头企业

中铁二院作为成都市轨道交通龙头企业具有举足轻重的作用，构建联盟可利用其在产业引导、技术成果、人才、市场信息、社会资源、资本运作等方面的优势，使联盟更加紧密。

4. 联盟的公共平台

一是融资平台。联盟应吸引众多国内外银行和保险、风险投资、证券等非银

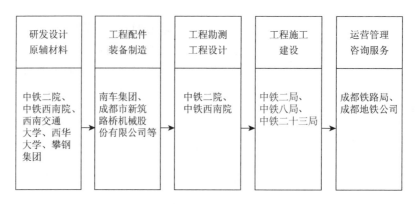

图 6-5 轨道交通产业链企业分布示意图

行类金融机构进入，为联盟企业发展创新提供有力的金融支持。还可考虑由政府及成员单独或共同出资，建立信用担保机构，对联盟中认证注册的核心企业在成果转化、重大技改、技术创新和攻关方面等提供融资担保，并对联盟成员的信用进行评估检测。二是产权交易和科技成果转让平台。提供包括未上市公司股权、产权转让，其他类企业及行政事业单位资产产权转让，股权、产权交易及投融资信息咨询和跨国、跨地区并购重组策划及配套服务，完成科技成果在联盟内的流通。三是人才流动平台。将联盟内优秀人才登记注册建立专家库。当联盟内部出现大型科研攻关项目或成员创新遇到具体难题时，以便筛选人才，组建研发、攻关团队。四是设备共享平台。主要是将联盟内部先进设备统筹，有偿提供给成员使用。成员可在平台支持下借调联盟内设备，或将研究问题带到有设备的企业或院所研究，避免因研发、创新需购买相同设备的重复投入，增加关键或贵重设备的利用率。

四、成都市轨道交通产业联盟中的政府作用

在联盟成立前，政府搭建产业链上相关企事业单位协商议事平台，引导符合条件的单位在自愿互利前提下加入联盟；联盟建成后，政府要主动从联盟中退出，充当配角，由联盟成员协调治理。但政府应在政策上提供长期有效支持，资金上给予适当扶持，土地供应上予以优先安排，项目建设上给予优质服务。

一是联盟成立初期，政府起号召协调作用。相关部门成立产业联盟协调小组，负责召集、协调省内相关企业的关系，促进联盟顺利成立。二是给予政策支持。在用地、融资、税收等方面给予联盟成员以扶持，促使企业积极加入联盟。对联盟成员在科技创新、成果转化、产权激励、人才培养等方面给予政策上的鼓励。三是省、市、区相关政府部门成立担保与信用服务机构。对于联盟内部重大产业

化项目、高新技术企业上市和联盟企业融资等方面，提供以企业信用为基础的政府担保。四是在联盟发展时期发挥好监督和协调作用。政府对联盟内部的成员在贡献、信用等方面进行监督和评测，主动帮助协调处理联盟成员在合作中出现的分歧、利益分成等问题，及时发现联盟发展的阻碍，在政策和法规上给予支持。

第五节　杭州产业技术创新战略联盟风险预控对策

针对上述问题，本章基于契约治理和关系治理的理论，对完善杭州产业技术创新战略联盟完善治理机制，防范联盟风险，提出如下建议与对策。

一、完善战略联盟契约治理机制

多数产业技术创新战略联盟属于契约型联盟，成员企业是通过一定的契约安排结合在一起的，完善的契约治理是联盟运行主要保障机制之一。合同是正式契约的具体形式，其妥善到位运用是契约治理的主要途径。

（1）明确契约内容，增强操作性。多数产业技术创新战略联盟目前的正式契约体系尚不完善，应该着手完善契约体系，用有法律约束的联盟条款合同和规章制度明确联盟成员的责、权、利，具体阐述联盟成员参与各个合作创新项目的投入、风险、利益分配等问题。另外，联盟的各种发展计划也应该转化为成员认同参与的正式契约，这才能使联盟真正走上发展的轨道，促进联盟计划的执行、联盟目标的达成。对联盟中关键问题，用专门的契约进行明确治理。例如，合同中应该专门加入保护性条款，要求联盟伙伴做出关于联盟投入的定性与定量承诺等。另外，契约治理还要发挥落实联盟合同内容的监督功能。通过对联盟合同落实情况的评价，设置条例纠正有偏差的联盟成员的行为，敦促成员企业履行对联盟活动的承诺。

（2）完善联盟利益分配机制和惩罚机制。正式契约除了要体现责任和权力的规范性、明确性外，还需要体现利益共享与惩罚性，必须设置利益分享机制和惩罚机制，完善契约治理的事前与事后机制。利益关系是产业技术创新战略联盟内部组织和运营的纽带，合作各方都是利益的主体。合理公正的利益分享机制是联盟成员参与联盟合作创新行动的动力源泉，也是联盟形成稳定结构的保证。当合作创新所得变为实实在在的利润绩效时，通过联盟条款设置的利益分享机制要体现按投入、贡献分配利益，能明确利益关系，尤其是知识产权归属及利润分配等。例如，联盟成员参与政府项目和联盟项目的开发，对联盟技术成果的使用享有优先权和优惠权。这样才能为联盟发展提供不竭生命力。构建合作利益的保护机制，还必须建立违约责任追究和利益惩罚机制，既能给联盟成员设置较大的违规成本，减少机会主义行为，同时也能在事后起到很好的惩罚示众的效果，让违约行为得到应有的惩罚并尽可能减少由部分成员背叛对合作造成的损失。

（3）建立多层动态正式契约体系。研究表明，过度的契约化也会对联盟发展的灵活性、对环境的适应性产生负面作用。契约也不应该是一成不变的，应该具有一定的动态性，根据实际情况不断修订与更新，明确联盟的任务及性质、界定各方责权利，防止相互欺骗和机会主义行为产生。仅仅依靠一份完备的合同协议而希望各联盟成员自觉遵守是不可能有良好效果的。针对浙江产业技术创新战略联盟成员不对等，无法用统一的契约进行管理的问题，应建立两层动态契约体系。理事单位作为核心成员是联盟的支柱，它们的退出和策略改变都会给联盟带来冲击，尤其是掌握关键技术或投资比例较大的成员。第一，针对核心成员之间的合作应该采取基于"风险分担、收益共享"原则的风险合同形式，在最大程度上保持核心成员的稳固性。第二，针对核心成员与外围成员之间的合作，采用基于分包的动态合同。

（4）重视成员签订联盟正式契约的自愿性。自愿合作是产业技术创新战略联盟的根本，任何外界压力产生的合作关系都不能持久，随着影响因素的消失，联盟就会解体。自愿原则强调了各方的积极态度和参与意识，本身也表明了为之付出努力的决心和动力。产业技术创新战略联盟在完善正式契约体系的时候，必须注意正式契约建立的自愿原则。联盟成员要本着自愿的原则同意契约中的规定，并自愿受其约束治理。契约条例中不要带有行政意志或大企业意志，必须要考虑到最广泛的联盟成员利益。站在追求产业技术创新的战略角度去考虑问题，在自愿原则的基础上，联盟成员之间以诚相待，以战略眼光来审视合作目标，各方才能克服短期机会主义行为，保证联盟计划有效执行，提高产业整体竞争力，最终实现共赢。

二、强化战略联盟关系治理机制

关系治理对调整联盟伙伴关系发挥积极作用，联盟企业之间持续的良性联系能够为联盟成员带来有形的经济收益。针对以上所总结的杭州产业技术创新战略联盟关系治理滞后的不足，提出以下完善建议。

（1）坚持开放原则，积极接纳联盟伙伴。一个成功的产业技术创新战略联盟，应该是一个开放性的联盟，积极吸纳合作成员，让更多的合适的产、学、研、中介、资本多种性质的相关组织加入联盟中来，组建最广泛的联盟，群策群力共同推动产业技术创新的进程。当有新生力量和新兴血液需要重新输入产业技术创新战略联盟时，联盟必须有接纳的机制和动力。联盟成员的合理化、广泛化将大大增强联盟的实力。所以产业技术创新战略联盟应该本着开放的市场原则，突破地域甚至国界限制，基于提高产业自主创新能力的基本目标，吸收更多有益的组织为合作创新做出贡献。例如，要重视中介机构及金融机构对联盟创新活动的支持，多与此类企业组织培养关系，达成利益一致，使之成为联盟成员，为联盟发展出力。

（2）健全信任机制，增强联盟成员的相互信任与承诺。信任包括理性信任和情感信任两大部分，除了利用较为完备合理的正式契约建立理性信任之外，还必须培育合作伙伴之间的情感信任。完善的信任机制是联盟关系资本建立的保障。在产业技术创新战略联盟中由于信任的存在，联盟成员的机会主义行为将大大减少，联盟成员也可以不必过于追求完备详尽的正式契约去保证联盟合作行为的可预测性。在产业技术创新战略联盟建立并培育关系资本的过程中，信任和承诺之间相互作用，不断增强，形成一个循环递进的过程，这也是联盟治理的过程。在这一过程中，信任将促进联盟企业承诺的建立和深化。建议产业技术创新战略联盟基于创新合作项目多多展开深入交流，以增加联盟成员间理解，在理性信任的基础上促进组织间情感信任的增强，敦促联盟成员的联盟承诺。另外，可以建立企业联盟信任治理中心，针对联盟成员进行信任评价，提供信任保障、信任激励，以及提供各种信任信息活动等服务。如此，有效的信任机制的建立能够帮助联盟成员间达到高度的信任，能够约束联盟成员的潜在机会主义行为。同时，联盟成员信任的加强是联盟关系质量的重要体现，能够帮助实现联盟绩效。

（3）构建有效的冲突协调机制。由于产业技术创新战略联盟成员各方独立，联盟活动中因为成员利益出发点不同而出现冲突在所难免。组织中的冲突往往是"双刃剑"，故而联盟冲突处理是极其重要的，因为冲突处理对于联盟关系的影响可能是积极的，也可能是毁灭性的。联盟中的冲突不能像科层组织一样通过行政命令解决，因此需要设立一套有效的冲突协调机制，以调节联盟各方在合约规制之外的行为。产业技术创新战略联盟通过发展跨组织、跨文化的培训项目，促进联盟成员之间的跨组织学习，增进联盟成员间的信任与理解，能够避免冲突和误解，从而增强战略联盟成功的可能性。另外，还需要重视联盟成员间的沟通与交流，并且这种沟通与交流只有是双向的才能帮助正确处理联盟冲突。有效的处理冲突机制是产业技术创新战略联盟成员治理的重要途径。得当的冲突处理，有助于联盟成员合作关系的稳定。

（4）建立产业技术创新战略联盟的声誉机制。产业技术创新战略联盟中契约的不完备性使创新活动成本与产权不能被完全界定，容易滋生企业的机会主义行为，造成联盟较高的履约成本。而联盟组织又无法像传统科层组织那样对个体进行直接监督和控制，这时候通过联盟的声誉机制可以间接约束联盟成员企业的欺骗行为和机会主义行为。联盟的声誉机制是联盟各企业之间监督控制机制的外在表现形式；利用企业声誉效应，可以促使联盟企业重视违约造成的声誉成本；同时，声誉成本的作用也可以强化成员之间的信任关系，有利于消除联盟成员的欺骗动机，克服联盟成员的机会主义行为。声誉信息的披露机制能够为合作活动构建起利益保护机制。根据产业技术创新战略联盟的实际情况，可以调查和记录联盟各成员的声誉信息而建立声誉档案。因为根据联盟成员的声誉档案，一方面可以预警个别联盟成员的机会主义行为，规避风险；另一方面可以建立违约责任追究和利益惩罚机制，惩罚纠正那些已经造成其他联盟成员损失的机会主义行为等败德行为。

（5）培育联盟的政府关系资本，协调好与政府相关部门的关系。政府也是联盟发展的关键推动者。政府使用公共资源能够带来促进联盟发展的政策、智力、资金支持，能够增强联盟各方的合作意愿和承诺保证。尤其是政府的公共财政支持对产业的重大创新项目的扶持是至关重要的，能够弥补合作创新主要经费完全来自企业的风险，增加产业界投入的信心。产业技术创新战略联盟目标涵盖多方面内容，囊括产业内众多企业，联盟活动涉及产业过程中的研发、生产、市场等多个环节，关系到整个产业竞争力的提升，协调难度大。为整体协调好联盟的实施效果，需要充分发挥政府各相关部门的管理职能。

三、拓展战略联盟其他治理结构

契约制联盟保持了联盟成员的独立地位，然而契约治理也有先天不足。虽然关系治理可以弥补契约治理的欠缺，但是产业技术创新战略联盟的建立，在理论上可以不囿于现有的契约型治理结构，可以在充分尊重各方意愿的前提下，引导联盟实践多样化的治理模式。

在考虑联盟成员集团化实践的不现实外，还可以采用在联盟的框架下由联盟核心成员共同发起成立合资公司形成股权式联盟去实施合作创新活动，实行股权与管理权相分离，聘请专业职业经理人团队进行管理，联盟内的其他企事业单位都可以以自主知识产权成果作价入股或资金出资入股的形式参与合作创新活动。如此，联盟成员的关系更为紧密，组织效率得到提高，联盟活动执行力加强。加入联盟的企业共同享有合作创新成果，企业对成果进行转化后的收益的一部分也可以直接作为联盟企业的研发基金和研究人员的奖励，实现联盟企业的良性运转。

无论采取单纯契约式还是股权式联盟，都必须坚持开放发展机制。一是不断吸收新成员，联盟需建立灵活的退出与进入制度，企业可以根据自己的需要转换联盟；二是建立成果扩散机制，联盟对其承担的政府资助项目研发成果具有推广扩散义务。

四、发挥政府联盟治理协调作用

地方政府作为推动产业技术创新战略联盟的关键要素，对联盟的正常运行发挥功效也起着至关重要的作用。政府主要发挥协调引导作用，通过营造有利的政策和法制环境、有效的资源配置等方式，推动联盟治理与建设以符合国家战略目标或区域支柱产业发展的需要，而不能以行政干预联盟的组建和发展。但是政府不能"越俎代庖"，替代企业选项目，"拉郎配"为任务指标而建立联盟，不考虑企业内在需求。引导企业的技术创新方向与国家产业升级战略利益相结合，与区域支柱经济发展需求相结合。下面从五个方面建议地方政府加强对产业技术创新战略联盟的支持措施和宏观指导。

（1）提供组织保障。政府作为产业技术创新战略联盟的倡导者和支持者，可以通过公共组织来参与联盟，尤其是基础研究创新项目。政府重大科研项目是推动产业技术创新战略联盟产生、发展和更新的杠杆，也是联盟技术创新经费部分来源。联盟提出的产业重大技术创新需求，经过科学论证以后可列入国家或地方科技计划，并且可以通过委托的方式由联盟去直接组织实施。这样政府在其中起到诚实经纪人的作用。政府能够更好地监控并利用公共资源，防止并制止单纯获取利润倾向的机会主义者在合作中对联盟资源的不恰当配置，促进联盟建设和发展。

（2）发挥行政管制作用。地方政府可以发挥政府行政优势，通过整合资源和提供特权等方式支持本土联盟发展。主要做法有：鼓励联盟致力于制定有国际竞争力的行业技术标准。允许该技术标准为某特定企业或产业技术创新战略联盟所专有，要求其他各家企业遵照执行。这样做还可以带来防止投资重复投向低于该标准的其他技术方案的好处。政府还应该改善不适应联盟组织运行模式的一些现行行政管理方式和有关政策。例如，针对联盟无法开立独立账户，成员间项目资金往来需缴税等关键问题，拿出有利于联盟公共资金使用监管的财务经费管理办法，要加快对正式批复的试点联盟内部资金往来的税收征管政策的研究与制定。

（3）以法律保障联盟的契约治理。在产业技术创新战略联盟中要以合同法可以保护的契约形式建立合作关系。《中华人民共和国合同法》是契约治理的直接保障，敦促联盟成员制定有法律约束力的协议条款，并遵守契约，履行承诺。合规的契约是契约治理的基础。为了规避现行体制或法规对产业技术创新战略联盟发展的不适当约束，国家要加快新立或修订相应法律法规条款的进程，支持产业技术创新战略联盟的运行与治理。而省级政府则应加强经济法等法律知识的普及教育，促进企业通过现有法律、条例、规定来促进和保护产业技术创新战略联盟中合作创新行为。我国目前有四部与合作创新相关的法律，包括《中华人民共和国科学技术进步法》《中华人民共和国促进科技成果转化法》《中华人民共和国中小企业促进法》《中华人民共和国农业技术推广法》。今后更多类似法律和制度的制定实施，特别是针对产业技术创新战略联盟的一些专门性法律法规的颁布施行，更加能够为企业参与产业技术联盟活动提供法律保障，也能起到引导和示范作用。

（4）以制度保障联盟的关系治理。2008年年底，我国科学技术部、财政部、教育部、国务院国有资产监督管理委员会、中华全国总工会、国家开发银行六个部门联合发布了《关于推动产业技术创新战略联盟构建的指导意见》和《国家科技计划支持产业技术创新战略联盟暂行规定》。2009年科学技术部发布《关于推动产业技术创新战略联盟构建与发展的实施办法》，明确了产业技术创新战略联盟的构建原则、组织机构和管理制度。之后先后选择部分产业技术创新战略联盟开展试点工作。2010年以来，浙江省科学技术厅等部门先后印发《浙江省产业技术创新战略联盟建设与管理办法》等政策规章，指导浙江省产业技术创新战略联盟的试点工作。为保障杭州产业技术创新战略联盟的成功实施，必须积极利用国家和浙江省已有的相关政策，推动联盟的发展。同时，还要结合杭州实际进一步研究制定有针对性的政策措施，不断完善联盟治理机制，促进产业技术创新战略联盟的健康发展。

（5）以公共财政支持引导联盟创新。产业技术创新战略联盟的目标、任务和运作方式符合国家重点发展战略性产业的利益，符合国家战略目标，应成为政府支持重大产业技术创新活动的重要载体。中央政府运用公共财政手段支持产业技术创新战略联盟的主要做法是：支持政府性组织和公共机构等，通过财政投入、财政补贴或政府奖励等方式鼓励国家战略产业的产业技术创新战略联盟的合作关系行为。这种实际资金支持方式，发挥了政府相关组织在产业技术创新战略联盟中的参与者作用；另外，通过政府财政资金资助科技计划，特别是政府的科技计划对联盟研发行为直接进行资助；针对一些新兴产业的技术创新，要为产业界分担风险，可以对一些关键性技术创新活动投入较高比例的政府资金。地方政府为促进区域产业发展、区域优势产业集群的竞争也应该加强对联盟的支持。出台地方性政策和保障，对区域内产业技术创新战略联盟活动更有针对性。

第六节　本章小结

本章首先分析了浙江省杭州市产业技术创新战略联盟的现状，重点介绍了两个典型案例——浙江省制冷空调产业技术创新战略联盟和杭州市太阳能热发电产业技术创新战略联盟的组织结构、治理机制与运行绩效。然后，从契约治理和关系治理两个方面总结了杭州产业技术创新战略联盟治理机制存在的不足与风险。最后，从联盟自身治理机制建设和政府政策推动两方面提出了杭州产业技术创新战略联盟风险的预控对策。

第七章

产业集群协同创新风险预警

一、产业集群创新网络的构成与运行

产业集群创新网络组织系统是区域创新系统研究的重要组成部分。产业集群创新网络是以库克（Cooke，1998）和克鲁格曼（2000）为代表提出来的，是指区域内企业间及企业与研究机构间长期合作的本地创新网络。同时，一个产业集群要发展成创新系统就需要满足以下两个条件：①产业集群内部企业间开展更多正式的创新合作；②建设强有力的制度基础设施，如创新合作过程中引入更多的知识提供者（knowledge provider）等。

魏江（2003）在研究产业集群创新系统时提出了三要素：核心价值链要素、可控支持要素和不可控支持要素。核心价值链要素包括供应商、竞争企业、用户和相关企业；可控支持要素（即基础设施要素）包括硬件技术基础设施、集群代理机构、公共服务机构；不可控支持要素包括政府、正式和非正式制度规制、外部市场关系。

在产业集群组织系统中，最重要的是形成组织联结、合作网络等集群组织系统的内在联系，主要包括以下三个方面。

（1）建立组织间联盟合作关系，充分发挥区域创新组织竞争优势。产业集群创新组织内的经济活动组织为了整合创新资源、降低研发风险、分摊研发成本等目的，与集群创新组织系统的企业、大学和科研机构、中介服务组织、风险投资机构等组织建立正式联盟合作伙伴关系，形成以集群创新组织内部联系为核心、联系辐射区域甚至全球的联盟合作网络，整合利用集群内外相关创新资源的合作网络，以联盟合作形式参与全球产业竞争。

（2）建立合作网络和合作渠道，促进产业集群内资源共享和合作渠道的形成；集群创新组织发展过程中，组织间的战略联盟和产业技术联盟等合作关系是提高产业集群创新能力的重要途径。如何促进企业间的联盟合作和沟通交流显得十分重要。因此，产业集群内的合作网络、合作渠道显得尤为重要，主要包括：公共技术服务平台、技术交易转移机构、创新驿站等。

（3）建立非正式创新网络，形成产业集群创新组织系统的土壤环境。除了正式契约关系的合作联盟之外，非正式合作关系在区域创新组织中也是普遍存在的。集群创新组织中有大量的企业家、技术人才等人力资源要素，他们之间的相互联系和合作是区域创新组织进行技术创新、市场创新、组织系统创新的基础条件。Joan E. Van Aken 和 Mathieu P. Weggeman 认为基于契约安排而构建的创新网络为正式网络，而合作活动大大超过契约限制或基于一种松散的契约安排所形成的创新网络则称为非正式创新网络。与正式创新合作网络相比，非正式创新合作网络具有节点不确定、联系隐含性、受非正式规则的制约、没有共同的创新目标等特点。产业集群创新组织内的经济活动组织，通过行业协会、CLUB（社团）、产业论坛、技术交流、联合项目、私人活动等途径和方式，实现人员的沟通、交流和合作，进而实现企业等经济活动组织之间的合作。

二、产业集群创新网络的模块化内耦合与风险

产业集群作为一种产业组织形式，无疑会具有产业组织的本质特征，近年来兴起的模块化理论可以从产业组织的角度，进一步揭示产业集群网络结构风险的成因机理。

（一）产业集群网络模块化的竞争优势

日本经济学家青木昌彦（2001）将模块化看成产业组织机构的本质。有学者通过对模块化组织中的信息处理机制、功能模块的协调成本和模块化的整合效率等三方面因素进行比较后，指出模块集群化的网络组织模式效率最高（陈继祥，2005）。在模块化的产业集群网络组织中，企业之间是建立在双赢基础上的合作竞争关系，通过企业间有意识的相互合作可以取得原来的单独竞争所得不到的经营效果。企业不再仅仅着眼于修补自己水桶上的短木板，而是将自己水桶中最长的那一块或几块木板拿去和别的企业合作，共同"制造"一个更大的水桶，然后从新的大水桶中分得自己的一部分。即按照模块化的观点，企业可以用自己的强势部分与其他企业的强项相结合，这种基于合作构建的新水桶的每一块木板都可能是最长的，从而使水桶的容积达到最大。这就是所谓的"新水桶原理"（张伟，2007）。

（二）产业集群网络模块化内耦合的潜在风险

在产业集群网络系统内部存在生产模块、价值模块和知识模块三个不同层次的耦合现象（苗建军等，2008），为达到双赢或多赢的协同效应，彼此在各自的关键成功因素——模块化的优势环节上展开合作，以取得整体收益的最大化，最终实现整个集群系统的共赢。产业集群价值模块化耦合能够较大程度提高绩效水平，优化集群的价值形成系统。这一点应该首先予以肯定。但是，协同效应的实现有赖于模块生产网络有效的自我治理，这方面也面临来自多方面的挑战，包括设计规则的可行性、竞争策略的有效性和合理性（朱瑞博，2003）。产业集群网络的整体效率主要取决于集群核心企业，即要求企业具有全球的宽广视野，能够以顾客价值为中心和出发点，制定科学合理的设计规则，并通过积极有效的竞争策略来进行创新，相比原来以企业为单位的封闭结构，在这些方面产业集群需要整合的强度和协调性更高，因此潜在的风险也更大。

三、产业集群创新网络风险的演化规律

上面分析了产业集群的网络结构与风险之间的关系，这是对产业集群及其风险的静态分析。但是，产业集群作为一个社会经济网络系统，自诞生的时刻起就处在不停地动态演化过程中，一般地产业集群会依次经历衍生、成长、成熟和衰落等生命周期阶段（李刚，2005）。在不同的生命周期阶段产业集群网络结构呈现出不同的特点，从而会产生不同风险。集群网络结构在生命周期的不同阶段，依次经历了"稀疏—密集—稀疏"的动态过程（图 7-1）。下面，依次分析在产业集群生命周期的不同阶段产业集群网络结构风险的特征和演化规律。

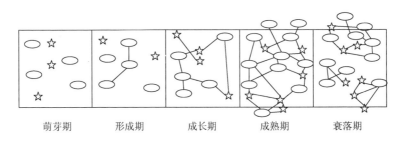

|萌芽期|形成期|成长期|成熟期|衰落期|

图 7-1　产业集群不同生命周期阶段的网络形态演化

资料来源：转引自蔡宁，吴结兵.产业集群组织间关系密集性的社会网络分析[J].浙江大学学报（人文社会科学版），2006，（4）：61

图中星形节点和椭圆形节点代表了不同类型的组织

（一）产业集群衍生阶段的网络结构风险

在产业集群衍生即萌芽和形成的初期阶段，企业产品处于研发和市场开拓阶段，市场占有率较低。集群内的企业数量少，产业集中度高，在网络结构上表现为联系的节点数较少，节点间的连接稀疏甚至没有连接，网络规模小；集群企业之间的联系主要表现为建立在企业家个人之间的血缘、朋友、同学等社会关系，而建立在产业价值链基础上的市场关系和网络主体之间的经济合作关系较少；同时由于基础设施、中介服务和相关支撑产业都不到位，产业集群所具有的优势不明显，抗风险能力弱。因此，本阶段产业集群网络系统的潜在风险及其特点主要有：①企业的技术不成熟，产品的品种单一、质量较差；②企业面对的产品市场空间小，销售增长缓慢；③企业的组织结构小而全，分工协作性差；④集群服务体系不健全。外部环境的不利影响可能会导致产业集群的"夭折"。这个阶段，产业集群的风险更多地表现为来自集群外部经济环境的周期性风险（张明龙，2008）。

（二）产业集群成长阶段的网络结构风险

随着产业集群的成长与壮大，企业产品的市场占有率会快速增长，企业的数量和规模也会增加，集群的服务体系开始发挥作用，集群优势逐渐显现。在网络结构上表现为网络规模的增大，网络结构日趋复杂；网络主体之间的市场交易关系和经济联系不断增强，逐渐取代初期阶段建立起来的社会联系，在网络结构上表现为网络节点数量的增加及节点之间更多连接的建立，集群网络逐渐向关系密集网络发展，网络结构开始显现出较大的集聚程度和较小的平均最短距离的"小世界"网络结构特征。网络的这种小世界属性会阻碍网络与外界资源及信息的交流，从而可能导致网络的锁定效应（蔡宁等，2006）。与之俱来的集群风险主要表现在：①随着产品数量增加而质量下降；②由于竞争压力降低，在知识、教育、信息等方面投资不足，企业创新的动力不足；③产业集群的资源约束性增加，资产专用性增强。这些因素都将导致产业集群的网络性风险不断增强。

（三）产业集群成熟阶段的网络结构风险

这个时期产业集群的网络已经完善，企业的专业化分工和协作不断深化。产业集群中网络各个行为主体之间的关系趋于稳定，并且网络的开放度降低到一定程度，产生封闭效应。这就是格拉伯赫所称的功能性锁定，由此而产生的产业集群各种网络风险会导致集群失去活力，甚至走向衰落。①集群内部竞争激烈，过度的竞争可能导致"柠檬市场"现象显现；②集群网络集中度增强，导致产业集群系统结构逐渐封闭和僵化，应变能力不断下降；③企业之间技术和信息一体化，导致产业结构和发展战略趋同，相互依赖性较强，创新惰性增加。由于产业集群的发展链条延长，当某一个环节出现问题时，很可能面临市场的"多米诺骨牌"效应而带来整个集群的衰落（张会新和白嘉，2009）。

（四）产业集群衰落阶段的网络结构风险

在这个阶段，集群竞争力不断下降，面临市场萎缩及外部集群竞争的压力；不断有企业从集群中退出，却很少有新企业进入，表现为网络间的连接开始减少，甚至被隔离成互不相连的部分，集群的网络创新能力和应变能力都明显下降。集群网络的衰退很多情况下表现为产业集群网络组织的结构惰性，使集群企业不能适应外部环境变化，从而造成产业集群的内生性风险不断增强。需要及时采取措施对现有产业结构进行调整以推动产业集群的升级，否则，产业集群必将走向衰亡。

只有掌握了产业集群网络结构风险的演化规律，才能够根据产业集群不同发展时期的特点，分析和预测产业集群发展的潜在风险，采取有针对性的预控措施，从而尽量避免或者减少风险的发生，增强产业集群的创新能力，避免或者延缓集群衰落阶段的显现。

第二节　宁波塑机产业集群发展概况

一、我国塑机行业现状及其集中度

塑料作为现代世界四大结构材料之一，由于它的可再生和可替代性，在全球自然资源日渐枯竭状况下，其重要地位日益显现。由此决定了为塑料制品加工业提供技术装备的塑料加工专用机械产业具有广阔的发展前景。经过多年发展，我国塑机产业已经达到相当的规模，取得了引人注目的成就，对国民经济的增长和社会发展做出了很大贡献。2010年，我国塑料机械行业工业总产值、工业销售产值、新产品产值和出口交货值的同比增幅均在60%以上，远远超过全国机械工业34%的平均增幅。根据国家统计局对564家规模以上塑料机械制造企业的统计，2010年我国塑料机械行业的龙头企业在产量和销售收入方面首次位居世界第一。由塑料机械生产的塑料制品年产值高达1.5万亿元，刷新历史纪录。2010 年国内塑机市场容量由 2008 年的 349 亿元增至 479 亿元，增长 37%，其中国产设备的占比增加到 72%。而在 2008 年，国产塑机设备在国内市场的容量占比仅为 49%[①]。

鉴于塑料机械行业的特殊性，行业面板统计数据的收集比较困难，本章根据中国制造网于 2011 年 10 月发布的焦点科技股份有限公司《塑料机械行业分析报告》提供的数据来分析全国塑机行业的集中度（表 7-1 和图 7-2）。2011 年 1～7 月，中国塑料加工专用设备分省份按产量排序，主要生产地区分别为广东、浙江、天津、山东和上海，这五个省（直辖市）的塑料加工专用设备产量占全国总产量的 98% 以上，其中广东和浙江的塑料工专用设备产量分别占全国总产量的 29.16% 和 27.97%。由中国机械工业企业管理协会发布的 2011 年（第九届）中国机械 500 强中，塑料加工专用设备行业只有浙江海天塑机集团有限公司（主要产品为注塑机）入围，排名第 49 位，2010 年海天塑机集团主营业务收入 70.5 亿元，是其 2006 年主营业务收入 30.9 亿元的 2.3 倍。

表 7-1　2011 年 1～7 月中国塑料加工专用设备分省份产量数据统计　　单位：台

地区	2011 年 7 月产量	2011 年 1～7 月累计产量
全国	26 523.38	183 016.38
广东	7 944.88	53 358.94
浙江	6 535.5	51 193.44
天津	4 680	37 140
山东	4 784	24 006
上海	2 235	15 120
江苏	189	820
陕西	60	759
河北	40	272
辽宁	31	155
湖北	16	114
河南	8	41
山西	0	21

资料来源：焦点科技股份有限公司 2011 年《塑料机械行业分析报告》

---

① 资料来源：焦点科技股份有限公司 2011 年《塑料机械行业分析报告》，第 7 页。说明：该报告是本章研究的原始资料来源，存在其他文献也引用该报告又公开发表文章的可能性，下面凡是引用该文章之处与此相同。

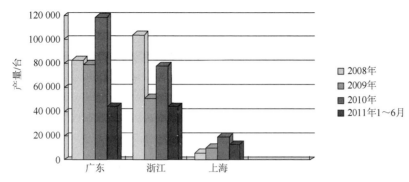

图 7-2　2008～2011 年 6 月广东、浙江和上海塑料加工专用设备产量趋势图

资料来源：焦点科技股份有限公司 2011 年《塑料机械行业分析报告》

二、宁波塑机集群在全国的行业地位

改革开放以来，在我国珠三角、长三角等地区，形成了一批充满生机和活力的塑料机械产业集群。主要有："中国塑机之都"——浙江宁波塑机产业集群、"中国塑机螺杆之都"——浙江舟山注塑机螺杆料筒产业集群。其他还有十多个特色产业集群，它们是：广东顺德、浙江杭州、江苏无锡的注塑机产业集群；江苏南京螺杆、机筒产业集群；张家港塑机混配设备产业集群；山东、上海、大连塑料挤出生产线产业集群；常州、兰州塑料编织设备产业集群；南京、兰州双螺杆挤出机产业集群；陕西、宝鸡、广西柳州中空成型机产业集群等。

宁波地区集聚了一批有相当规模、综合素质良好的塑机生产企业，其产销量占据了国内 1/3 以上，是我国目前最重要的塑机生产和出口基地（表 7-2）。根据宁波市统计局数据，2012 年宁波市规模以上塑机制造企业为 75 家，全部从业人员平均数为 1.53 万人。2012 年宁波市规模以上塑机制造企业工业总产值完成 129.5 亿元，主营业务收入实现了 124.42 亿元，利润总额实现了 15.92 亿元，出口交货值完成了 30.37 亿元，新产品产值达到 48.10 亿元。[①]

表 7-2　2006～2010 年全国和宁波市塑料机械制造业规模变化状况

指标		2006 年	2007 年	2008 年	2009 年	2010 年
工业总产值	全国/亿元	216.00	277.96	163.28	258.48	421.48
	宁波/亿元	73.02	95.86	66.47	65.55	148.10
	占比/%	34	34	41	25	35

① 资料来源：宁波塑机行业协会，《宁波市塑机行业经济运行概况》，2013 年 9 月。说明：本文件是项目主持人直接从宁波塑机行业协会调研取得的一手原始资料，也有可能被其他读者通过同样渠道取得后，又公开发表或者上传到网络上。下面引用此文件与此相同。

续表

指标		2006 年	2007 年	2008 年	2009 年	2010 年
销售产值	全国/亿元	212.05	218.47	61.66	250.85	400.65
	宁波/亿元	75.63	96.34	58.97	60.21	141.55
	占比/%	36	44	95	24	35

　　资料来源:根据宁波市工业行业统计主要指标汇总表和中国塑料加工专用设备制造业行业数据分析报告等相关数据整理

　　宁波现有塑机整机企业 130 余家,其中规模以上整机企业 75 家。北仑、鄞州、江东三区是宁波市塑机整机企业密集区,占全市塑机整机企业的 70.6%;规模以上外资企业 8 家,约占全市规模以上塑机企业的 1/10。此外,为塑机整机企业协作配套的铸件厂、螺杆料筒、液压马达、电器控制等生产企业星罗棋布,散布在距宁波周边 50 千米半径范围内,使宁波塑机产品当地配套率达到 90%左右,成为宁波塑机产业集群持续发展的经济基础。

　　宁波塑机产业以生产注塑机为主,是国内公认的首屈一指的注塑机研发、生产、营销基地。但随着产业规模不断壮大,市场容量相对饱和,宁波塑机企业开始调整内部产品结构,逐步向多元化、多品种方向伸展。宁波海天集团近几年新上马了加工中心项目,并形成了一定规模的生产能力;宁波海太、宁波力劲集团公司除继续做精密注塑机产品外,同时涉足制造金属压铸机;宁波方力集团则另辟蹊径以生产挤出机为主,该机器系拉制波纹管的工作母机,技术水平在同业中处于领先地位;余姚华泰橡塑机械公司主要产品以橡胶机械为主,同时还生产部分吹塑机;也有个别塑机企业生产切粒机、吸塑机等,但相对规模偏小,总量不大。

第三节　宁波塑机产业集群网络结构分析

一、宁波塑机产业集群的企业组织网络

(一)供应商网络

　　注塑机部件按其功能和工艺特性可分为六大类部件,即钣金类部件(底架、料斗、护板等)、铸件类部件(模板、曲臂、机身)、轴类部件(拉杆等)、螺杆料筒类部件、液压系统(液压缸、泵、阀等)、电气驱动和控制系统(电机、电器、电脑等)。这六大部件中的钣金件、轴类件,有少数规模较大的整机企业(约占全部规模整机企业的 20%)能自制配套解决外,绝大部分整机企业则均通过外购或外协取得。而生产六大部件的供货商,它们散布在宁波周边 50 千米半径范围内,形成了星罗棋布的产业链。而且有的关联企业已经形成了相当的产业规模。主要包括以下几类企业:

一是铸件类生产企业，主要分布在宁波东吴镇，目前该地区已成为华东地区最大的铸造中心，年产铸件 6 万～8 万吨，可以满足全市塑机企业对铸件的需要。代表性的企业如日月、泰兴等大型专业铸造厂。二是螺杆料筒生产企业，主要分布在舟山定海区金塘岛，该岛有螺杆料筒制造企业 397 家，其中规模以上企业 26 家，螺杆行业从业人员 8000 余人，年产塑机螺杆国内市场占有率达到 70%以上。代表性的企业有华业、金星等大型螺杆制造企业。2006 年宁波市获得"中国塑机之都"荣誉称号，同期舟山定海获得"中国塑机螺杆之都"荣誉称号，随着舟山大桥的通车，两地产业协作更加便捷，运输成本也大大降低。三是液压系统生产企业，主要分布在镇海和江北两区。性质有民营的，也有中外合资的。代表性企业有英特姆、双达等液压泵生产企业。国内著名的榆次液压公司，国际驰名的美国伊顿、德国科比、博世力士乐、中国台湾盟立等液压件制造商在宁波设立了办事机构，经销它们的产品。四是电机、电器、电脑生产企业，电机（含全电动的伺服电机）几乎全部从美国、日本、中国台湾或内地名牌电机厂购买。电脑生产商主要分布在鄞州和北仑科技园区，代表性企业有宁波弘讯、伊士通、深圳珊星等。以上关联企业总数在千家上下，使宁波塑机足不出市就可采购到整机所需的 90%左右的零部件。特别是国内市场所需的中低端注塑机可以全部由本市关联企业配套解决。而精密、电动或出口到欧美市场的注塑机的配套件中，则仍需向国外供货商采购解决。

一般的注塑机企业与外部的零部件企业之间形成"中心-卫星"生产网络，许多零部件企业是围绕注塑机企业发展起来的。但宁波注塑机企业之间联系的松散性，导致宁波注塑机零配件企业发展以通用件为主，而专业性极强的螺杆料筒主要来源于舟山地区。海天集团能够生产螺杆料筒零配件，也主要以自用为主。外部协作，通过产业纵向分解，降低了生产成本。反过来，零部件企业成为产业发展的纽带。但对于到国外购买电脑控制系统软硬件来说，集团购买讨价还价的余地会更大，在一定程度上导致区域利益丧失。值得指出的是，宁波注塑机械的零配件厂，在本地除铸件厂外，其他的大多生产规模小、经济实力弱，工艺普遍落后，因此大型零配件和复杂工艺协作要依赖全国各地。

（二）销售网络

塑料机械是塑料工业发展的主要支柱，它为塑料行业提供了先进的技术装备，是塑料工业发展的基础。由于塑料的可替代性、可再生性等特点，塑料工业发展前景长期看好，这为塑机产业持续发展提供了强劲的动力，从目前我国塑料工业发展现状分析，对塑机产品的需求显示了以下三个趋势：首先，通用型塑机仍是市场需求主流。目前我国塑料制品工业主流产品仍以日常民品为主，对塑机产品技术要求不高，而我国塑料产品出口国也还是以东南亚、印度、中东地区等的发展中国家为主，因此性价比良好的通用塑机目前仍为市场最大需求。其次，节能环保塑机渐成潮流。随着全球能源日渐紧缺，环境污染、气候变暖等问题日益尖锐，传统塑机产品高耗能、高耗材、噪声、污染等问题成为社会和行业关注的焦点。大型二板机、电动注塑机、伺服式注塑机等节能节材环保产品越来越受到市场青睐。最后，精密注塑机成未来趋势。医疗器材、电子产品的发展，要求注塑机向高速注射和高重复精度方向发展。目前，宁波的注塑机主流产品仍以中低端、通用型为主，技术水准只能是当今世界的三流水平，加快精密注塑机的研发，是提高产品附加值，进入高端市场的紧迫要求，也是宁波塑机产业实现由大到强转变过程中必须跨越的一道坎。

从宁波市塑料机械行业 2010～2012 年销售规模变动情况来看（表 7-3 和图 7-3），2012 年产销同比降幅较大，主要原因有：第一，市场萎缩，需求不足，这是导致宁波塑机工业产销下滑的主要原因。第二，国际、国内市场预期短期内难以改变，塑料制品企业投资比较谨慎，技术改造及塑机等主要设备投入减少、延迟履行订单的情况屡见不鲜。第三，宁波塑机主要骨干企业出现明显的产销同步下降、效益下滑局面。据统计，行业前 10 家主要塑机制造骨干企业（占行业销售额 60% 以上），主营业务收入平均降幅为 12.87%（行业下降幅度为 12.77%），这说明即使是骨干企业，在市场萎缩的外部环境下，抗风险能力也比较弱，对集群经济效益的下滑产生重大影响[①]。

表 7-3　2010～2012 年宁波塑机行业主要经济指标　　单位：万元

年份	规企家数	从业人员	工业总产值	新产品产值	出口交货值	资产总计	负债总计	产品销售收入	利税总额	利润总额
2010	75	14 457	1 480 998	293 774	282 948	1 479 423	675 352	1 415 456	210 162	171 480
2011	75	15 999	1 481 241	498 858	332 039	1 705 650	675 573	1 426 296	209 097	207 813
2012	75	15 323	1 295 135	480 999	303 677	1 927 392	785 192	1 244 204	185 602	159 202

资料来源：宁波塑机行业协会，《2012 年宁波市塑机工业经济运行概况》，2013 年 9 月

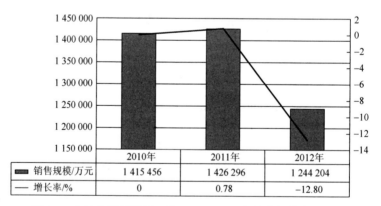

	2010年	2011年	2012年
▬ 销售规模/万元	1 415 456	1 426 296	1 244 204
— 增长率/%	0	0.78	−12.80

图 7-3　宁波市塑料机械行业 2010～2012 年销售规模变动情况

资料来源：宁波塑机行业协会，《2012 年宁波市塑机工业经济运行概况》，2013 年 9 月

①资料来源：宁波塑机行业协会，《2012 年宁波市塑机工业经济运行概况》，2013 年 9 月。

（三）进出口分析

英国 AMIC 应用市场信息咨询公司的调研报告表明，近几年世界塑机产品需求增长平均约为 4%，其中美国市场需求减少，日本基本持平，而亚洲、欧洲需求强劲，使世界市场总供需保持稳定增长。在世界塑机市场中，亚洲占 27.8%，北美占 25.8%，欧洲占 25.1%，日本占 8.8%，其他地区占 12.6%。表 7-3 显示，近年来，宁波塑机产业集群出口交货值占销售收入的比重均呈逐年上升势头，但出口增幅在 2004 年达到巅峰，此后逐步回落。来自中国海关的数据显示，中国注塑机出口量排名前五名的国家和地区，分别为中国香港、巴西、印度、土耳其和伊朗。这说明我国注塑机在国际中低端市场中存在较大优势，令人欣慰的是 2006 年宁波海天制造的全电动注塑机已成功进入北美市场，而该公司生产的亚洲最大锁模力为 3600 吨的大型二板机，也已交付国外汽车制造商用于大型汽车部件的生产，这表明宁波注塑机进军高端市场与国际注塑机巨头开始同台共舞。当然目前进军国际高端市场的企业和产品仍属凤毛麟角。

从图 7-4 中看出，2008 年，我国出口注塑机 18 815 台，出口金额达 5.6 亿美元，2009 年受国际金融危机影响，注塑机出口量降至 11 350 台，出口金额同比下降了 1/3，降至 3.7 亿美元。2010 年国际经济局势有所缓和，我国出口注塑机量、金额均回升并超过 2008 年的出口水平，实现出口注塑机 19 201 台，出口金额达 6.4 亿美元。但是从进出口额分析（表 7-4），进口金额大于出口金额的格局仍没有改变，这包含了两点信息：其一，我国注塑机产品"含金量"较低，有量无价。今后我国仍需加大力度，加快研发中高端塑机产品，高端市场需求代表了塑机产品发展方向，不进

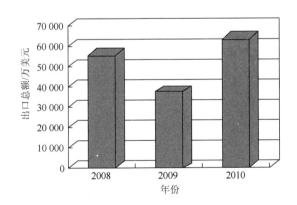

图 7-4　2008～2010 年中国注塑机（HS：847710）出口总额

资料来源：焦点科技股份有限公司 2011 年《塑料机械行业分析报告》

入高端市场就永远只能是二流、三流角色。其二，我国每年进口注塑机约 10 亿美元，这些设备应该是我国目前不能生产或会制造但设备性能不能达到要求的品种，说明目前国内塑机产品的高端市场仍被发达工业国家的产品所左右。

表 7-4 2008～2010 年世界注塑机（HS：8477）主要进口国（按 2010 年进口金额排序）

排名	进口国家（地区）	2008 年进口金额/万美元	2009 年进口金额/万美元	2010 年进口金额/万美元
1	中国	283 166	1 560 852	304 373
2	美国	207 964	202 323	174 927
3	德国	124 673	134 282	83 895
4	印度	65 231	74 259	78 270
5	墨西哥	81 455	63 059	77 711

资料来源：焦点科技股份有限公司 2011 年《塑料机械行业分析报告》

2012 年，宁波市塑机工业出口交货值完成 30.37 亿元，同比下降了 8.54%，出口交货值占销售产值的比重为 25.97%，同比稳步增加（图 7-5）。但是，出口增幅由正变负，且下跌幅度较大。宁波 10 家主要出口企业统计显示，2012 年出口额同比下降 7.35%（行业下降为 8.54%），对行业出口指标下滑产生重大影响。这说明宁波塑机集群整体的抗风险能力还比较弱[①]。

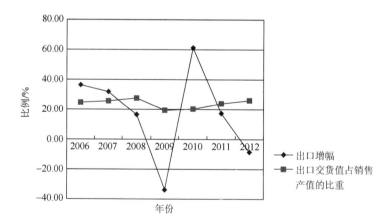

图 7-5 2006～2012 年宁波塑机产业出口增幅及出口比重变化情况

资料来源：《宁波市工业行业统计主要指标汇总表》，宁波塑料机械行业协会，2013 年 9 月

[①]资料来源：宁波塑机行业协会，《2012 年宁波市塑机工业经济运行概况》，2013 年 9 月。

（四）集群企业网络结构

（1）企业组织结构不甚合理。2012 年，宁波市规模以上塑机企业 75 家，其中排前 10 名的骨干企业年销售额约计 82.1 亿元，占了全部规模以上塑机企业 124.4 亿元的 65.9%。而在年销售额超亿元的企业中，宁波海天塑机的年销售额达 62.6 亿元，占全部规模以上企业的 76%，一枝独秀，遥遥领先于其他企业，而其他企业的年销售额均在 5 亿元以下（表 7-5）。这表明宁波塑机产业集群企业组织结构的比重呈现"哑铃"形状。一端是数量少但规模大的核心大企业，另一端是数量众多的中小企业，除了"超级大国"，便是"第三世界"，缺乏年销售额 10 亿元上下的第二层次企业群。这种实力过于悬殊的状态，不利于形成你追我赶的竞争格局，也不利于产业集群内部开展充分而公平的竞争。此外，宁波市塑机企业基本上是清一色的民营企业，凭借体制优势，抢占了市场先机，很快发展成全国集中度最高的塑机制造产业基地；但是随着时间推移，民营企业内部家族制管理模式，暴露了固然的局限性，职业经理人队伍发育仍相对滞后，这对宁波塑机产业集群的提升和后续发展造成了不利的影响。另外，从表 7-5 发现，2010～2012 年宁波塑机产业规模以上企业户数没有变化，说明产业集群的衍生度不高。

表 7-5　2010～2012 年宁波塑机行业排名前 10 位企业主要经济指标

年份	企业	工业总产值/万元	新产品产值/万元	出口交货值/万元	产品销售收入/万元	利税总额/万元	人数/人
2010	海天塑机集团有限公司	723 125	100 879	151 228	705 058	149 593	4 119
	宁波海达塑料机械有限公司	43 954	15 798	4 976	40 916	4 368	379
	宁波海雄塑料机械有限公司	29 217	11 253	3 430	28 873	2 394	495
	宁波双马工业有限公司	17 022	5 631	0	15 870	382	252
	宁波创基机械有限公司	10 723	2 890	1 065	8 057	506	161
	富强鑫机械制造有限公司	19 122	15 263	3 165	17 442	3 519	192
	宁波海星塑料机械制造有限公司	25 277	13 479	8 360	24 949	1 666	252
	浙江金鹰塑料机械有限公司	23 215	9 927	10 211	23 280	2 133	310
	宁波通用塑机制造有限公司	18 160	9 457	8 244	18 218	1 597	256
	震雄机械（宁波）有限公司	2 800	6 000	2 000	25 000	2 500	230
2011	海天塑机集团有限公司	697 326	294 274	181 070	702 572	145 565	4 744
	宁波海达塑料机械有限公司	50 520	22 235	5 147	45 834	4 921	412

年份	企业	工业总产值/万元	新产品产值/万元	出口交货值/万元	产品销售收入/万元	利税总额/万元	人数/人
2011	宁波海雄塑料机械有限公司	30 176	9 180	4 001	30 216	2 139	472
	宁波双马工业有限公司	28 356	10 524	1 040	28 012	1 568	236
	宁波创基机械有限公司	22 630	9 565	5 937	22 304	1 423	179
	富强鑫机械制造有限公司	23 458	20 453	5 723	23 451	5 024	213
	宁波海星塑料机械制造有限公司	29 307	17 718	10 279	28 804	2 850	280
	浙江金鹰塑料机械有限公司	24 107	13 722	12 623	24 868	2 723	320
	宁波通用塑机制造有限公司	19 994	10 734	3 438	18 550	914	295
	震雄机械（宁波）有限公司	19 500	3 000	1 823	16 000	1 126	225
2012	海天塑机集团有限公司	627 396	298 465	172 375	625 789	133 699	4 860
	宁波海达塑料机械有限公司	42 455	21 776	5 419	39 205	4 267	410
	宁波海雄塑料机械有限公司	27 166	7 777	5 156	27 322	1 858	226
	宁波双马工业有限公司	25 500	16 810	1 465	24 320	1 326	231
	宁波创基机械有限公司	19 000	4 870	6 163	19 395	1 464	173
	富强鑫机械制造有限公司	18 683	15 587	5 941	19 354	1 821	222
	宁波海星塑料机械制造有限公司	22 941	18 806	6 885	18 867	1 809	267
	浙江金鹰塑料机械有限公司	17 031	9 169	6 268	17 247	1 936	310
	宁波通用塑机制造有限公司	16 789	8 491	2 720	16 852	895	292
	震雄机械（宁波）有限公司	14 064	820	1 444	12 405	361	210

资料来源：《宁波市工业行业统计主要指标汇总表》，宁波塑料机械行业协会，2013 年 9 月

（2）产品结构同质化困扰产业集群健康发展。宁波塑机产业发端自 20 世纪 70 年代的宁波塑机总厂，产业集群形成于 20 世纪 90 年代以海天为代表的"海字系谱"企业崛起之后。可以说多数企业都与"总厂"或"海天"有一定历史渊源，这种"近亲繁衍"的结果给产业的成长印上了深深的烙印，这就是产品雷同，由此造成企业缺乏个性，普通常规机型产能过剩，市场营销策略上采取低价竞销。宁波塑机行业协会成立不久，开始推行了行业自律措施，企业之间不正当竞争现象有所缓和，但是行业中产品同质化这一结构性弊病并没有得到根本解决。近几年宁波海天等几家骨干企业，开发成功了伺服节能注塑机，并日益成为引领市场潮流的主打产品，但时隔不久，宁波多数塑机企业就迅速跟进，也开始涉足生产

伺服节能注塑机。伺服机与传统的液压机比较，节电 40%～60%，技术上前进了一大步。但问题在于多数企业缺乏自主创新能力，始终无法形成企业产品个性和特色。虽然提高了一步，但产品同质化的难题仍然没有破解[①]。

（3）集群发展的路径依赖性。宁波塑机产业集群的发展壮大，主要来源于企业内部资源的重组。在此过程中，销售经理创业是常见的事。新企业在产业群中产生具有很强的路径依赖性，主要因为销售经理拥有企业的客户资源，这样产品具有稳定的销售渠道；其次，注塑机产品的装配技术难度低，注塑机的关键配件螺杆料筒铸件，液压系统的油缸、泵、阀、管路、管接头，铸件类零配件，钣金类零配件，轴类零配件，电气驱动与控制零配件都可以到外协厂购买，而且这些外部协作厂在宁波地区很容易找到，另外通过宁波塑机行业 30 多年的发展，培育了一大批注塑机产业工人，创业的风险比较小，创业容易成功。最后，值得指出的是，长期以来宁波的注塑机企业以家族企业为主，产权激励几乎没有，而注塑机行业的卖方市场（虽然近年来，注塑机已经进入卖方市场，供大于求，但仍然是行业进入成本小、利润空间大）导致巨大的利润空间，也是导致宁波塑机产业集群形成的外部客观环境。

（五）集群企业创新度

近年来，虽然我国塑机工业自主创新能力有所增强，但是产品的国际竞争力依然比较弱。宁波塑机产业集群除了具有本行业的共性以外，也具有自身鲜明的特点。

（1）宁波塑机产业有一定技术优势。宁波生产的注塑机门类齐全，有普通机、电脑机、全液压机、液电复合机、电动机等，塑机注射量小的 15 克，大到 5 万克，最大锁模力达到 3600 吨，能基本满足国内不同用户的需求。多年来，宁波塑机行业中的骨干企业先后获得过中国机械名牌产品、中国出口名牌产品、6 枚省级名牌及 10 余枚市级名牌产品；2006 年宁波海天生产的 HT 牌注塑机又荣登中国名牌榜，实现了我国塑机产品无缘中国名牌的零突破。有 19 家企业通过了 ISO 9001 质保体系认证，11 家企业通过欧盟 CE 安全认证；优势骨干企业自主研发的大型二板机、高速机、伺服节能注塑机、全电动注塑机等机型，技术性能居国内同业领先地位。宁波塑机产业的生产规模与技术水平，在国内同业具有明显的比较优势，2006 年宁波市被国家有关部门授予"中国塑机之都"荣誉称号。但是与发达工业国家比较，宁波塑机产业的技术创新水平仍存在相当大的差距，宁波生产的注塑机主流产品仍以中低端、通用型为主，技术水准只能是当今世界的三流水平。努力缩小与世界先进水平的差距，实现宁波塑机由大到强的转变，仍会有一个较长的过程

---

①宁波市塑料机械行业协会与宁波大学商学院课题组，《宁波塑机产业集群竞争力分析》，2009 年。

（彭新敏和杨佐飞，2008）。

（2）产业自主开发能力薄弱。多数企业技术上主要依靠引进和仿制，缺乏自主创新能力。据统计，宁波塑机企业具有自主开发能力的不上 20 家，行业研发性投入平均不到销售额的 3/1000，仅为国际先进国家技术研发平均投入的 1/10。核心企业的技术支撑作用不强。由此造成宁波塑机产品的技术水平与国际先进国家的技术水平的差距并没有明显缩小或拉近。2012 年，宁波市塑机行业新产品产值达到 48.10 亿元，产值率达 37.14%，比 2011 年同期的 33.68%略有增加[①]。图 7-6 是宁波塑机行业 2006～2012 年新产品产值率变化情况，据调查，该集群企业的新产品产值过度集中在几家重点企业上，而广大中小企业往往没有新产品产值或产值偏低。这反映了企业新产品滚动研发力度的明显不足。

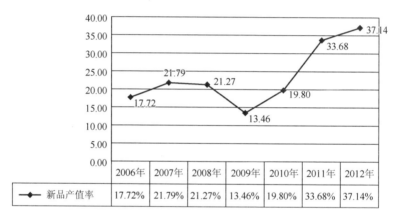

图 7-6　2006～2012 年宁波塑机产业集群新产品产值变化情况

资料来源：宁波塑机行业协会，《宁波市塑机行业经济运行概况》，2013 年 9 月

　　（3）主要产品附加值低。注塑机是一个复杂产品，其本身还可以分解为不同零部件，这些零部件的品质在很大程度上决定了整机的品质，也影响了塑机产品的附加值。注塑机全球价值链由四个环节构成：原材料生产及设备供应环节—零部件供应环节—研发生产环节—市场营销与售后服务环节（图 7-7），这四个价值环节，并不是每个价值环节都创造等量价值，只有某些关键环节才能创造更高的附加值。这些高附加值的价值环节一般就是全球价值链的战略环节。谁抓住了这些战略环节，谁就抓住了整个价值链，谁就控制了该行业的高端市场。由此可见，要保持全球产业竞争优势，关键是掌握该产业价值链上的战略环节，对注塑机产业来说，一般是在产品的研发及制造领域（鼓新敏和郑长娟，2008）。表 7-6 是目前市场上的典型产

---

①资料来源：宁波塑机行业协会，《宁波市塑机行业经济运行概况》，2013 年 9 月。

品——液压注塑机及组成该产品的零部件和零部件的主要供应商，显然注塑机配套的关键部件目前仍由国外厂商占主导（彭新敏和郑长娟，2008）。

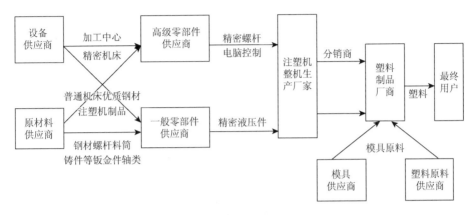

图 7-7　注塑机产业全球价值链

资料来源：彭新敏，郑长娟.全球价值链视角下我国注塑机产业升级研究[J].中国科技论坛，2008，（7）：42

表 7-6　注塑机主要零部件及其地位

部件	零件	在整机中的地位	主要供货商
机架系统	底座、铸件	一般部件	宁波东吴镇等
机门系统	电器开关、液压保护、机械锁	一般部件	宁波等地
锁模系统	格林挂、锁模板等	重要部件	宁波等地
射胶系统	射座、料筒、螺杆、加热干燥、防护罩等	重要部件	舟山等地
传动系统	液压缸、液压马达、液压管、泵、阀门等	关键部件	国外产品主导
控制系统	电器元件、控制电脑	关键部件	国外产品主导

资料来源：宁波市塑料机械行业协会，宁波大学商学院课题组.2009.宁波塑机产业集群竞争力分析[R]

二、宁波塑机产业集群的中间支撑网络

（一）公共资源支撑

1.自然资源

宁波地理位置优势明显。宁波港是我国著名的深水良港，进港航道水深 18.2 米以上，25 万吨级及以下船舶满载可自由进出港；25 万吨级至 30 万吨级超大型巨轮可候潮进出。宁波港拥有生产性泊位 191 座，其中 5 万吨级至 25 万吨级的特

大泊位 25 座,是我国内地大型和特大型水泊位最多的港口。此外,铁路、高速公路、空运发达,借助水、陆、空便捷的运输条件,年产数十万吨的塑机产品可便捷地投放到世界各地。

2. 劳动力资源

宁波作为沿海开放城市,劳动力资源相当丰富。据宁波统计年鉴公布,2012年宁波制造业有员工 819 865 人,按文化程度分,大学本科以上从业人员 52 481 人,占 6.4%,大专 99 760 人,占 12.2%,中专及高中 253 834 人,占 31%,初中及以下 413 790 人,占 50.5%,其中专业技术人员 106 494 人,占全部在岗职工的 13%。人才结构基本合理。而全市近几年塑机整机企业员工总数大致稳定在 1.5 万人[①]。除了高级研发人才尚紧缺,其余如产品装配、调试、检测等各类技术人员,能基本满足产业集群发展的需要。

3. 资本保障

据 2012 年行业统计[②],宁波市规上塑机整机生产企业 75 家,资产总计 192.7 亿元,负债总计 78.5 亿元,资产负债率仅 40.7%,处于相对安全水平。这表明宁波塑机产业通过数十年发展,已经积累了雄厚的自有资本,且发展的模式主要通过自身逐步积累。这种发展模式的优点是有序前进、稳定发展,特别在银行放贷紧缩时,不至于出现资金链断裂的窘迫状态;但有利有弊,在经济上升期,有时会错失较快扩张的机会。此外,行业老大宁波海天已于 2007 年在香港股市成功上市,并募集了 17 亿港元,为企业更快发展提供了资本保证。

4. 基础设施

宁波市的工业园区设施优良,交通通信十分便利,配合鄞州高教园区和宁波大学为中心的北高教园区,拥有创业创新极佳的硬件环境。而以占宁波塑机销售收入约 2/3 的北仑区为例,区内拥有宁波经济技术开发区、宁波保税区、宁波出口加工区和宁波大榭开发区,成为宁波塑机产业集群可持续发展的较好的外部环境。

(二)公共服务水平

1. 市政府扶持塑机产业集群持续发展的有关政策

宁波市政府办公厅颁布的《工业经济政策重要文件汇编》涉及塑机产业发展的相关内容,其要点有:"把宁波塑机产业列为市重点优势制造业之一","提出要以宁波海天集团行业龙头企业为重点,加快开发具有自主知识产权的核心技术和产品,努力建设全国最大的塑机产品生产基地"。"加强企业创新体系建设,提高企业科技竞争力。设置重点产业科技专项资金,奖励企业技术中心,争创国家级、

---

①资料来源:根据宁波市统计局《宁波统计年鉴 2013》公布的相关数据整理。
②资料来源:宁波市塑机行业协会《2012 宁波塑机行业统计主要指标汇总表》。

省级技术中心等活动，对企业及科技人员获得国家发明专利授权的专利实施专利津贴。""加快利用信息技术改造提升传统优势产业。对于企业信息化建设贷款给予专项贴息，重点信息化示范企业给予一次性奖励；对行业信息化平台予以建设补助。""加快产业基地建设。宁波北仑已被国家科学技术部授予'国家火炬计划北仑注塑机产业基地'，要进一步完善功能，大力引进国际著名塑机制造企业和相关配套企业，着力打造世界级的塑机生产、研发、检测和销售基地。""推动节能技术，开发节能产品。政府设置节能扶助资金，对节能产品、节能技术、新工艺的推广和应用给予补助。""加强人力资源的开发为产业结构调整升级提供人才支撑。"以上一系列政策的出台，对于宁波市塑机产业集群竞争力的提升，将产生非常重大的影响。

2. 国家塑料机械产品质量监督检验中心

位于宁波北仑开发区的国家塑料机械产品质量监督检验中心（以下简称国家塑机中心）是国家质量监督检验检疫总局及国家认证认可监督管理委员会授权成立的我国唯一的塑机类产品国家检验机构[1]。作为国家级检验机构，国家塑机中心不仅具有塑料机械、食品机械、金属加工机械和其他机械方面的检验能力，而且可提供材料化学分析、物理性能、全相、无损探伤和精度等方面的检验服务。通过不懈的努力，国家塑机中心在中国塑机行业建立了较高的知名度和技术权威性，在工作中培养了一批具有丰富工作经验的工程师队伍。近年来国家塑机中心又开展了 CE 安全认证及产品的验货服务，本着对客户负责、对产品质量负责的服务宗旨，以公正、科学的工作态度，严格地按照相关标准和客户要求对产品进行检验，确保产品的质量。国家塑机中心落户宁波，作为宁波塑机产业集群的重要服务支撑机构，在维护塑机企业和消费者正当权益，保护优势品牌，促进塑机产业集群健康发展等方面都发挥了重要作用。

3. 企业研究中心和企业工程研究院

2004 年，宁波海天集团与中国著名的塑料机械高等学府北京化工大学联手成立海天—北化研究中心，走上了塑机制造产、学、研一体化道路。2005 年年初，宁波海天集团企业技术中心被国家科学技术部等六部委联合认定为"国家认定企业技术中心"。宁波海太集团与华南理工大学联合创立了宁波首家企业工程研究院和企业博士后工作站。宁波海太集团企业技术中心被浙江省认定为"省级认定企业技术中心"。此外，宁波海达、宁波通用、宁波双马等企业通过与大专院校合作，致力于产品研发或者专业人才培养引进，努力提升企业自主创新能力。这些企业代表了宁波塑机产业的发展潜力和方向[2]。

---

①宁波市塑料机械行业协会与宁波大学商学院课题组，《宁波塑机产业集群竞争力分析》，2009 年，第 9 页。
②宁波市塑料机械行业协会与宁波大学商学院课题组，《宁波塑机产业集群竞争力分析》，2009 年，第 9 页。

（三）行业协会建设

宁波市塑料机械行业协会成立于 2003 年 3 月，是全国仅有的三家塑机专业行业协会之一（其他两家是中国塑料机械工业协会和张家港塑料机械行业协会）。协会自成立以来，开展了多次富有成效的主题活动。例如，制定行规行约，初步缓和了同业之间的无序竞争；承办宁波国际塑博会；组织国内外同业学习考察活动；举行行业培训活动；申报成功"中国塑机之都"；推荐申报注塑机中国名牌产品；组织行业反倾销活动。行业协会在规范行业行为、促进产业技术创新、维护行业权益等方面发挥了日益重要的作用。由于宁波塑机产业在国内处于举足轻重的地位，宁波市塑料机械行业协会作为团体会员加入中国塑料机械工业协会，并在其中担任了副会长职务，这对于宁波塑机产业借助行业平台，广泛地参与国内外行业交流合作，提升产业集群竞争力起到了助推作用[①]。

三、宁波塑机产业集群的外围社会网络

1. 宁波民营经济发达

近年来，宁波民营经济迅猛发展，体制先发优势明显。据统计，目前宁波民营经济创造的 GDP 接近全市经济总量的 80%，创造的利税约占全市利税总额的 70%，创造的就业岗位接近全市就业总量的 85%。国有企业通过产权制度改革和理顺职工劳动关系为主要内容的两项制度改革，经济体制改革取得了重大突破，新型的工业管理体制已经建立，为今后经济发展奠定了良好的体制和机制优势[②]。

2. 宁波帮的创业精神

近代宁波商人表现出来的勇于开拓、善于创新、敢于冒险、诚实守信、同舟共济等整体特征塑造了宁波特色的商帮文化，而新时期的宁波特色文化又吸收了传统历史文化（包括商帮文化）的优点和精髓，并有新的发展（王传宝等，2004）。宁波现代企业家继承了近代宁波帮敢于冒险、创新的传统，善于激发民众创业精神，激活民营企业活力。同时，宁波拥有激发企业家开拓创业和勇于创新的制度与社会环境，富有鼓励个性和激励创新的文化氛围。

3. 宁波塑机产业的历史传承

宁波塑机工业发端于 20 世纪 70 年代的宁波塑料机械总厂。此后，树大分枝，几大分家，形成了一批"总厂系"的塑机企业；20 世纪 90 年代，民营经济崛起，

---

① 宁波市塑料机械行业协会与宁波大学商学院课题组，《宁波塑机产业集群竞争力分析》，2009 年，第 8 页。
② 宁波市统计局，《2009 年宁波市国民经济和社会发展统计公报》，2010 年。

宁波涌现了以龙头海天为首的"海字系谱"塑机企业，奠定了宁波塑机产业集群发展的基础。20世纪末、21世纪初，国际塑机巨头登陆宁波，使宁波塑机产业实现了新的跨越。三段历史时期，三波持续发展，体会了创业的艰辛，享受了成功的喜悦，经历了危机的焦虑。这些历史经验使宁波塑机产业集群具有较强抗击外部风浪的能力。

综合以上对宁波塑机产业集群网络结构的分析，可以得出如下结论：宁波塑机产业集群的企业组织网络存在企业组织结构不合理、产品结构趋同和技术创新度不高（彭新敏，2009）。产业集群的中间支撑网络比较完善，公共服务水平较好。区域社会文化鼓励创新，人际关系和谐。这说明目前产业集群的发展风险主要来自内部的企业网络结构。

第四节　宁波塑机产业集群创新网络风险 Logistic 回归分析

为了进一步验证产业集群网络结构与风险的相关关系，本节根据宁波塑机产业集群的实证调查结果，运用 SPSS13.0 分析软件对理论研究结论进行 Logistic 回归分析检验。

一、问题描述和数据准备

首先，将影响产业集群风险的网络结构因素归结为企业组织网络、中间支撑网络和社会文化网络三个分析维度，并分别用联系密切、一般和不密切三种状态来描述各个样本企业在产业集群网络结构中的相互关系。其次，鉴于产业集群风险难以定量刻画，这里用各个样本企业目前的经营绩效指标间接衡量，即分别以绩效好、一般和差表示集群企业的风险小、风险一般和风险大。

统计分析选取宁波塑机产业集群中 85 家规模以上企业为调查样本，设计了调查问卷（见附录三）。选择调查样本时，兼顾了企业资产规模、设立时间、技术水平、创新能力、经营状况和产业价值链环节等方面的差异性，以增强样本的代表性；调查对象包括企业法人代表、企业高级管理人员、营销人员和技术研发人员等。共发放 85 份调查问卷，回收问卷 79 份，其中有效问卷 66 份，回收有效率 77.6%。首先，对调查问卷中各个企业当前三种网络状态的判断结果进行分类汇总。然后，以 2008 年度各个企业经营业绩的统计指标作为判断集群企业所面临风险大小的依据。

二、模型选择和变量设置

（一）模型选择

鉴于问卷调查多采用定性分析和主观评价法，而且产业集群网络结构及其风险的分析维度都是多分类（三个）变量，这里选择多元 Logistic 回归分析模型。如果因变量有 j 种可能性，则取第 i 类水平的回归方程为（杜强和贾丽艳，2009）

$$\ln[P_j/(1-P_j)] = \alpha_{i0} + \sum \beta_{iP} x_P$$

这样，对于建立的每一个 Logistic 模型都获得一组回归系数。如果因变量有三种分类，这时将其中的一种分类作为参考类别，就得到两组非零回归系数。例如，当因变量 y 分别取值 1, 2, 3 时，则可以得出：

$$P_1 = p(y = 1 \mid x) = \exp(\alpha_1 + \beta_x) / [1 + \exp(\alpha_1 + \beta_x)]$$
$$P_2 = p(y \leqslant 2 \mid x) = \exp(\alpha_2 + \beta_x) / [1 + \exp(\alpha_2 + \beta_x)]$$
$$P_3 = p(y \leqslant 3 \mid x) = 1 - P_2$$

（二）变量设置

根据 SPSS13.0 统计分析软件对变量的要求和本节研究的意图，将因变量和自变量分别设置如下。

因变量 y 表示样本企业的网络风险（经营绩效）：$y=1$ 表示风险小（绩效好），$y=2$ 表示风险一般（绩效一般），$y=3$ 表示风险大（绩效差）。自变量 x_1 表示样本企业与集群内其他企业的联系强度：$x_1=1$ 表示联系密切，$x_1=2$ 表示联系强度一般，$x_1=3$ 表示联系不密切。自变量 x_2 表示样本企业与其他社会组织的合作关系：$x_2=1$ 表示关系密切，$x_2=2$ 表示关系一般，$x_2=3$ 表示关系不密切。自变量 x_3 表示样本企业受所在地社会文化网络的影响程度：$x_3=1$ 表示影响大，$x_3=2$ 表示影响一般，$x_3=3$ 表示影响小。

三、统计结果导出分析

将因变量 $y=3$ 即集群风险大（绩效差）作为参照类别，运用 SPSS13.0 统计软件进行 Logistic 回归分析，分别得到风险小（绩效好）和风险一般（绩效一般）两种水平的非零回归系数。现将导出结果分析如下。

（一）案例处理摘要和拟合度检验

如表 7-7 所示，根据调查结果汇总出因变量和自变量在各水平下的样本数与边际百分比，并显示出全部 66 个样本都是有效样本，可以作为原始数据输入软件进行统计分析。表 7-8 显示的最终模型中只包含截距项（其他参数系数全为 0）时的似然比检验结果，此处的卡方统计量（Chi-Square）就是前面的两个 –2 倍对数似然值的差。卡方检验的 Sig.值等于 0，即远小于 0.01，说明最终模型要优于只含截距项的模型，即最终模型显著成立。表 7-9 进一步表明，由于 Pearson 统计量和偏差统计量的 Sig.值都大于 0.1，不能否定零假设，即模型的拟合效果较好。

表 7-7 案例处理摘要

变量与设置值		N	边际百分比/%
集群绩效	1	35	53.0
	2	20	30.3
	3	11	16.7
企业网络	1	13	19.7
	2	34	51.5
	3	19	28.8
支撑网络	1	35	53.0
	2	13	19.7
	3	18	27.3
社会网络	1	31	47.0
	2	22	33.3
	3	13	19.7
有效样本		66	100.0
无效样本		0	
全部样本		66	

表 7-8 模型拟合信息

Model	Model Fitting Criteria	Likelihood Ratio Tests		
	-2 Log Likelihood	Chi-Square	df	Sig.
Intercept Only	102.098			
Final	51.223	50.875	12	0.000

表7-9　拟合度

	Chi-Square	df	Sig.
Pearson	28.087	26	0.354
Deviance	30.656	26	0.241

（二）参数估计结果分析

以因变量 y=3 即集群风险大（绩效差）作为参照类别［参数被设为 0，表 7-10 中以 0（b）表示］，SPSS13.0 统计软件分别输出风险小（绩效好）和风险一般（绩效一般）两种水平的非零回归系数。为节约篇幅，表 7-10 显示的只是 y=1 风险小时的参数估计值。Exp（B）一列的数值就是自变量在其他因素不变的情况下，属于当前水平的参数估计。下面，依次分析各个参数表达的实际信息。

表7-10　参数估计

performance（集群绩效）（a）	argument（自变量）	B	Std. Error	Wald	df	Sig.	Exp（B）	95% Confidence Interval for Exp（B）	
								Lower Bound	Upper Bound
1	Intercept	−2.337	1.133	4.251	1	0.039			
	[x_1=1]	1.547	1.569	0.972	1	0.324	4.695	0.217	101.598
	[x_1=2]	2.213	1.132	3.822	1	0.051	9.140	0.994	84.024
	[x_1=3]	0（b）	.	.	0	.	.	.	.
	[x_2=1]	1.941	1.186	2.676	1	0.102	6.964	0.681	71.248
	[x_2=2]	−1.061	1.233	0.739	1	0.390	0.346	0.031	3.884
	[x_2=3]	0（b）	.	.	0	.	.	.	.
	[x_3=1]	2.199	1.186	3.441	1	0.064	9.019	0.883	92.106
	[x_3=2]	1.731	1.346	1.654	1	0.198	5.649	0.403	79.083
	[x_3=3]	0（b）	.	.	0	.	.	.	.

a The reference category is: 3.　（参照类别为 3）

b This parameter is set to zero because it is redundant.　（这个参数设置为零，因为它是多余的）

首先，自变量 x_1 表示样本企业与集群其他企业联系强度的参数值。x_1=1 时，Exp（B）=4.695，表明样本企业与集群其他企业联系密切时，集群风险小（绩效好）发生的概率是样本企业与集群其他企业联系不密切（x_1=3）时发生概率的 4.695

倍；$x_1=2$ 时，Exp（B）=9.140，表明样本企业与集群其他企业联系一般时，集群风险小发生的概率是样本企业与集群其他企业联系不密切（$x_1=3$）时发生概率的9.140 倍。可见，企业之间联系强度一般反而比联系密切更有利于降低产业集群的网络风险（可能性几乎增加 2 倍），这也印证了产业集群的企业网络关系过于紧密容易导致企业创新的路径依赖和锁定效应，从而增加风险。这些与产业集群发展的实际例证及其网络结构风险的理论研究结论都是相符的。

其次，自变量 x_2 表示样本企业与其他社会组织合作关系的参数值。$x_2=1$ 时，Exp（B）=6.964，表明企业与社会组织系统的密切合作使集群风险小的概率是企业与社会组织关系不密切时的 6.964 倍，显示出良好的社会支持网络对于降低集群风险具有至关重要的作用，这与客观实际也是一致的；$x_2=2$ 时，Exp（B）=0.346，说明企业与社会支撑网络联系一般时反而不如联系较少时有利于降低集群风险，这就有悖于常理，也说明了选择的回归模型有改进的余地。

最后，自变量 x_3 表示样本企业受所在地的社会文化网络影响程度的参数值。$x_3=1$ 时，Exp（B）=9.019；$x_3=2$ 时，Exp（B）=5.649，说明良好的社会外部环境和文化氛围有利于降低产业集群风险，而且这种作用呈正向强化的趋势。这与产业集群区域发展环境的实际情况也是一致的。

（三）模型预测分类比较

表 7-11 显示的是回归模型预测值同实际观察值的比较，从而反映模型对实际数据的拟合程度，各栏目对角线上的数值代表判断正确的样本数。对照可知，初始观察值中 35 个风险小的样本企业，模型预测有 29 个风险小，判断正确率为82.9%；模型预测风险一般和风险大的样本企业个数分别为 14 个和 6 个，判断准确率分别为70.0%和54.5%。总体来看，模型预测正确的概率为74.2%，可以认为回归模型的数据拟合能力较好。

表 7-11　分类

Observed（观察值）	Predicted（预测值）			
	1	2	3	Percent Correct（判断正确率）
1	29	4	2	82.9%
2	4	14	2	70.0%
3	2	3	6	54.5%
Overall Percentage（整体百分比）	53.0%	31.8%	15.2%	74.2%

第五节 宁波塑机产业集群创新网络
风险预警指标实证分析

一、构建判断矩阵

按照第六章建立的产业集群网络结构风险的预警指标体系框架，根据调查宁波塑机产业集群中 85 家规模以上企业取得的原始数据，构建产业集群网络结构风险预警指标的判断矩阵如下。

$$A=\begin{pmatrix} 1 & 2 & 3 \\ 1/2 & 1 & 1 \\ 1/3 & 1 & 1 \end{pmatrix}, \quad B_1=\begin{pmatrix} 1 & 1 & 1/2 \\ 1 & 1 & 1 \\ 2 & 1 & 1 \end{pmatrix}, \quad B_2=\begin{pmatrix} 1 & 1/2 & 1 \\ 2 & 1 & 1 \\ 1 & 1 & 1 \end{pmatrix}$$

$$B_3=\begin{pmatrix} 1 & 1 \\ 1 & 1 \end{pmatrix}, \quad C_1=\begin{pmatrix} 1 & 1 & 1 \\ 1 & 1 & 1 \\ 1 & 1 & 1 \end{pmatrix}, \quad C_2=\begin{pmatrix} 1 & 1/2 & 1/3 & 1 \\ 2 & 1 & 1 & 1 \\ 3 & 1 & 1 & 1 \\ 1 & 1 & 1 & 1 \end{pmatrix}$$

$$C_3=\begin{pmatrix} 1 & 1/2 & 1/2 \\ 2 & 1 & 1 \\ 2 & 1 & 1 \end{pmatrix}, \quad C_4=\begin{pmatrix} 1 & 1/2 & 1 \\ 2 & 1 & 1 \\ 1 & 1 & 1 \end{pmatrix}, \quad C_5=\begin{pmatrix} 1 & 1 & 1 \\ 1 & 1 & 1 \\ 1 & 1 & 1 \end{pmatrix}$$

$$C_6=\begin{pmatrix} 1 & 1 \\ 1 & 1 \end{pmatrix}, \quad C_7=\begin{pmatrix} 1 & 1 & 1/2 \\ 1 & 1 & 1/2 \\ 2 & 2 & 1 \end{pmatrix}, \quad C_8=\begin{pmatrix} 1 & 1/2 & 1 \\ 2 & 1 & 2 \\ 1 & 1/2 & 1 \end{pmatrix}$$

二、未加权超矩阵的生成

（1）计算最大特征值及其特征向量。以 A 矩阵为例。首先，计算 A 的每一行元素的乘积：

$$M_1=1\times2\times3=6, \quad M_2=1/2\times1\times1=1/2, \quad M_3=1/3\times1\times1=1/3$$

计算 M_i 的 m 次方根：

$$\alpha_i=(M_i)^{1/m}$$

$$\alpha_1=(6)^{1/3}=1.8171, \quad \alpha_2=(1/2)^{1/3}=0.7937, \quad \alpha_3=(1/3)^{1/3}=0.6933$$

对向量 $\alpha=(\alpha_1, \alpha_2, \alpha_3)^T=(1.8171, 0.7937, 0.6933)^T$ 作归一化处理，得特征向量：

$$W=(w_1, w_2, w_3)^T=(0.5499, 0.2402, 0.2099)^T$$

由于

$$AW = \begin{pmatrix} 1 & 2 & 3 \\ 1/2 & 1 & 1 \\ 1/3 & 1 & 1 \end{pmatrix} \begin{pmatrix} 0.5499 \\ 0.2402 \\ 0.2099 \end{pmatrix}$$

$$= (1.6600, 0.7251, 0.6334)^{\mathrm{T}}$$

最大特征值为

$$\lambda_{\max} = 1/m \sum (1/w_i)(AW)_i = 1/3(1.6600/0.5499 + 0.7251/0.2402 + 0.6334/0.2099)$$

$$= 3.0183$$

（2）进行一致性检验，由于

$$CI = (\lambda_{\max} - m)/(m-1) = (3.0183 - 3)/2 = 0.0092$$

$$CR = CI/RI = 0.0092/0.52 = 0.0176 < 0.1$$

判断矩阵满足一致性检验。

为了节省篇幅，这里略去对其他判断矩阵的这一计算过程，只给出相应的层次指标权重和一致性检验值的计算结果（表7-12）。

表 7-12　各层次指标的权重及一次性检验值

A	W	B_1	W	B_2	W	B_3	W	C_1	W	C_2	W
B_1	0.55	C_1	0.26	C_4	0.26	C_7	0.5	D_1	0.33	D_4	0.15
B_2	0.24	C_2	0.33	C_5	0.41	C_8	0.5	D_2	0.33	D_5	0.29
B_3	0.21	C_3	0.41	C_6	0.33			D_3	0.33	D_6	0.32
										D_7	0.24
$\lambda_{\max}=3.0183$		$\lambda_{\max}=3.0536$		$\lambda_{\max}=3.0536$		$\lambda_{\max}=2$		$\lambda_{\max}=3$		$\lambda_{\max}=4.1171$	
CR=0.0176		CR=0.0515		CR=0.0515		CR=0		CR=0		CR=0.0438	
C_3	W	C_4	W	C_5	W	C_6	W	C_7	W	C_8	W
D_8	0.20	D_{11}	0.26	D_{14}	0.33	D_{17}	0.50	D_{19}	0.25	D_{22}	0.25
D_9	0.40	D_{12}	0.41	D_{15}	0.33	D_{18}	0.50	D_{20}	0.25	D_{23}	0.50
D_{10}	0.40	D_{13}	0.33	D_{16}	0.33			D_{21}	0.50	D_{24}	0.25
$\lambda_{\max}=3$		$\lambda_{\max}=3.0536$		$\lambda_{\max}=3$		$\lambda_{\max}=2$		$\lambda_{\max}=3$		$\lambda_{\max}=3$	
CR=0		CR=0.0515		CR=0		CR=0		CR=0		CR=0	

三、预警指标权重的确定

上述表7-12确定的各层次指标权重和一致性检验值的计算结果只是各个指标在其所在层次中的相对权重。需要从上到下逐层计算各个指标相对于总目标的权重总排序。在实际计算中，按照表格形式比较简便直观。设相邻两层次中，层次 A 包含有 m 个元素 $A_1, A_2, \cdots, A_m$，层次 B 包含 n 个元素 $B_1, B_2, \cdots, B_n$。上一层次元素总排序权重分别为 $w_1, w_2, \cdots, w_m$，下一层次元素关于上一层次 A_j 的层次单排序权重向量为 $(b_{1j}, b_{2j}, \cdots, b_{nj})^{\mathrm{T}}$。那么，层次 B 相对于总目标的权重总排序值分别为 $w_1 b_{1j}, w_2 b_{2j}, \cdots, w_m b_{nj}$。在实际问题中，总排序的一致性检验常常可以省略，因为各个层次通过一致性检验后，常常总排序是各层次的加权平均值，不会有太大的偏离。下面，根据表 7-12 的数值计算出宁波塑机产业集群网络结构风险评价指标的总排序权重值（表 7-13）。

表 7-13 宁波塑机产业集群网络结构风险评价指标的总排序权重值

总目标	一级指标			二级指标			三级指标		
指标代码	指标代码	单层权重	总权重	指标代码	单层权重	总权重	指标代码	单层权重	总权重
A	B_1	0.55	0.55	C_1	0.26	0.143	D_1	0.33	0.0472
							D_2	0.33	0.0472
							D_3	0.33	0.0472
				C_2	0.33	0.182	D_4	0.15	0.0273
							D_5	0.29	0.0528
							D_6	0.32	0.0582
							D_7	0.24	0.0437
				C_3	0.41	0.226	D_8	0.20	0.0452
							D_9	0.40	0.0904
							D_{10}	0.40	0.0904
	B_2	0.24	0.24	C_4	0.26	0.062	D_{11}	0.26	0.0161
							D_{12}	0.41	0.0254
							D_{13}	0.33	0.0205
				C_5	0.41	0.098	D_{14}	0.33	0.0323
							D_{15}	0.33	0.0323
							D_{16}	0.33	0.0323
				C_6	0.33	0.079	D_{17}	0.50	0.0395
							D_{18}	0.50	0.0395
	B_3	0.21	0.21	C_7	0.5	0.105	D_{19}	0.25	0.0263
							D_{20}	0.25	0.0263
							D_{21}	0.50	0.0525
				C_8	0.5	0.105	D_{22}	0.25	0.0263
							D_{23}	0.50	0.0525
							D_{24}	0.25	0.0263

从各类指标所占权重来看，企业网络结构 B_1 所占比重最大。在企业网络结构风险指标中，产业集群内企业创新度 C_3 影响最大，企业关联度 C_2 次之。这一结论与宁波塑机产业集群网络结构分析的实际结果也是吻合的。

在进一步的研究中，可以根据确定的这一预警指标体系，收集比较年度各个指标的实际检测数值，分别乘以各个指标的权重系数，就可以得出各个年度产业集群网络结构风险的综合指标，从而反映产业集群网络结构风险的动态变化趋势，为预警体系的构建提供决策依据。另外，如果收集到同行业或者同类型的其他产业集群的指标检测数值，也可以横向比较各个产业集群的网络结构风险。

第六节　宁波塑机产业集群创新网络风险预警管理体系构建

一、宁波塑机集群创新网络风险预警管理的职能系统

产业集群网络结构风险预警管理的职能系统由预测、预警、预案、预控四部分组成。具体包括产业集群网络结构风险预警信息收集系统、产业集群网络结构风险预警分析决策系统、产业集群网络结构风险预警信息发布系统、产业集群网络结构风险预警专家咨询系统。

一是预警信息收集系统。以重点企业和重点产品为主要监测对象，特别是规模以上塑机整机企业和配件企业。预警信息的收集渠道主要有以下几种：国家有关部门、行业协会等中介组织、科研院所等数据提供机构、监测样本企业。通过采集公开信息、购买商业数据、监测样本企业自愿填报等方式获取预警信息。建立并不断充实预警信息数据库。

二是预警分析决策系统。产业集群网络结构风险的预警分析采用定量与定性分析相结合的方法。定量分析主要根据获取的监测数据，计算产业集群网络结构风险的预警指标，定量判定风险及其损害程度。根据对预警信息的分析评估，编制产业集群网络结构风险预警报告，制定应对预案并组织实施。预警决策的组织实施在组织系统中具体介绍。

三是预警信息发布系统。对于一般预警信息，包括国际经济与贸易发展变化信息、塑机产业国际竞争力资讯及相关预警动态信息，可通过网络、媒体、简报等方式对外发布，并及时向相关企业反馈。对于重要的预警信息，则及时向市政府上报。根据应对预案的需要，选择适当时机和适当的方式，通报涉及的企业，

直至整个行业。

四是预警专家咨询系统。督促主要塑机企业与相关科研院所合作，组织相对固定的专家队伍，对监测信息中的异常情况进行综合分析评价。专家队伍中包括技术专家、产业专家、贸易专家、政策专家、法律专家和经济分析专家等。通过对塑机企业的生产经营状况和塑机进出口产品信息的分析评估，分析其异常变化与国内相关产业结构的关系及对调整产业、产品结构的影响，发布专家咨询报告。同时，充分发挥各领域专家在制定预案和预控对策中的智囊作用。

二、宁波塑机集群创新网络风险预警管理的组织系统

由宁波市经贸委负责牵头组织，建立"一体两翼"的组织系统。以宁波市经贸委为一体，各县（市）区经济运行部门、塑机行业协会、集群企业为一翼，科研机构、专家、中介组织协同海关、统计等部门为另一翼，组成宁波塑机产业集群网络结构风险预警管理的组织系统。

宁波市经贸委主要负责塑机产业集群网络结构风险预警机制的建设，协调各部门关系，编制产业集群网络结构风险预警工作方案并具体组织实施；会同塑机行业协会、各县市区经济发展局（经济贸易局、发展改革局）确定监测产品目录、监测指标、监测企业名单、联系专家及各项工作的协调工作；负责编制预警报告，发布预警信息，制定应对预案；负责预警知识培训工作[①]。

各县（市）区经济运行部门、塑机行业协会、集群企业，在市经贸委的指导和组织下负责建立本地区塑机产业集群网络结构风险预警管理系统；向市经贸委推荐监测产品目录、监测企业名单，并协助市经贸委做好相关协调工作；有条件的地区，根据预警指数和专家的评估指数，编制本地区塑机产业集群网络结构风险预警报告，并提出应对措施和建议；企业按要求定期填报预警监测数据，并配合相关调研工作，提供第一手资料。

相关科研院所、专家、中介组织根据监测信息对宁波塑机产业安全状况做出分析评定，撰写季度、年度预警报告及其他与预警有关的定期或不定期的分析和评估；海关、统计等部门定期提供监测产品进出口和统计数据。

三、宁波塑机集群创新网络风险预警管理系统的运行

宁波塑机产业集群网络结构风险预警管理系统的运行程序如图 7-8 所示。

---

① 资料来源：宁波市经贸委（甬经外经（2008）32 号文件）《宁波市产业损害预警机制建设实施意见》。

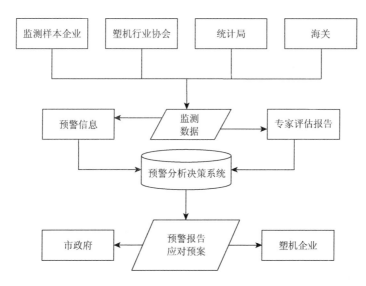

图 7-8　宁波塑机产业集群网络结构风险预警管理系统的运行程序

四、宁波塑机集群创新网络风险预警管理的绩效考核①

绩效考核主要内容：一是数据上报工作。主要包括对监测企业数据报送人员的培训、数据催报和稽核、本地区监测企业的维护。以报送数据的及时性、准确率及上报企业数量为权重，进行考核。二是预警信息的编制、上报和发布工作。预警信息以动态信息为主，反映本地区塑机行业的经济发展状况及所存在的问题，监测本地区塑机行业受国内外经济发展和市场异常变化的影响情况。有条件的地区通过对生产、贸易、市场的综合分析，在调查研究的基础上，撰写预警分析报告，提出相应对策建议。三是对产业安全信息通报工作的贡献度。向本地区塑机行业的监测企业宣传产业安全信息通报工作、收集监测企业对产业安全信息的需求和满意度，并及时向市经贸委反映。

考核标准：为了便于考核，对上述三项考核内容，根据各自对塑机产业集群网络结构风险预警管理的影响程度，分别赋予不同的权重，鉴于数据上报工作直接生成监测信息，是评价和诊断风险程度的基础，直接影响预警管理对策的制定和实施，应赋予最大的权重；预警报告和信息通报都对预警系统的建立具有重要影响，发挥同等重要的作用。据此，如果实行百分制进行考核，各部分考核内容所占权重分别设置为：数据上报占 60%，预警报告占 20%，产业安全信息通报工作占 20%。然后，将每项考核内容进一步细化为若干项二级考核指标，并根据各

① 资料来源：宁波市经贸委（甬经外经（2008）32 号文件）《宁波市产业损害预警机制建设实施意见》。

个指标的重要程度分别赋予不同的权重。具体考核内容与标准如表 7-14 所示。

表 7-14 考核内容与考核标准

工作内容	二级考核指标	权重	得分
数据上报（60%）	监测企业数量	25%	
	数据上报率	40%	
	数据准确率	20%	
	培训人次	15%	
预警报告（20%）	预警信息（条）	40%	
	本地预警工作动态（条）	40%	
	信息报送质量	20%	
信息通报（20%）	向企业宣传产业安全信息	30%	
	收集企业意见与需求	30%	
	配合产业风险调研活动	40%	
总计（100%）			

第七节 宁波塑机产业集群创新网络风险预控对策

一、改善集群企业组织结构

根据前面对宁波塑机产业集群网络结构的分析，发现集群企业的组织结构既有优势，也有缺陷。首先，宁波塑机企业具有民营企业灵活的体制机制优势，但是，企业治理结构需要规范和完善。要进一步发扬优势，大胆探索，与时俱进，突破传统观念的束缚，建立完善的产权制度，大力提倡和推行股份制的产权结构。其次，宁波塑机集群龙头企业的带动作用明显，但是众多小企业基本上都是龙头企业的附属配套企业，竞争力不强，不利于形成企业之间的良性竞争局面，造成整个集群的潜在风险加大。因此，在重视集群中龙头企业引领作用的同时，政府相关部门和行业组织应加强对产业集群中第二层次企业的扶助指导，可以通过兼并重组，扩大经营规模，增加产业集群中重量级企业的数量，改善产业集群企业的组织网络结构，从而增强产业集群的抗风险能力。

二、提高集群企业人才竞争力

人才竞争力是产业集群竞争力的源泉。宁波塑机产业集群在企业家、管理层和员工队伍建设等三个层面上已造就了一批优势人才,但与打造世界先进塑机产业基地还有相当距离。随着全球化竞争加剧,产业集群要增强抗风险能力,就必须不断提高技术创新能力,延伸产业价值链。归根到底,都需要提高企业人才竞争力。要努力从国外引进一批高级技术和经营管理人才,以技术、项目和新的经营理念为企业注入新的活力,带动整个产业集群的发展。行业协会要为产业集群的人才引进、员工培训牵线搭桥,努力促进在区域内的高等院校开展塑机专业或进行员工定向培训,为宁波塑机产业的发展积蓄人力资源。

三、增强产业集群技术创新能力

技术创新能力是形成产业集群竞争力和提高抗风险能力的决定因素。如前所述,宁波塑机产业集群虽然具有一定技术优势,但是产业自主开发能力较弱,多数企业技术上主要依靠引进和仿制。这方面,政府部门应该采取多种措施。"十一五"期间,宁波市政府设置了重点行业升级扶持资金和先进制造企业奖励资金,鼓励和推动企业采用先进技术,购置先进设备。目前,政府仍应保持以上政策的连续性,逐步加大政策的调节力度。其次,大力推进创新基地和创新平台建设,为促进企业技术创新提供硬件支撑。再次,积极鼓励产学研合作,不断创新产学研合作的途径和方式,促进产业技术创新战略联盟建设。集群企业,特别是核心企业则应采取多种途径,不断加强自主创新能力,包括增加科研经费投入、继续引进国外先进技术,充分利用外资企业的技术溢出效应,加强企业与高校科研机关的合作攻关等。最后,要不断优化科技创新环境,形成全社会倡导创新、支持创新、参与创新的良好氛围。

四、完善集群产业链协作配套体系

要保持全球性产业竞争优势,关键是掌握该产业价值链上的战略环节,就注塑机产业而言,则在该产品研发及制造领域。特别是其中的传动系统和控制系统,作为注塑机的关键部件,目前仍由国外厂商占主导。宁波北仑区聚集了海天、震雄、力劲、德马格、住重、宇进等国内外塑机巨头企业,其注塑机产销量均占全市产销量 65%以上,基本上是生产注塑机中除关键部件以外的重要部件和一般部件。因此,不断完善宁波塑机产业集群价值链,推进产业价值链升级,是增强集群竞争力的重要环节。首先,宁波北仑作为国家科学技术部授牌的"国家火炬计划北仑注塑机产业基地",今后要进一步发展和完善基地功能,继续有选择地引进国外著名塑机企业,更要有针对性地引进品质良好的塑机配件企业,根据专业化协作原则，形成完善的产业链，达到最佳的集聚效应。其次，宁波塑机行业协会要配合质量检测部门，加强对塑机配套协作件的质量监控，在产业集群大力宣传和推广优质配套件，努力避免劣质配套件拖累整机产品质量。最后，集群企业作为创新发展的主体，大力实施嵌入全球价值链的产业集群升级，着眼于工艺流程升级、产品升级、功能升级和跨价值链升级等各个环节，不断提升企业全球竞争力。

五、健全集群企业风险监测预警体系

近年来，宁波塑机行业协会充分发挥调查研究、提供建议、组织协调、自律管理、信息引导、全面服务的行业管理与服务职能，加强反倾销预警服务站建设，取得显著成效。2013 年 3 月，在全省公平贸易和产业损害调查工作会议暨预警点总结交流会上，宁波塑机行业协会被授予"2012 年浙江省对外贸易预警示范点"。在此基础上，进一步加大工作力度，积极引导集群企业不断健全风险预警管理体系。其一，密切产业合作，促进企业创新；其二，强化管理机制，推动产业转型；其三，健全组织体系，完善管理职能；其四，构建预警指标，加强风险监测。

第八节　本章小结

本章主要以宁波塑机产业集群为案例，运用本书的研究方法和理论结论对产业集群创新网络风险预警管理的相关问题进行了实证分析和推理。在分析宁波塑机产业集群网络结构特点的基础上，通过问卷调查，运用 SPSS13.0 统计软件对理论研究结论进行 Logistic 回归分析，基于 ANP 确立了宁波塑机产业集群创新网络风险预警指标体系及其权重，提出了宁波塑机产业集群创新网络风险预警管理的职能体系、运行程序、工作体系和考核体系，阐述了宁波塑机产业集群创新网络风险的预控对策。

第八章

总结与展望

第一节 研究总结

本书运用理论研究与案例推理相结合的研究方法，首先阐述了区域协同创新的基本范畴，界定了区域协同创新的组织形态，总结了欧盟区域协同创新的基本经验，分析了区域协同创新风险预警的理论方法。然后，分别对城市群、省级行政、产业技术创新战略联盟和产业集群区域协同创新四种组织形态的风险预警管理机制与方法进行实证分析与案例推理。现将本书的主要研究结论总结如下。

一、阐述了区域协同创新的基本范畴

首先明确了区域协同创新及其风险有关的基本范畴和基本理论。主要包括区域创新体系的内涵与外延，区域协同创新的内涵、效应与形成机制，区域协同创新组织网络的构成、特征和组织结构，区域协同创新的内在机理，以及区域协同创新风险的成因机理。基本范畴的界定为研究区域协同创新的风险预警管理提供了概念基础和理论依据。

二、提出了区域协同创新的四种组织形态

结合我国区域协同创新的实际特点，将我国当前区域协同创新的组织形态区分为城市群协同创新、省级行政区域协同创新、产业技术创新战略联盟和产业集群四种典型。分别阐述了各种组织形态的基本内涵、结构特点、理论基础

和内在机制等。组织形态的区分为区域协同创新风险预警研究提供了理论框架和研究主线。

三、初步构建了区域协同创新风险预警的理论方法

其中最关键的是区域协同创新的风险评价方法和预警指标体系构建方法。主要借鉴 SCP 模型和 ANP 初步提出了区域协同创新风险的评价方法、预警管理的指标体系和预控对策的构建机制。并运用这些方法对杭州产业技术创新战略联盟和宁波塑机产业集群的协同创新风险预警进行了定量分析和检验。

四、以长三角为例，分析了城市群协同创新风险预警与预控

在分析长三角城市群协同创新现状的基础上，主要从创新经济基础、创新投入能力、创新产出能力、创新环境水平四个方面选取若干指标，对长三角 16 个城市的创新能力进行比较与分析，分析结论为构建长三角城市群协同创新风险预警机制提供了决策依据和定量基础。最后，从基础平台、重点领域、政策协调和保障机制等方面提出了长三角城市群协同创新风险的预控对策。这些建议是对理论分析结论的应用和实施，也可以为其他城市群协同创新实践提供经验借鉴。

五、以浙江为例，研究省级行政区域协同创新风险的应对

首先，分析了省级行政区域协同创新风险的特殊性，以及省级区域协同创新中政府发挥职能的现实需求。然后，在分析浙江区域协同创新的政府作用现状的基础上，提出了省级区域协同创新风险的政府应对策略。

六、以杭州为例，解读产业技术创新战略联盟风险预警

重点介绍了两个典型案例——浙江省制冷空调产业技术创新战略联盟和杭州市太阳能热发电产业技术创新战略联盟的组织结构、治理机制与运行绩效。然后，从契约治理和关系治理两个方面总结了杭州产业技术创新战略联盟治理机制存在的风险，从联盟自身治理机制建设和政府政策推动两方面提出了杭州产业技术创新战略联盟风险的预控对策。

七、以宁波塑机产业集群为例，分析产业集群协同创新风险预警

在分析宁波塑机产业集群网络结构特点的基础上，运用SPSS13.0统计软件，基于ANP确立了宁波塑机产业集群创新网络风险的预警指标体系及其权重，构建了宁波塑机产业集群创新网络风险预警管理的职能体系、组织系统、工作体系和考核体系，提出了宁波塑机产业集群创新网络风险的预控对策。

第二节　研究展望

虽然，区域协同创新是近年来许多专家关注的热点问题，已经有许多相关研究成果，但是，区域协同创新的风险预警管理是其中的一个崭新的研究方向，前期研究成果还不多。本书研究只是对这一问题的初步探索，今后还有很大的拓展空间，进一步深入研究的主要方向有以下几点。

一、区域协同创新的内在机理和风险产生的原因

本书从理论与实践两方面初步分析了区域协同创新的内在机理，指出专业化分工、经纪人作用和三螺旋驱动是区域协同创新形成的主要内在机理，但是，区域协同创新问题既是一个理论问题，更是一个实践问题。不同的区域和不同的组织形态都会导致区域协同创新的内在机理不同，由此而产生的风险也不相同。因此，今后需要结合不同区域实际，进一步剖析区域协同创新的内在机理和风险产生的原因。

二、区域协同创新的组织形态与风险表现形式

本书研究将我国当前区域协同创新的组织形态区分为城市群协同创新、省级行政区域协同创新、产业技术创新战略联盟和产业集群四种典型，并初步阐述了各种组织形态的基本内涵、结构特点、理论基础和内在机制等。但是，在实践中区域协同创新的组织形态应该是多种多样的，由此导致风险的表现形式也是多种多样的。即使同一种组织形态在不同的区域也会表现出不同的特点。例如，产业集群这种组织形态本身的网络结构就多种多样，协同创新的内在机制肯定各不相同；不同城市群的资源禀赋、产业结构和管理体制等因素也有明

显差异，协同创新的内涵、重点及表现形式都不会相同。这些因素都决定了今后需要进一步深化对区域协同创新的组织形态与风险形式的研究，特别是要注意联系实际，针对不同区域和不同组织形态，具体分析其中存在的风险形式及其规律性。

三、区域协同创新风险的评估方式和预警指标体系

本书虽然借鉴SCP模型和ANP初步提出了区域协同创新风险的评价方法和预警指标体系，但是鉴于定量数据的收集困难，而且影响区域协同创新风险的许多因素难以定量，这种评价方法的应用性值得讨论。因此，需要不断健全和完善区域协同创新风险的评价方法与预警指标体系，为准确地评价区域协同创新风险，制定正确的预警对策提供定量依据。

四、有针对性和操作性的区域协同创新风险预警与预控对策

本书基于长三角区域的实证分析，分别提出了城市群、省级行政区、产业技术创新战略联盟和产业集群四种区域协同创新典型组织形态的风险预警与预控对策。正如前面分析指出的那样，由于不同的区域和不同组织形态的差异性，这些措施未必都适用于其他区域。因此，在重视区域协同创新风险预警理论研究的同时，需要不断深化和扩大区域协同创新风险预警和预控的实证研究。既要重视理论机理的一般性和适用性，又要增强对策措施的针对性和操作性。

参 考 文 献

白光，马国忠. 2003. 企业创新力[M]. 北京：中国经济出版社.

波茨 A. 2000. 社会资本：在现代社会学中的缘起和应用[A]//李惠斌，杨雪冬. 社会资本与社会
发展[C]. 北京：社会科学文献出版社：71.

波特 M E. 1997. 竞争优势[M]. 陈小悦译. 北京：华夏出版社.

波特 M E. 2003. 竞争论[M]. 高登第，李明轩译. 北京：中信出版社.

蔡宁，吴结兵，殷鸣. 2006. 产业集群复杂网络的结构与功能分析[J]. 经济地理，26（3）：378-384.

蔡宁，杨闩柱，吴结兵. 2003. 企业集群风险的研究[J]. 中国工业经济，（4）：59-64.

曹丽莉. 2008. 产业集群网络结构的比较研究[J]. 中国工业经济，（8）：143-152.

陈继祥. 2005. 产业集群与复杂性[M]. 上海：上海财经大学出版社：103.

陈剑锋，万君康. 2002. 产业集群中技术创新集群的生命周期研究[J]. 武汉理工大学学报（信息
与管理工程版），（5）：60-63.

陈劲，柳卸林. 2008. 自主创新与国家强盛[M]. 北京：科学出版社.

杜强，贾丽艳. 2009. SPSS 统计分析从入门到精通[M]. 北京：人民邮电出版社.

范柏乃. 2004. 城市技术创新透视——区域技术创新研究的一个新视角[M]. 北京：机械工业出版社.

傅利平. 2002. 国家创新体系的结构演化及其功能分析[J]. 自然辩证法研究，（6）：65-77.

高虎城. 2014. 深化经贸合作共创新的辉煌[J]. 国际商务财会，（6）：5-7.

龚胜生，张涛，丁明磊，等. 2014. 长江中游城市群合作机制研究[J]. 中国软科学，（1）96-104.

关晓静，赵利婧. 2007. 从《欧洲创新记分牌》看我国创新型国家建设面临的挑战[J]. 统计
研究，（3）：74-77.

郭淡泊. 2011. 创新型国家指标体系及其测度[J]. 统计与决策，（7）：75-77.

郭岚，张祥建，徐晋. 2008. 模块化的微观结构与风险特性[J]. 科研管理，（5）：55-65.

国家统计局社科文司"中国创新指数（CII）研究"课题组. 2014. 中国创新指数研究[J]. 统计研
究，（11）：24-28.

哈肯 H. 1989. 高等协同学[M]. 郭治安译. 北京：科学出版社.

何雄浪，李国平. 2009. 产业集群演进机理与区域发展研究[M]. 北京：中国经济出版社.

黄卫平. 2015. 新丝绸之路经济带与中欧经贸格局新发展[J]. 中国流通经济，（1）：84-90.

姜长云. 2009. 集群服务业：发展中的问题、制约与启示——对浙江省面向产业集群发展生产性
服务业的调查与思考[J]. 经济与管理研究，（1）：75-80.

蒋录全，吴瑞明，刘恒江，等. 2006. 产业集群竞争力评价分析及指标体系设计[J]. 经济地
理，（1）：37-40.

克鲁格曼 P R. 2000. 地理与贸易[M]. 张兆杰译. 北京：北京大学出版社，中国人民大学出版社.

李崇明. 2005. 基于系统核与核度理论的房地产预警系统指标体系选取方法[J]. 数学的实践与认

识，35（11）：44-51.

李刚. 2005. 试论产业集群的形成与演化——基于自组织理论的观点[J]. 学术交流，（2）：78-82.

李凯，李世杰. 2007. 产业集群的组织分析[M]. 北京：经济管理出版社.

李强，陈宇琳. 2012. 城市群背景下社会风险综合分析框架初探[J]. 广东社会科学，（2）：190-200.

李胜兰. 2008. 非正式制度与产业集群形成和发展的理论与实践[M]. 北京：中国社会科学出版社.

李卫国. 2009. 创新集群评价研究[D]. 华中科技大学博士学位论文.

李文博. 2009. 基于网络分析法的产业集群竞争力评价研究[J]. 科技进步与对策，（7）：119-122.

林竞君. 2005. 网络、社会资本与集群生命周期研究：一个新经济社会学的视角[M]. 上海：上海人民出版社.

林平凡，陈诗仁. 2003. 企业集群竞争力——珠江三角洲企业聚群竞争力提升战略研究[M]. 广州：中山大学出版社.

凌云，王立军. 2004. 技术创新的理论与实践[M]. 北京：中国经济出版社：73.

刘爱君. 2005. 城市群协同创新研究文献综述[J]. 企业导报，（6）：150-151.

刘春香. 2008. 基于SCP范式的产业集群竞争优势分析[J]. 浙江万里学院学报，（3）：83-85.

刘曙华，沈玉芳. 2012. 产业群、城市群和港口群协同发展的国际经验[J]. 创新，（3）：63-67.

柳卸林. 2006. 中国区域创新能力报告（2005—2006）[M]. 北京：科学出版社.

卢杰，董新建，章帆. 2008. 产业集群竞争力评价的理论基础与模型构建[J]. 统计与决策，（19）：67-69.

罗宾斯 S P，库尔特 M. 2004. 管理学（第7版）[M]. 孙健敏，黄卫伟，王凤彬，等译. 北京：中国人民大学出版社：163-164.

罗鄂湘. 2009. 产业经济预警研究综述[J]. 统计与决策，（3）：162-164.

罗鄂湘，钱省三. 2007. 突变论在经济预警中的应用[J]. 企业经济（南昌），317（1）：119-121.

罗帆. 2004. 航空灾害成因机理与预警系统研究[D]. 武汉理工大学博士学位论文.

罗帆，佘廉. 2003. 航空交通灾害预警管理[M]. 石家庄：河北科学技术出版社.

孟琦，韩斌. 2008. 获取战略联盟竞争优势的协同机制生成分析[J]. 科技进步与对策，（11）：1-4.

苗建军，曹江涛，孙剑. 2008. 模块网络：产业集群发展的新阶段[J]. 科技进步与对策，（1）：57-59.

倪荣. 2005. 企业集群风险因素评价体系的研究[J]. 统计与决策，（11）：16-18.

聂华林，高新才. 2006. 区域发展战略学[M]. 北京：中国社会科学出版社.

彭新敏. 2009. 企业网络对技术创新绩效的作用机制研究[D]. 浙江大学博士学位论文.

彭新敏，杨佐飞. 2008. 我国注塑机产业技术创新现状及对策研究[J]. 科技管理研究，（12）：473-474.

彭新敏，郑长娟. 2008. 全球价值链视角下我国注塑机产业升级研究[J]. 中国科技论坛，（7）：42-43.

齐慧. 2015-01-21. 中欧班列架起货运大通道[N]. 经济日报，（010）.

青木昌彦. 2001. 比较制度分析[M]. 张欢译. 上海：上海远东出版社.

青木昌彦，安藤晴彦. 2003. 模块时代：新产业结构的本质[M]. 周国荣译. 上海：上海远东出版社.

佘廉. 1992. 企业逆境管理[M]. 沈阳：辽宁人民出版社.

佘廉. 1999. 企业预警管理论[M]. 石家庄：河北科学技术出版社.

佘廉，雷丽萍. 2008. 我国巨灾事件应急管理的若干理论问题思考[J]. 武汉理工大学学报（社会科学版），（4）：470-475.

佘廉，姚志勋. 2003. 公路交通灾害预警管理[M]. 石家庄：河北科学技术出版社.

佘廉，胡华厦，王超. 1999. 企业预警管理实务[M]. 石家庄：河北科学技术出版社.

石忆邵. 2001. 企业群落理论及其在中国的实践[J]. 同济大学学报（社科版），（4）：41-46，62.

孙宏才，田平. 2001. 网络层次分析法（ANP）与科学决策[A]//决策科学理论与方法[C]. 北京：海洋出版社：3-8.

王传宝，陈曙，孙辉. 2004. 优化新世纪宁波经济发展环境建成长江三角洲南翼中心城市[J]. 宁波广播电视大学学报，（3）：19-20.

王发明，蔡宁，朱浩义. 2006a. 基于网络结构视角的产业集群风险研究[J]. 科学学研究，（6）：885-889.

王发明，蔡宁，朱浩义. 2006b. 集群网络结构和风险研究[J]. 中国地质大学学报（社会科学版），（6）：22-26.

王缉慈. 2001. 创新的空间——企业集群和区域发展[M]. 北京：北京大学出版社.

王莲芬. 2001. 网络分析法（ANP）的理论与算法[J]. 系统工程理论与实践，（3）：44-50.

王卫东. 2009. 转型期区域创新体系中的政府职能研究[J]. 科技管理研究，（12）：58-60.

韦伯 A. 1997. 工业区位论[M]. 李刚剑，等译. 北京：商务印书馆.

魏后凯. 2009. 论中国产业集群发展战略[J]，河南大学学报（社会科学版），（1）：1-7.

魏江. 2003. 产业集群——创新系统与技术学习[M]. 北京：科学出版社.

魏末梅，陈义华，董玉成. 2007. ANP 法在区域企业技术创新能力评价中的应用[J]. 数学的实践与认识，（17）：14-20.

文瑞. 2015. "一带一路"战略背景下的中欧经贸合作[J]. 国际经济与贸易，（5）：58-62.

吴国斌. 2006. 突发事件扩散机理研究——以三峡坝区为例[D]. 武汉理工大学博士学位论文.

吴国付. 2007. 区域港口建设项目投资风险的预警管理研究[D]. 武汉理工大学博士学位论文.

吴敬东. 2014. "一带一路"：引领中欧共筑梦[J]. 党建，（12）：61-63.

吴翔阳. 2006. 产业自组织集群化及集群经济研究[M]. 北京：中共中央党校出版社：30.

吴翔阳. 2007. 论产业集群衍生和发展的自组织性与政府的作用[J]. 科技和产业，（7）：5-8.

徐琼. 2006. 区域技术效率论[M]. 北京：中国经济出版社.

徐顽强，李华君，李月. 2009. 基于 GEM 模型的武汉光电子产业集群竞争力研究[J]. 中国科技论坛，（4）：72-77.

叶金国. 2003. 产业系统演化的自组织性与演化混沌[D]. 天津大学博士学位论文.

叶生洪. 2004. 企业结构·能力·绩效：微观 SCP 框架研究[M]. 北京：中国财政经济出版社.

尹建华，徐二朋，王兆华. 2009. 基于模糊评价法的产业集群风险研究[J]. 科技进步与对策，（12）：122-125.

曾润喜，徐晓林. 2009. 网络舆情突发事件预警系统、指标与机制[J]. 情报杂志，（11）：51-54.

张会新，白嘉. 2009. 资源型产业集群的生命周期、风险及政策分析[J]. 经济研究导刊，（25）：18-19.

张明龙. 2008. 产业集群与区域发展研究[M]. 北京：中国经济出版社.

张廷海，武云亮. 2009. 产业集群竞争力研究述评[J]. 郑州航空工业管理学院学报，（3）：35-39.

张维平. 2009. 政府应急管理预警机制建设创新研究[J]. 中国行政管理，（8）：34-38.

张伟. 2007. 模块化组织的形成、演进及运行机理研究[D].暨南大学博士学位论文.

张文焕. 1990. 控制论·信息论·系统论与现代管理[M].北京：北京出版社：235-242.

张秀生. 2007. 区域经济学[M]. 武汉：武汉大学出版社.

张玉臣. 2009. 长三角区域协同创新研究[M]. 北京：化学工业出版社.

章尺木. 2008. 从学习型组织看集群风险的防范[J]. 软科学，（6）：78-81.

赵惠芳. 2004. 国有企业技术创新机制[M]. 北京：科学出版社.

赵杰. 2006. 管理系统工程[M]. 北京：科学出版社.

赵强，孟越，王春晖. 2009. 产业集群竞争力的理论与评价方法研究[M]. 北京：经济管理出版社.

赵彦云，甄峰，吴翌琳. 2008. 中国省区市创新能力动态趋势及决定因素[J]. 经济理论与经济管理，（4）：49-60.

浙江省科学技术厅. 2009. 2008 年浙江科技发展报告[EB/OL]. http://www.zjkjt.gov.cn/html/fzgh/list.jsp?lmbh=1105& lmms=发展报告[2014-11-25].

浙江省科学技术厅. 2011. 浙江省科学技术“十二五”发展规划[EB/OL]. http://www.zjkjt.gov.cn/download/guihua.pdf[2014-11-25].

浙江省科学技术厅. 2014. 企业自主创新政策[EB/OL]. http://www.zjkit.gov.cn/[2014-11-25].

郑风田，胡明，赵淑芳. 2006. 全球化竞争、行业协会治理与中小企业簇群成长——温州打火机产业簇群个案研究[J]. 中国人民大学学报，（1）：78-85.

郑海天，盛军锋. 2003. 广东产业集群竞争力的实证分析与相应政策体系[J]. 特区经济,（12):17-20.

郑文堂. 2003. 变革与创新：企业再造研究[M]. 北京：海洋出版社.

钟书华. 2008. 创新集群：概念、特征及理论意义[J]. 科学学研究，（1）：178-184.

朱瑞博. 2003. 价值模块整合与产业融合[J]. 中国工业经济，（8）：24-31.

祖廷勋. 2007. 产学研合作发展研究[M]. 兰州：甘肃人民出版社.

Roussel P A. 2004. 第三代研发[M]. 赵凤山译. 北京：机械工业出版社.

Clerk T P，Gordonl. 2003. Alliances networks and competitive strategy：rethinking clusters of innovation［J］. Growth & Change，34（1）：1-16.

Comfort L K，Kilkon K，Zagorecki A. 2004. Coordination in rapidly evolving disaster response systems：the role of information [J]. The American Behavioral Scientist，48：295-313.

Cooke P. 1998. Regional Innovation System[M]. Brussels：UCL Press.

Enders A，Brandt Z. 2007. Using Geographic Information System technology to improve emergency management and disaster response for people with disabilities [J]. Journal of Disability Policy Studies，4：223-229.

Feser E J. 2010. Introduction to Regional Industry Cluster Analysis[R]. Department of City & Regional Planning, University of North Carolina at Chapel Hill.

Gatignon H, Aderson E. 1988. The multinational corporation degree of control over foreign subsidiaries: an empricial test of transaction cost explanation [J]. Journal of Law, Economics, and Organization, (42): 305-336.

Grabher G. 1993. The Embedded Firm: On the Social-economics of Industrial Networks [M]. London: Routledge.

Granovetter M. 1985. Economic action and social strcture: the problem of embeddedness[J]. American Journal of Sociology, 91: 481-510.

Gulati R, Nohria N, Zaheer A. 2000. Strategic networks [J]. Strategic Management Journal, (21): 37-51.

Markusen A. 1996. Sticky places in slippery space: a typology of industrial districts[J]. Economic Geography, 72: 293-313.

Mitra J. 2003. Building Entrepreneurial Clusters[R]. Final Dissemination Workshop, University of Luton, United Kingdom.

Nelson R. 1993. National Systems of Innovation: Comparative Study[M]. London: Oxford University Press.

Nohria N, Eccles R G. 1992. Networks and Organizations: Structure, Form, and Action [M]. Boston: Harvard Business School Press.

Padmore T, Gibson H. 1998. Modeling system of innovation: II. A framework for industrial cluster analysis in regions[J]. Research Policy, (26): 625-641.

Saaty T L. 1990. Multicriteria Decision Making[M]. Pittsburgh: RWS Publications.

Saaty T L. 2004. Fundamentals of the analytic network process-dependence and feedback in decision-making with a single network[J]. Journal of Systems Science and Systems Engineering, 13 (2): 129-157.

Wang J C, Wang J X. 1998. An analysis of new-tech agglomeration in Beijing: a new industrial district in the making? [J]. Environment and Planning A, 30: 681-701.

Wang W D. 2009. Industrial clusters' network structure and risk analysis [C]. International Symposium on Emergency Management2009 (ISEM'09). Scientific Research Publishing (SRP), Inc., (12): 130-135.

Wernerfelt B. 1984. A resource-based view of the firm [J]. Strategic Management Journal, (5): 272-280.

Williamson O E. 1979.Transaction cost economics: the governance of contractual relations[J]. Journal of Law and Economics, 10 (22): 233-261.

Williamson O E. 1985. The Economic Institutions of Capitalism[M]. New York: Free Press.

Young A A. 1928. Increasing returns and economic progress[J]. The Econcmic Journal, 38 (152): 527-542.

附录一　欧盟区域协同创新的 2020 年战略

一、欧盟区域协同创新政策的必要性

（一）欧盟协同创新的重要性[①]

协同创新可以提高欧洲的竞争力，促进经济增长和创造就业机会。与此同时，通过改善医疗保健、交通、数字化服务和提供无数的新产品及服务，使欧洲人生活和工作变得更美好。欧盟是国际科学与技术的主要参与者，并在许多领域，如可再生能源和保护环境处于领先水平。

欧洲的未来与它的实力和创新能力密切相关：把伟大的创意转化为产品和服务，将带来经济增长，创造就业机会。欧盟推动协同创新的战略进程，将提供可以培育新创意的环境。协同创新是欧洲 2020 年战略的一部分。欧盟的增长战略规定，到 2020 年，公共部门和私营部门用于研究和创新的投资将占到 GDP 的 3%。

欧盟是世界上主要的知识工厂。它占全球科学技术生产的近 1/3。尽管过去几年发生经济危机，欧盟及其成员国已设法保持这个竞争激烈的知识地位。

（二）欧盟面临的竞争与挑战

然而，在研究和生产技术方面欧盟正面临着不断增加的全球竞争，在欧洲范围内，我们需要确保人们的创新理念转化为成功的新产品和技术。所有会员国都拥有自己的科研政策和资助计划，但也需要通过合作来解决面临的许多关键问题——这就是研究和创新也需要在欧盟层面资助的原因。

---

① The European Union explained: research and innovation[R]. Luxembourg: Publications Office of the European Union，2014.

2020 年战略,即欧盟新的研究框架计划,将加强欧洲的创新领导地位,促进卓越的研究和创新技术的发展。在 2014～2020 年,近 800 亿欧元将投资于研究和创新项目,这将帮助欧盟生产在国际市场上有竞争力的新产品和服务。

但是这不是全部。到 2050 年,世界人口可能达到 90 亿人,其中 2/5 的 50 岁以上。3/4 的全球人口将居住在城市,超过 60% 将生活在小家庭——1 人独居或只有 2 个人。这些深刻的人口结构的变化将发生在短短的几十年间。因此,2020 年战略的一个主要组成部分,就是专门寻找应对相关问题的办法,如稳定的能源供应、全球气候变暖、公共卫生、水和食物资源的安全性。投资于研究和技术是支持资源效率和多样性、保护环境、消除贫困和社会排斥的唯一途径。简而言之,给居民创造一个更好的社会。

在促进增长和竞争力的过程中,如果欧洲要找到解决社会挑战的办法,还需要一个全功能的卓越研究网络。来自欧洲各地的公共资金不应该对同样的研究资助 28 次(欧盟共有 28 个成员国);只是应在最适当的研究中心进行一次,而且结果应该被共享。满足对优秀研究人员的需求应该是在欧洲大陆内比横跨大西洋更容易。在研究中我们需要公开透明的招聘和社会性别平等。欧盟需要一个单一市场的观念,以帮助研究人员促进他们的知识和成果传播,并在整个欧洲自由使用。因此,欧盟成员国已同意共同努力克服障碍,建立一个欧洲研究区。同时,2020 年战略将有助于确保花在研究上的每一欧元都会产生最大的效果。

二、欧盟区域协同创新政策历史回顾

(一)欧盟组织诞生以前[①]

20 世纪 50 年代,有关共同研究的规定被包含在欧洲煤钢共同体(ECSC,1951 年成立)和欧洲原子能共同体(1957 年成立)的条约中。

1957 年,建立欧洲经济共同体(欧共体或共同市场)的条约引导了一些优先考虑的研究项目,如能源、环境和生物技术领域。

1983 年,信息技术(思捷)研究欧洲战略计划推出一系列的信息技术研究综合方案,以及开发项目和产业技术转移的措施。

1984 年,第一个研究"框架计划"(Frame Plan,FP)推出。这些计划将成为欧盟对研究仪器的主要资助。FP1 集中于生物技术、电信和工业技术的研究。

---

① The European Union explained: research and innovation[R]. Luxembourg: Publications Office of the European Union, 2014.

1986 年，在单一欧洲法的专门章节里研发成为一个正式的社区政策。这一政策的目标是"加强欧洲工业的科学和技术基础，并鼓励其变得在国际上更有竞争力"。

（二）欧盟正式成立之后

2000 年，欧盟同意致力于建立一个欧洲研究区（European Research Asia，ERA）：一个向世界开放，并立足于国内市场的统一研究领域，其中研究人员、科学知识和技术是可以自由流通的。

2007 年，欧洲研究委员会（European Research Committee，ERC）作为第七框架计划（FP7）的一部分被创建。它的任务是在科学成果的基础上支持所有领域的前沿研究。

2008 年，位于布达佩斯的欧洲科技创新研究所创立，这是欧盟第一个通过知识和创新社区的支持充分整合"知识三角"所有三个方面（高等教育、研究和业务）的组织。它于 2010 年开始运作。

2010 年，欧盟启动创新联盟，倡议组成超过 30 项的行动计划，旨在改善条件以获得在欧洲的研究和创新资助。创新联盟被作为欧洲 2020 年战略的核心内容，以确保创新的理念可以变成产品和服务，创造经济增长和就业。

2014 年，2020 年战略，这一至今最大的欧盟科研和创新框架计划被推出。作为创新联盟贯彻实施的一个主要的金融举措，它将从 2014 年至 2020 年执行近 800 亿欧元的预算。2020 年战略是在欧洲创造新的增长点和就业机会的驱动器。

三、欧盟区域协同创新 2020 年战略的内容分析

自 1984 年以来，欧盟已开始实施其研发和创新政策，资助多年度研究框架方案。1984~2013 年已经实施了 7 个框架计划（FP1~FP7）。一项新的欧盟协同研究和创新计划——2020 年战略在 2014 年开始启动。

（一）2020 年战略：欧盟提供优秀科学成果的协同创新框架

2020 年战略是欧盟至今最大的研究和创新计划。它将产生更多的科研突破、发现和世界第一，将伟大的科研成果从实验室推向市场。在超过 7 年（2014~2020 年）时间里近 800 亿欧元资金可供利用，其中大部分用于三大支柱领域：优秀的科学研究、产业领导和应对社会挑战。此外，这项投资将吸引更多的私人和国家公共投资。

2020 年战略的预算构成如下：①产业的引领。170 亿元投资于有前途和战略

性技术，鼓励企业更多地投资于研发，与公共部门合作，以促进创新。②尖端的科学。244 亿元投资以增强欧盟的竞争力，创造就业机会，促进生活水平的提高。③社会挑战。297 亿元投资于真正地影响并惠及市民的各类研究和创新。④欧洲研究所创新科技。27 亿元资助挖掘欧洲人才的潜力，最大限度地发挥整个欧盟创新的优势。⑤欧洲原子能共同体（2014～2018 年）。16 亿元资助欧盟研究用于核裂变和核聚变、安全和保安问题、医学研究、辐射防护、废物管理、辐射的工业用途和能源生产。⑥其他。32 亿元用于社会科学研究，拓宽和扩大联合研究委员会的无核直接行动。

2020 年战略得到欧盟成员国政府和欧洲议会的批准。它们一致认为，投资于研究和创新对于欧洲的未来至关重要，因此把它作为欧洲 2020 年战略的核心内容。其目标是确保欧洲生产世界一流的科学技术，推动经济增长。通过以前的研究计划，欧盟的科研资助汇聚了来自欧洲内部和世界各地的科学家与工业界共同寻找应对各种挑战的解决方案。他们的创新成果改善了人们的生活，有助于保护环境，促使欧洲工业更加可持续和有竞争力。2020 年战略欢迎来自世界各地的研究人员积极参与。

（二）2020 年战略对于欧盟基础研究和产业发展的重要意义

1. 基础研究和研究者

对尖端科技的前沿研究往往是创新和技术进步的基础，用以培植新的行业和市场增长，对其进行持续投入是必不可少的。由欧洲研究理事会支持的前沿研究被作为基础研究的唯一选择。但是，当研究导致意想不到的技术突破时，2020 年战略还提供了相应手段，使突破发现进展到下一个发展阶段。

培训和职业发展有助于产生主要研究人员。给年轻而富有经验的研究人员提供支持，通过培训或安置在另一个国家或在私人部门，以加强他们的职业和技能。玛丽罗多夫斯卡-居里行动计划为他们提供获得新知识和经验的机会，使他们能够充分发挥其潜力。经济危机凸显了欧盟的工业基础及其复苏的核心作用。但市场失灵会阻碍私营部门增加其金融和知识资源，以满足我们的工业基础现代化的需要。

2. 产业发展

恢复经济增长和繁荣的欧洲需要更加注重基于先进技术产品和跨全球价值链工艺的产业竞争力。2020 年战略是至今有利于大多数企业的欧盟研究和创新计划。它有一系列的专门支持措施，以同时解决行业与一般企业和中小型企业（small and medium-sized companices，SMs），包括帮助它们获得资金。

欧盟需要开拓促进经济增长的新源泉，这种增长是基于一个现代化的、充满活力的商业环境支撑的先进制造业。在一些重要战略领域的私营部门不能够独自带来这种转变，因为它需要获得国家最先进的改变游戏规则的研究开发技术。2020年战略包含一个创新的投资计划，它增强了公共和私营合伙组织的投资能力，如医药、航空和生物基因等领域。

其他的合伙组织对关键技术的研究将增强欧洲的产业发展所需的知识和技能基础。对未来和新兴技术的支持将使研究人员能够将基础科学研究成果转化为新技术，然后可以促使产业和高科技中小企业保持全球竞争力。2020年战略也将有助于创造世界一流的科研基础设施，提供给所有欧洲研究人员，使其能够充分发挥科技进步和创新的潜力。

（三）2020年战略给居民与社会带来的影响[①]

科学与社会之间的有效合作需要吸收新的科学人才，并将科学成就与社会意识和责任感结合起来。这意味着来自各方面对问题的相互理解。所以，2020年战略支持公民参与确定影响他们日常生活的研究项目。专家和非专家之间对研究目的和方法的广泛理解，将保证让社会共享科研成果的所有权。

由于跨领域问题之间广泛的相关性，社会科学和人文科学的研究被完全综合到2020年战略的每一个项目中。嵌入2020年战略的这项研究将加强其影响，并且使科学和技术投资最大限度地回报社会。将社会经济因素整合到设计、开发和实施新技术的研究本身可以帮助找到解决社会问题的方法。事实上，2020年战略更加集中于应对"挑战"，而不是从研究学科领域对这种新方法的重点说明。社会挑战，如健康、环境和运输对我们所有人都是很重要的。2020年战略提出以下七类社会挑战，设置了有针对性的研发创新投资项目，这些项目会给公民带来重要的利益。

1. 健康和福祉

每个人都想要一个长寿、幸福、健康的生活，科学家们正在尽最大努力使之成为可能。他们正在解决当前一些重大的健康问题，以及新出现的威胁，如阿尔茨海默氏症、糖尿病和对抗生素有耐药性的"超级细菌"的影响越来越大。

欧盟投资于健康的研究与创新，将支持老年人积极、独立地生活时间更长，支持新的更安全、更有效的干预和帮助健康保健系统的发展，以保持可持续性。它将给医生提供需要的更多个性化医疗工具，它会加强预防和治疗慢性传染病，并帮助对抗耐药性。这项投资的回报将包括采用新的方法来预防疾病、更好的诊断和更有效的治疗，以及促进健康和福祉的保健新方法和新技术。这些都依赖于

---

① European Comission.HORIZON 2020——the EU Framework Programme for Research & Innovation[R]. Luxembourg：Publications Office of the European Union，2014.

更好地理解健康和疾病的根本性质，以及促进前者、预防和治疗后者的方法。

2. 粮食安全与生物资源的可持续利用

吃得好，浪费少，知道你为自己和家人买的粮食来源，这些都是应该被欧洲公民关注的问题。随着世界人口到 2050 年达到 90 亿人，我们需要找到办法，从根本上改变生产、消费、加工、储存、废物回收和处理的方法，同时尽量减少对环境的影响。这将包括平衡利用来自陆地和海洋的可再生及不可再生资源，把废物转化为宝贵的资源和可持续地生产食品、饲料、生物产品和生物能源。

生物经济掌握着这种向新的后石油社会转变的关键，涵盖社会生活方式和资源利用方式的持续变化，涉及社会和经济的各个层面。欧洲公民及其子孙后代的福利和福祉都将取决于如何实现这些转变。

3. 可持续能源

能源驱动现代经济发展，但即使只是保持我们的生活水准也需要大量的能源。作为世界第二大经济体，欧洲过度依赖于来自地球不可再生的能源——由加速气候变化的化石燃料产生的能量。因此，欧盟已经为自己确立了雄心勃勃的气候和能源目标。

我们的消耗远远超过我们的承受能力，从而使我们的安全、竞争力和就业处于危险之中。因此，至关重要的是，欧盟应引发一场新的工业革命，将提供一个低能源经济，从而使我们的消费可以维持我们的生活标准，使其更便利、更安全、有竞争力、负担得起和可持续。

4. 交通

快捷的交通是欧洲可持续的财富和繁荣的一个基本条件。迁移驱动就业、经济增长、繁荣和全球贸易。它还提供了人与社区之间的重要联系。然而，我们的交通系统和习惯都是不可持续的。我们目前的交通方式过于依赖石油，这种能源在任何情况下，都正在迅速耗尽，并产生大量污染物，也给我们的日常生活和健康带来问题，如拥堵、道路安全、大气污染等。

到 2050 年拥堵的经济成本将增加约 50%，城市中心和周边地区之间的可达性差距会拉大，事故和噪声污染的社会成本将继续上升。21 世纪向我们提出了需要一个欧洲集体回应的挑战。如果我们不解决这些问题，人们的出行能力可能会受到严重制约，人们的生活质量受到侵蚀。在交通领域，研究开发新的技术和工作，将使我们的流动性保持低成本以满足社会所需。

5. 气候

看似丰富和廉价资源的时代即将结束——需要我们从资源消耗型的经济增长脱钩。气候变化和目前的生产及消费模式的综合影响正在破坏我们的生态系统和生物多样性。解决的办法是投资于创新，以支持绿色经济——与自然环境协调同步的经济。

随着自然资源越来越少，鼓励更可持续地利用有限的自然资源，对于我们的福祉和欧洲的经济发展都至关重要。这样做的一种方法是最大限度地减少废物的产生和回收利用废物。欧洲被公认为处理废弃物的专业水平和创新能力处于这个领域的最前沿。利用这些优势将进一步创新垃圾处理和管理方案，以减少欧洲对进口原材料的依赖，巩固其作为世界市场的领导者地位。

水是人类健康、粮食安全、可持续发展和环境的基础。它也是一个越来越重要的经济部门，欧洲每年大约 800 亿元的投资额使其成为一个促进增长和就业非常宝贵的源泉。但是，水资源也不断地面临各种压力，主要来自气候变化、城市化、污染、淡水资源的过度开采到各种用户群体之间日益激烈的竞争。我们放眼未来，如果不提高效率，在今后 20 年内水的需求预计超过供应40%。

经济对气候变化的适应能力变得更有弹性和资源效率更高，而且在同一时间保持竞争力，这些都依赖于高水平的社会和技术生态创新。

6. 包容性

减少不平等和社会排斥是对欧洲未来至关重要的挑战。基于强大的多学科方法，包括社会科学和人文科学，可以帮助探索新的创新形式，加强政策措施的牢固基础，以包括欧盟和国家两个层面。它还促进与欧盟以外的国家协调和有效合作的因素，如记忆力、同一性、宽容和文化传统。

7. 安全保障

确保其公民的安全是任何一个国家的主要义务之一。如果没有安全保障为基础，社会就不能繁荣。各国政府保障公民的安全，需要打击犯罪和恐怖主义，保护他们免受自然或人为灾害，提供有效的网络安全，保护边境、打击走私。但同时确保公民的安全作为任何政府的一项重要任务，也需要纳入尊重隐私和保障公民基本权利这样一个高度敏感的领域。因此，尊重隐私和个人自由是欧盟安全研究的核心任务。

基于欧盟的安全行业竞争力可以对欧洲社会的生活质量做出重大贡献。欧盟企业能够成为世界许多安全部门的领导者得益于其强大的技术创新。安防行业在欧盟是经济增长和就业的潜力行业。

（四）总结与评价

有确凿证据表明，那些历史上投资于研究和创新最多的国家表现超过那些投资少的国家。欧盟已为自己设定了一个目标，即到 2020 年公共部门和私营部门研究和创新的投资达到 GDP 的 3%。这项对于健康、有竞争力的欧洲经济的投资是作为欧盟对欧洲债务和削减赤字非常重要的承诺。到 2020 年，欧盟研发创新支出占 GDP 的 3%，可以创造 370 万就业机会，促进 GDP 增加，到 2025 年将达到 8000 亿元。

伴随着人口老龄化和新兴经济体的激烈竞争，欧洲未来的经济增长和创造就业机会必须来自产品创新、服务和商业模式及公共部门的创新。在研究和创新方面的投资具有强大的乘数效应，特别是在欧洲的水平上。然而，欧洲目前的研究和创新投资低于美国和日本的水平。我们需要赶上我们的比赛者，以保持竞争力，2020 年战略将会帮助研究者和创新来做到这一点。

欧盟的协同创新政策，将在 10 个方面为欧洲经济发展做出贡献，主要包括支持就业、经济增长和投资计划；创建一个相联系的数字单一市场和弹性能源联盟，有前瞻性的气候变化政策；加强欧洲的工业基础，以及使欧洲成为强大的全球性力量等几方面。

四、欧盟区域协同创新政策的借鉴意义

（一）创新政策应该量身定制，重点突出

欧洲区域的企业经验表明，每一次成功的创新举措都是首先专注于特定区域的需求和优势，目的是提供一些重要支柱，例如，支持特定行业或者产业集群，提升人力资本，寻求新的市场机会。通过几个强有力和特定的行动实现这些目标（训练、创新认证、支持初创企业等）。关键的目标应该是区域吸引力、接受能力和创造力水平的提高。[①]

（二）创新政策的重点是方法的创新

为了更有效，创新政策应采取一种全面的方法以适应不同领域，如教育、金融、资源的利用、公私关系和治理。一个重要的问题是保证和促进知识从研究中不断地转移到企业，在一定程度上也可以相反地转移。研究部门必须明确企业的目标和需求。这意味着，科研和产业之间的对话应该是协同创新的核心，应该对两个网络矛以连续不断的支持，即企业之间的垂直网络和企业与科研院所之间的横向网络。此外，通过量身定制的创新政策可以改善本土吸引力、接受能力和创造力，区域应该有利于区域内部的知识转移和最佳应用的交流。因为不同区域，创新的条件和目标都不相同。例如，在欧洲的马尔凯地区，创新活动主要依靠提高隐性知识和中小企业创新能力，必须加以培育和外部知识的刺激，以提高企业竞争力。而在北爱尔兰，创新活动主要由私营部门来主导，公共部门对创新的重

[①]European Union and the Committee of the Regions. 2014. Fostering innovation at regional level: lessons from the European Entrepreneurial Region（EER）experience[R]. Catalogue number: QG-04-15-264-EN-N.

要性的意识还有待提高。

三、创新政策应该惠及从研究到商业化的整个产业链

从研发到商业化的产业链包括研究和开发的支持、示范和试点投资、监管和规范、政府采购等需求驱动的活动。该战略应该将新的理念转化为市场机遇，以利于中小企业和区域的成长与发展。就是说，创新政策既要重视对研发和基础研究的支持与鼓励，也要重视成果的转化和应用。只有制定系统完善的政策体系，才能实现政策目标，鼓励和支持区域创新，产生创新效益，并提高对创新的重要性的认识。例如，南丹麦创造了一个公民健康和保健系统，这个倡议直接起源于市民的倡议，之后涉及所有的利益相关者从一开始就共同参与，这种做法不仅保证了需要和实力的考虑，但同时也增加了新的思路和解决方案的创意水平。

四、创新计划应在更广泛的区域创新战略中统一规划

大多数的欧洲区域企业创新战略是在一个创新的区域或跨区域规划中实施的。这使得一个更好专注于目标和政策手段的创新措施，可以更好地适应区域需求，发挥比较优势。一般地，区域创新系统都是以伙伴关系为基础的方法，通常是一个更大的战略创新规划的一部分，其中公共管理部门、大学、民间社会组织、私营部门和个人，都从自身职责出发，分别从事制定政策、创建程序、改善服务，以及应对系统性变革等活动。

（五）创新举措应在统一的合作体系中贯彻落实

所有的利益相关者应参与创新政策的公共管理，从政策设计到结果监控。这可以确保自下而上的贯彻实施，同时加强垂直和水平的公共与私营部门伙伴关系及合作。例如，在马尔凯区域，开放和协作创新的系统还创建了研究人员在生产系统中新的就业机会。瓦伦西亚大区根据其对大学和技术机构之间的协调行动，以促进中小企业的创新和发展。

五、结语

欧洲的经济社会发展，特别是欧洲债务危机以来的实践证明，欧盟的协同创

新政策已经在各个方面为欧洲经济社会发展做出贡献。特别是在支持就业、经济增长和投资计划等方面。创建一个相联系的数字单一市场和弹性能源联盟，有前瞻性的气候变化政策，加强欧洲的工业基础，以及使欧洲成为强大的全球参与者等，这些富有前瞻性的创新政策对于我国应对当前转型期的各种经济社会风险，加快经济新常态时期的区域协调创新发展具有重要的借鉴意义。

附录二　"一带一路"战略与中欧区域合作风险应对①

　　2015 年是中欧建交 40 周年。如何巩固 40 年来中欧合作已有的良好基础和成果，应对目前面临的风险与挑战，开创未来中欧关系的新局面，这是需要中欧双方共同解决的重大课题。2013 年，中国政府提出了与相关国家共建"一带一路"的合作倡议，并将其上升为国家战略。推进"一带一路"建设既是中国扩大和深化对外开放的需要，也是加强和亚欧非及世界各国互利合作的需要，特别是将对未来的中欧关系产生深远影响。

　　"一带一路"战略倡议的提出具有必然的国际和国内社会背景。首先，以美国为主导的跨太平洋伙伴关系协定（Trans-Pacific Partnership Agreement，TPP）和跨大西洋贸易和投资伙伴关系（Transatlantic Trade and Investment Partnership，TTIP）几乎囊括了中国的主要贸易伙伴，对中国参与国际竞争设置重重障碍，使中国有可能处于被边缘化的危险。当前，中国作为最大的发展中国家、世界第二大经济体，新一轮改革开放所释放出的巨大溢出效应将对贸易伙伴带来新的发展机遇。因此，目前中国需要通过新的区域合作模式应对美国 TPP 和 TTIP所引发的外部挑战。其次，2014 年，中国的进出口总额达到 4.3 万亿美元，约占 2014 年全球贸易的 12.7%，中国已经成为 120 多个国家的第一大贸易伙伴。在对外投资上，2014 年，中国境外直接投资超过 6400 亿美元，已经成为世界第三大对外投资国。中国对周边地区国家乃至世界的经济影响力已经显著增强。因此，依托"一带一路"，可以提升中国开放经济的质量。一是"一带一路"建设可以优化中国的区域开放格局。利用新一轮国际产业转移的新机遇，为中国内陆、沿边地区提升利用外资规模和质量、扩大对外开放创造新的外部条件。二是通过与沿线及周边国家在政策、基础设施、法律规章和文化等领域的对接，可以为中国企业及个人扩大对外投资，推动过剩产业和劳动密集型产业向外转移。三是通过与沿线国家和地区签署双边或区域性贸易投资协定，有利于中国规避与其他国家的贸易摩擦，确保中国对外经贸交往的安全性和稳定性，提升经济影响力。

---

　　①本部分系根据作者参加 2015 年《中国应急管理创新论坛暨中国应急管理学会年会》的征文主体部分修改而成。

一、"一带一路"战略给中欧关系带来的机遇

（一）拉近中欧的空间距离

作为世界地缘政治结构两大支柱的中国和欧盟，由于相隔遥远，没有根本的利害冲突，同时双方的经贸有较强的互补性，有强烈合作和交往的需求。在欧亚大陆两端之间有着广阔的领土和众多的国家，以前双方往来主要通过飞机。飞机的运量和经济性限制了人员的流动规模，也限制了贸易的加速流动。在"一带一路"构想中，中国和西欧可以通过陆地与海上丝绸之路大大缩短距离，成本大大降低，双方经济联系会更加密切。目前，中欧货运班列逐渐进入快速发展和常态化时期。2014 年 12 月，李克强在贝尔格莱德参加第三届中国中东欧国家领导人会晤时提出打造"中欧陆海快线"的构想，通过建设从希腊比利埃夫斯港经马其顿和塞尔维亚至匈牙利布达佩斯的铁路线，将中国输欧的海路运输周期缩短 7～11 天。这便将"21 世纪海上丝绸之路"建设与中国中东欧合作结合起来。

（二）促进中欧的经贸合作

目前，中欧贸易额保持 20%以上的年增长速度、中欧贸易货物 90%以上通过海运完成，可以看出海上丝绸之路对于中欧双方的重要性。海上丝绸之路的建设将使中欧之间的贸易更加便利化。在"一带一路"大构想中，丝绸之路经济带涵盖东南亚和东北亚的经济整合，并最终融合在一起通向欧洲；21 世纪海上丝绸之路则是从海上联通欧亚非三个大陆，最终可以和丝绸之路经济带形成一个海上、陆地的闭环，形成欧亚大陆经济整合的大趋势。同时，中国的"一带一路"构想与欧盟建立从里斯本到符拉迪沃斯托克自贸区的战略目标异曲同工，如能连成一片，中欧合作将赋予亚欧大陆一体化的新内涵。

（三）加快中欧在和平与安全方面的合作

中欧在国际和平与安全问题上有很多需要共同面对的问题。例如，在中亚地区的"三股势力"、阿富汗毒品和武器走私、索马里海盗、乌克兰危机等问题。而这些地区均为"一带一路"沿线，通过"一带一路"建设，双方对这些热点问题可以加强磋商，协调立场，共同行动。双方还可以寻找新的政治合作空间与机遇，进一步巩固政治、经济关系的基础。

（四）促进中欧在能源和基础设施建设上的合作

中国的能源消耗量已居世界前列并且在不断增加，同时还存在能源结构较为单一、利用率较低、环境污染严重等问题。而欧洲的能源问题则面临另一个困境，欧洲地区的矿石储量几乎耗尽，能源对外依赖性很强。例如，德国进口能源的 30%、意大利进口能源的 25%都来自俄罗斯。在丝绸之路经济带建设的构想中，中方希望改变油气资源主要依赖俄罗斯、管道呈南北走向的现状，但中俄双方在油气资源价格、管道铺设等问题上分歧颇大。中欧如果能在丝绸之路建设中开展能源合作，双方都能分享到更大的能源蛋糕。

中国西北和中亚地区由于人口密度低，产业密度低，很难形成符合标准概念的经济带，其主要原因就是交通等基础设施落后。中亚基础设施的落后直接制约着中欧双方的贸易交流。欧洲在中亚地区已有大量援助计划，中国通过上海经济合作组织合作框架也在该地区投放 100 多亿美元的贷款和无偿援助。中国所倡议的亚洲基础设施投资银行和 400 亿美元的"丝路基金"，将会大规模地促进中欧在中亚地区基础设施方面的建设。

（五）开创中欧金融合作新局面

中欧双边金融合作有着良好的基础。2013 年 10 月 9 日，中国人民银行与欧洲中央银行签署了规模为 3500 亿元人民币（约合 450 亿欧元）的中欧双边本币互换协议，旨在为双边经贸往来提供支持，并维护金融稳定，这也标志着双边在货币金融领域的合作取得了新的进展。近年来，伦敦的人民币离岸业务蓬勃发展，除中国内地和香港之外的 62%人民币支付均在伦敦进行。亚洲基础设施投资银行（以下简称亚投行）的设立和欧盟诸多成员国的踊跃加入，表明欧洲投资者已开始探索与中国在更深和更广维度上加强金融合作。欧盟成员国加入亚投行旨在构建双向投资渠道，有利于促进其金融市场的人民币离岸业务发展。这种更深层次的合作关系更有利于完善市场基础设施，同时也为中国企业赴欧洲投资、上市、发债提供便利条件。

二、"一带一路"背景下中欧合作面临的风险与挑战

（一）国际社会的担忧与误解

当前，随着中国综合国力与国际地位快速上升，由于政治制度、意识形态的差异，西方国家对中国的发展走向充满疑虑。尽管中国一再声明不谋求霸权，但中国影响力的增加仍引发西方担忧。金砖银行、亚洲基础设施投资银行及丝路基金的设

立，都被认为是中国寻求重建国际秩序的努力。国际上诸多评论认为，"一带一路"倡议与60多年前美国的"马歇尔计划"有异曲同工之处。不少评论文章提到，"一带一路"有三个作用：一是通过对外投资减少外汇储备；二是缓解基建领域的产能过剩；三是推动人民币国际化。这些评论认为马歇尔计划帮助美国成为真正的超级大国，北京也寄希望于"一带一路"倡议实现同样的目标，是中国式的马歇尔计划。资助周边国家的基础设施建设将赋予北京成为亚洲最重要力量的影响力。

尽管从某些角度将"一带一路"倡议类比为"中国版马歇尔计划"并非全无道理，尤其是"一带一路"倡议对中国自身和沿线国家的经济拉动作用及促进地区一体化方面可能产生的积极影响，完全可能发挥马歇尔计划对第二次世界大战后欧洲经济复苏和在欧洲一体化进程中的相似作用。但是，由于所处的时代背景完全不同，中美对各自倡议（或计划）的定位和目标诉求亦不相同，"一带一路"倡议与马歇尔计划从形式、内容到实施方式都存在本质区别。这些都需要中国与国际社会，特别是欧美西方国家加强沟通与交流，消除误解，增加理解与信任。

（二）美国实施"新丝绸之路"战略和主导TPP

1999年美国国会通过"丝绸之路战略法案"。2011年7月，时任美国国务卿的希拉里在印度参加第二次美印战略对话期间提出"新丝绸之路"计划。美国的"新丝绸之路"战略的主要目的是谋求在中亚地区的长期存在，控制中亚地区丰富的油气资源和矿产资源，建立由美国主导的中亚、南亚新秩序，削弱中国在该地区的影响力，这就给中国的政治安全、经济安全、军事安全、非传统安全带来严峻挑战。

TPP是由美国主导，共有12个国家参与谈判的一项多边自由贸易协议，协议的内容和标准更多体现美国自由贸易理念及其战略利益。TPP是美国"重返亚太"战略的重要组成部分，有意设置高门槛限制中国加入。从短期看，TPP对中国参与推进亚太地区经济一体化合作构成现实制约，不利于中国提升在亚太地区事务中的影响力和话语权；从中长期看，TPP的持续推进将使中国与周边大国关系趋向复杂，增加中国地缘政治与安全压力，甚至可能危及中国长期谋求的和平发展环境。总之，美国主导并推进排斥中国的TPP和TTIP，实施"新丝路计划"和"湄公河下游倡议"，这些合作机制都可能会与"一带一路"产生利益交汇或碰撞。

（三）俄罗斯的"欧亚经济联盟"战略

俄罗斯的"欧亚经济联盟"与中国的"一带一路"建设存在许多重叠之处，虽然中国在"一带一路"建设中不谋求地区事务主导权，不经营势力范围，但俄罗斯传统上把中亚地区视为自己的势力范围，不愿意接纳其他国家在这里扩张影响力。因此，如何发展好中俄全面战略伙伴关系，寻找"欧亚经济联盟"与"丝绸之路经济带"建设之间可行的契合点，使之共同成为推进亚欧区域一体化的重要引擎，这是摆在中俄面前亟待破解的难题。

（四）日本的"丝绸之路外交"战略

1997年，时任日本首相的桥本龙太郎提出"丝绸之路外交"战略，该战略把中亚及高加索八国称为"丝绸之路地区"，并把这一地区摆在日本外交战略中的重要位置。2004年，日本推动设立了"中亚＋日本"对话机制，这标志着日本同中亚国家的交往联系开始朝着常态化、多边化与全方位方向不断发展。日本推行"丝绸之路外交"战略的主要意图在于：在毗邻中国的地区培养"亲日国家"，谋求在中亚和高加索这个世界战略要地站住脚跟，形成对中国的战略遏制；在石油和天然气资源的开发及进口方面牵制中国，延缓中国经济发展速度，同时对上海合作组织发展也形成牵制。

三、贯彻"一带一路"战略，加强中欧合作的对策建议

（一）挖掘区域贸易新增长点，着力构建"丝绸之路"旅游带

相互扩大市场开放，深化海关、质检、电子商务、过境运输等全方位合作，提高沿线国家贸易便利化水平。积极开展面向沿线国家的贸易促进活动，优化会展布局，搭建更多更有效的贸易促进平台。坚持货物贸易和服务贸易协同发展，扩大运输、建筑等传统服务贸易，培育具有丝绸之路特色的国际精品旅游线路和旅游产品，积极推进特色服务贸易，发展现代服务贸易。

（二）扩大双向投资合作，充分利用亚洲基础设施投资银行合作平台

推动沿线国家经贸合作由简单商品贸易向更高级的相互投资转变，形成贸易与投资良性互动、齐头并进的良好局面。尤其是亚投行的成立，欧洲与其他受到美国影响的国家积极投身亚投行建设，预示着全球经济治理的一个新方向，即欧洲向中国新兴经济体靠拢，使得全球金融政治的天平更加平衡。作为创始成员，欧盟成员国将在亚投行获得更多的话语权，两大世界经济体的合作，将使得亚投行成为撬动第二次世界大战后美国一家独大的国际金融治理结构的有力"杠杆"。

推进区域基础设施互联互通。抓住关键通道、关键节点和重点工程，加快构建紧密衔接、畅通便捷、安全高效的互联互通网络。统筹谋划陆上、海上、航空基础设施互联互通，积极推进亚欧大陆桥、新亚欧大陆桥、孟中印缅经济走廊、中巴经济走廊等骨干通道建设。

（三）积极推动中欧在城镇化和创新驱动方面的合作

首先是城镇化。中国目前有超过 7 亿的城市人口，城镇化率达到 52.6%。同中国相比，欧盟有超过 75% 的人口居住在城市中。更重要的是，欧盟在城市规划、基础设施建设、城市服务与管理方面有着丰富经验和先进技术。随着中国经济进入新常态，城镇化成为拉动中国经济转型升级的重要引擎。智能、绿色、低碳是欧洲城市发展的突出特点和优势，更是中国未来城镇化亟须借鉴和学习的方向。

其次是科技创新合作。双方应积极开展科技创新合作，促进新能源、新材料、新一代信息技术、生物、航空航天等新兴产业发展。欧洲注重能源技术创新与结构调整，在新能源、节能环保技术方面处于世界领先地位。中欧可以在这一领域扩大交流合作。

（四）进一步加强双边人文交流

国家关系"既需要经贸合作的'硬'支撑，也离不开人文交流的'软'助力"。以人文交流促进人心相通，才能夯实政治互信、经济合作的人文与社会基础。中欧新丝绸之路所标志的两大文明的再度交汇，有其深厚的基础和独特的优势。欧洲是文艺复兴的摇篮，人文主义的因子融入欧洲文化的血脉，形成独特的文明特性。中国在古典人文主义基础之上产生的思想理念，以及阿拉伯的哈里发们在"智慧宫"里的百年翻译运动，都为文艺复兴的启蒙闪烁过星星之火。文艺复兴带领西欧走出中世纪的蒙昧和黑暗，迎来了现代文明的曙光。

中欧之间的人文交流是两大文明之间跨越意识形态、社会制度和发展阶段的相互欣赏、相互批判和相互借鉴。2012 年中欧第十四次领导人峰会宣布建立的"中欧人文交流机制"成为"中欧全面战略伙伴关系"中的"第三支柱"。如今，数十万的商业和专业人员、数十万的青年学子和上百万的游客频繁来往于中国和欧洲，搭建中欧相互理解的桥梁。正如比利时自由大学当代中国研究所研究员邓肯·弗里曼说，"一带一路"是一个涉及多方面互联互通的全方位倡议。中欧合作应该重视科技、教育、人文等领域的交流，人文交流应该继续在数量和质量上有所提高，挖掘更深层次的交流。

（五）正确认识，增进互信，消除误解

"一带一路"战略的提出表达了中国与沿线国家深化合作的美好愿景，但其他国家对这一战略的认识还需要一段时间。因此，中国要加强"一带一路"的非战略性、合作性的对外宣传，强调"一带一路"对中欧合作的积极意义。"一带一路"

是合作倡议，中国没有特别的地缘战略意图，无意谋求地区事务主导权，不经营势力范围，不会干涉别国内政。中国应通过各种渠道加强对国际社会政界、学界、商界等交流与沟通，强调"一带一路"倡议的合作性、开放性、非排他性和互利共赢性。"一带一路"是中国对外经济开放和人文合作的重要途径，将扩大中国与亚欧大陆相关国家的经济联系和政治互信。

"一带一路"倡议不是马歇尔计划式的援助，而是南南合作框架下的共赢合作，中国是合作的倡议者，而非主导者。"一带一路"倡议首先是共同发展的战略，以开放性和包容性为主要特征。"一带一路"倡议遵循平等、互利原则。"一带一路"倡议以务实合作为基础。当然，实现共同发展的目标从来就不是孤立的，也会有利于实现中国外交政策中维护和平的目标。突出"一带一路"倡议经济合作、共同发展的同时，不回避合作外溢的政治和外交效应。

四、结语

"一带一路"战略是中国作为最大的发展中国家，应对世界经济竞争与挑战，发挥自身在国际区域合作中的积极作用，提升中国开放经济质量的国家发展战略。"一带一路"战略的实施将给中欧合作注入新动能，拉近中欧之间空间距离，进一步促进中欧之间全方位的合作关系，诸如经贸、能源、基础设施、金融与安全等方面。但是，"一带一路"战略也面临来自国际社会的误解与挑战，有人将其视为中国的"马歇尔计划"，来自美国、俄罗斯和日本的各种因素，都给其贯彻实施带来困难，也必然给新时期的中欧合作关系带来风险与挑战。因此，中国需要与国际社会，特别是欧美西方国家加强沟通与交流，增加理解与信任。中欧双方应进一步加深在经贸、投资、金融、科技与城镇化等方面的合作，加强人文交流，增进政治互信，共同应对面临的风险与挑战。采取切实有效措施，加快健全区域合作机制，协调双方在观念和政策上的分歧，同时，积极与第三方协调立场和利益冲突，尽快将"一带一路"所提供的发展动力转化为全面的地缘合作关系。

附录三　宁波塑机集群调查问卷及结果

问卷编号：＿＿＿＿＿＿

亲爱的被访者：

您好，本调查的目的是了解宁波塑机产业集群的发展现状，调查集群企业之间的相互联系、企业与政府等公共组织的关系和企业的外部社会环境，研究集群企业面临的风险。我们承诺本调查不会涉及企业的技术和商业机密，对取得的企业数据仅用于学术研究。希望我们的调查活动能得到你们的支持。谢谢！

宁波塑机产业集群风险预警管理研究课题组

年　　月　　日

一、企业基本情况

1. 企业名称＿＿＿＿＿＿＿＿＿＿＿＿＿＿＿＿＿；主导产品＿＿＿＿＿＿＿＿＿＿＿＿＿。

2. 职工人数＿＿＿＿＿＿＿。其中，高中以下学历＿＿＿＿＿；中专学历＿＿＿＿＿；大专以上学历＿＿＿＿＿。

各类专业技术人员＿＿＿＿＿＿＿。其中，初级职称＿＿＿＿＿；中级职称＿＿＿＿＿；高级职称＿＿＿＿＿。

3. 企业总资产＿＿＿＿＿。

4. 2008 年经营状况：工业总产值＿＿＿＿＿；利税总额＿＿＿＿＿。

5. 企业研发水平：已获得专利数＿＿＿＿＿；新产品产值比重＿＿＿＿＿。

二、集群企业之间的网络关系

1. 本企业与集群其他企业存在以下合同关系：a. 原材料购买；b. 设备购买维修；c. 产品代销；d. 信息咨询；d. 技术委托与合作。

2. 本企业与集群其他企业间存在以下协作关系：a. 共用设备；b. 合作购买原材料；c. 培训工人；d. 合作营销；e. 合作技术开发；f. 其他。

3. 本企业的主要销售渠道：a. 直销；b. 通过批发商；c. 通过零售商；d. 和其他企业合伙销售；e. 其他方式。

4. 本企业面临的竞争压力主要来自：a. 本地同行；b. 国内同行；c. 海外同行。

5. 本企业主导产品的研发方式：a. 自主开发；b. 技术转让；c. 合作开发；d. 仿制；e. 一般成熟技术。

6. 本企业与集群其他企业的联系：a. 很密切；b. 比较密切；c. 一般；d. 不密切。

三、集群企业与其他社会组织的网络关系

1. 本企业主要从政府获得以下帮助：a. 技改经费；b. 贷款优惠；c. 税收减

免；d. 技术培训；e. 人才中介；f. 信息服务；g. 其他。

2. 本企业认为宁波塑机行业协会的服务作用：a. 很好；b. 较好；c. 一般；d. 不好。

3. 本企业与当地大学研究机构的合作关系：a. 很密切；b. 比较密切；c. 一般；d. 不密切。

4. 本企业认为当地中介服务网络：a. 很完善；b. 比较完善；c. 一般；d. 不完善。

5. 本企业认为其他社会组织对企业的帮助：a. 很大；b. 比较大；c. 一般；d. 不大。

四、企业所在地的社会文化网络

1. 您认为企业所在地的社会文化结构、信仰体系和价值观等对企业发展：a. 有激励作用；b. 没有影响；c. 有阻碍作用。

2. 您认为本地企业家的创业精神：a. 很强；b. 比较强；c. 一般；d. 不强。

3. 您认为本企业员工的个人社会关系对企业发展：a. 有积极影响；b. 没有影响；c. 有消极影响。

宁波塑机集群调查结果汇总表

项目		频数	频数百分比/%
集群绩效	好	35	53.0
	一般	20	30.3
	差	11	16.7
企业网络	密切	13	19.7
	一般	34	51.5
	松散	19	28.8
支撑网络	强	35	53.0
	一般	13	19.7
	弱	18	27.3
社会网络	影响大	31	47.0
	一般	22	33.3
	影响小	13	19.7
合计		66	100.0

后 记

　　本书是作者多年研究成果的结晶。其中，有关风险预警的理论方法是作者王卫东在佘廉教授指导下完成的博士学位论文部分内容及博士后出站报告的基础上，进一步充实与完善的研究成果。书中的主要实证案例和研究结论是王卫东近年来完成的若干项研究课题成果的概括与综合。书中有关风险的评价方法和预警指标体系的构建方法，以及区域协同创新四种组织形态的区分与论断，是作者在前期研究基础上提出的创新性观点和成果。

　　区域协同创新问题是近年来备受政府部门和学者们关注的热点问题，关于区域协同创新的战略、机制、路径和对策等方面的成果很多。但是，对于区域协同创新风险的研究重视不够，特别是从风险预警的视角，无论是理论研究还是实证分析方面的成果都比较少。本书主要基于长三角的实践，理论归纳与实证分析相结合，初步分析了区域协同创新的组织形态和表现形式，这些研究结论既是作者对已有相关成果的总结，也为区域协同创新及其风险的进一步研究提供了一个新的视角。

　　需要特别说明的是，由于区域协同创新问题的复杂性，随着我国区域协同创新实践的不断发展和深化，我们的理论研究及其成果也需要随之同步深化和完善提高。鉴于我们掌握的资料有限，以及研究视野的缘故，本书的研究结论与观点也只是我们的一家之言，是基于特定时期和区域创新实践的研究成果。如有不当之处，恳请各位专家和同行批评指正。

　　最后，感谢本书前期研究课题组成员们所做的相关工作；感谢课题涉及的相关主管部门和职能部门为本书研究提供的服务和帮助；感谢科学出版社相关编辑为本书出版所付出的辛勤劳动。

作 者

2016 年 5 月